Bernhard Setzwein

An den Ufern der Isar

Ein bayerischer Fluß und seine Geschichte

Koehler & Amelang

Graphische Gestaltung und Satz: Michael Bauer, Weißenfeld
Lithographie: Kodweiß & Fröhlich, München
Druck: Jütte Druck GmbH, Leipzig
Bindung: Kunst- und Verlagsbuchbinderei GmbH, Leipzig
Abbildung auf dem Schutzumschlag: Georg von Dillis, Isar bei Föhring (Ausschnitt)

Die Deutsche Bibliothek – CIP-Einheitsaufnahme

Setzwein, Bernhard:
An den Ufern der Isar: ein bayerischer Fluss und seine
Geschichte / Bernhard Setzwein. - München/Berlin:
Koehler und Amelang, 1993
ISBN 3-7338-0174-1

AN DEN UFERN DER ISAR

Inhalt

Vorwort

»Wer ergründet, was die Isar rauscht?
Wer findet die Noten zu ihrem ewig gleichen Wellenlied,
und wer setzt den Text unter diese Noten?
Alles ist Geheimnis.«

Michael Georg Conrad

Was für einen zündenden Einfall hatte doch Michael Georg Conrad, als er 1888 seinen auf zehn Bände angelegten Romanzyklus über München mit dem Titel versah: »Was die Isar rauscht«. Ist es nicht in der Tat reizvoll, den Flußlauf der Isar als einen bewegten Lebenslauf mit all seinen Höhen und Tiefen zu erzählen? Es würde dabei allerdings keine individuelle Vita zustandekommen, sondern eine kollektive, zusammengesetzt aus einer Vielzahl von Einzelbiographien. Könnte man doch nur das Rauschen und Flüstern des Flusses enträtseln, man erhielte einen Jahrhunderte umspannenden Roman, eine Saga über viele Generationen hinweg. Die Isar ist die alte, geheimnisvolle Amme, die uns so manche Episode aus dem großen Buch bayerischer Geschichte zu erzählen weiß.
»Das Isartal, das Land links und rechts des Flusses, [ist] in besonderem Sinn bayerisch, die bayerische Zentrallandschaft, sowohl herrschaftlich wie sprachlich.« So hat es der Nestor bayerischer Geschichtsschreibung, Karl Bosl, einmal ausgedrückt. Demnach führt uns ein gemächliches Abschreiten des Flußlaufes von der Quelle zur Mündung und ein gelegentliches Abschweifen in das beiderseits der Ufer sich ausbreitende Land zwangsläufig zu entscheidenden Stationen bayerischer Historie. Wir treffen auf die Hauptdarsteller des weißblauen Welttheaters und auf die stummen Rollen; auf die Bösewichter, die vielleicht so böse gar nicht waren; auf die Helden und Erretter, die vielleicht mehr Unheil als Gutes angerichtet haben; und natürlich auf den Kasperl Larifari, der uns die immer wieder überraschenden Lehren aus der Geschichte mit seiner Pritsche in das unverständige Hirnkastl drischt. Wir hören noch einmal von vielleicht nicht gerade weltbewegenden, aber doch bayernbewegen-

den Ereignissen und erleben die kuriosen Wechselfälle der Zeitläufte. Was uns die Isar zu erzählen hat, steckt voller Anekdoten und Ironien, voller dramatischer Höhepunkte und absurder Peripetien.

»Was die Isar rauscht«, das wär schon keine schlechte Überschrift gewesen, aber: Trifft sie überhaupt noch zu? Oder war Karl Valentin, der geniale Vorstadtkomiker aus der Münchner Au, wieder einmal seiner Zeit weit voraus, als er die Sache auf den tieferen Wortwitz gebracht hat: »Das Hochwasser stieg immer tiefer«, heißt es in seinem Text »Die Gründung der Isar«. Damit ist wohl gemeint, daß man ihr sukzessive und systematisch genommen hat, was ihr Wesen ausmachte: das Wildwasserhafte, das Reißende. Der einst auf dem Schotterbett unberechenbar mäandernde Gebirgsfluß ist ein gegängelter, eingesperrter, zubetonierter Zu- und Abwasserkanal geworden. Er wird uns immer weniger zu rauschen haben, da er mittlerweile an fast keiner Stelle mehr munter gurgeln und glucksen, übermütig brausen und brüllen darf, sondern träge unsere Ab- und Kühlwasser wegzuschieben hat, im Laufrad der Stromerzeugungsturbinen malochen muß. Er rächt sich auf stille, unspektakuläre Weise: Nein, er überflutet nicht mehr halb München, wie noch in früheren Jahrhunderten, er läßt nicht mehr ganze Brücken einstürzen wie im September 1813, er verzieht sich einfach, sickert davon, trocknet aus.

Er läßt uns mit unserem Wohlstandsmüll auf einem ausgetrockneten Flußbett zurück, dürstend nach Wasser, nach Überlieferung, nach einer Geschichte. Sie, wenn auch nur in Ausschnitten, nachzuerzählen, ist für ein einzelnes Schriftstellerleben zu viel. So wie Tropfen zu Tropfen kommt, Rinnsal zu Rinnsal, so wie viele kleine Quellbächlein erst den Fluß ergeben, so muß auch in einer Biographie über die Isar alles zusammenfließen, was über sie geschrieben wurde. Der interessierte Leser findet am Ende dieses Buches eine sicher immer noch unvollständige Bibliographie der Isar-Literatur. Ich möchte mich an dieser Stelle vor all denjenigen verneigen, die vor mir versucht haben, das Murmeln des Flusses zu enträtseln. Denn nicht nur der Fluß müht sich, sein »seltsam Märchen uns zu sagen«, wie es Eduard Mörike einmal ausgedrückt hat, sondern auch wir versuchen, ihn zu verstehen. Wer mir dabei geholfen hat, dem sei gedankt.

Waldmünchen/München im Juli 1993

Scharnitz/Mittenwald

Auf der Suche nach den Quellen

Sie gibt uns von Anfang an Rätsel auf, die Isar. Wie sollen wir sie uns überhaupt vorstellen? Als Flußgott oder eher als Flußgöttin? Peter Candid, der im Theatinergang der Münchner Residenz eine Isarallegorie als Fresko malte, stellte den Fluß als bärtigen alten Mann dar, der das Gebirgsbächlein aus einer Art Amphore hervorspringen läßt. Und auch auf dem Brunnen im Hof der Residenz soll ein in Stein gehauenes Rauhbein die Wildheit des Gebirgsflusses veranschaulichen. Das schließt aber nicht aus, daß andere in der Isar lieber die holde Weiblichkeit sehen: Darstellungen der Isar als Mädchen oder Frau gibt es etwa auf Titelkufer und Kartenspielen, ja sogar als Sammelbilder einer Firma für Kaffeezusatz aus dem Jahre 1905. Und wenn ein um besonders blumige Sprache bemühter Autor des vorigen Jahrhunderts die Isar beschreibt, hört sich das ungefähr so an:

»Wie vom Berggrat herab die junge Sennerin niedersteigt ins Tal, mit dem aufrechten schwebenden Gang, nackten Fußes keck und gewandt von Platte zu Platte springend gleich der Gemse, die oben über Spalten und Klippen setzt, wie diese in lieblich-frischer Fülle prangend des Lebens Rosenfarbe auf der Wange trägt und jugendwarmen Mut im Herzen, reine Gesinnung und freiheitsliebenden Geist, dabei den Ernst der Zeit in fröhlichem Trotze herausfordert mit lautem Gesang und luftatmendem Wesen, also erscheint in jenem Tal die Isar, von den tirolischen Alpen niederstürzend, aus der engen Schlucht des Falls über wildes Gestein hervorbrechend, raschen und mutigen Laufes, aber freudig anzuschauen wie die lebenskräftige Jugend, schön und reizend zu nennen als junger Fluß. Ihre Farbe selbst zeigt das frische Blaugrün, das eine ungemeine Klarheit und Lebendigkeit andeutet. Hier ist die Isar eine schlanke, kraftvolle Maid, eine holde Tochter der Berge.«

Einerlei, ob nun jugendwarm und freiheitsliebend, rein gesittet, schlank und kraftvoll, grammatikalisch gesehen ist die Isar unstrittig weiblich. Obwohl: Die Römer haben selbst da einen Knopf hineingebracht, indem sie der weiblichen »Isara« das männliche »rapidus« anhängten, stur auf der Grammatikformel beharrend, daß alle Männer, Völker, Flüsse, der Wind und die Monate maskulin seien. Überdies haben sie mit ihrer »Isara rapidus« einen weißen Schimmel kreiert, heißt doch »Isar«, aus dem Keltischen kommend, für sich schon »die Reißende«. Einzigartig ist er leider auch nicht, unser Karwendelsprößling, darauf hat schon der unermüdliche Wortklauber Johann Andreas Schmeller hingewiesen, der, nachdem er auf die althochdeutschen Namensformen »Isura« und »Isara« hingewiesen hat, schreibt: »Da auch eine Iser im Riesengebirge, eine Yser in Westflandern, eine Isara in den savoyischen Alpen, und eine andere (jetzt Oise) in den Ardennen vorkommt, so fällt der Name wohl einer vorgermanischen Sprache anheim.« Für die Kelten waren anscheinend alle reißenden Wasser »iser«.

Doch nicht nur damit, wie das Kind denn nun heißen soll, hat man so seine Schwierigkeiten, sondern auch mit der Antwort auf die Frage, von wo sie eigentlich genau abstammt. Sind tatsächlich die vielen kleinen Rinnsale »Bei den Flüssen«, wie die Stelle am Fuße der Hinteren Schwarzenwand heißt, die Quellen der Isar? Oder ist die Isar eigentlich der Lafatscherbach, der 600 Meter höher am Halleranger aus dem Schutt des Karwendelgebirges hervortritt, und fließen demnach jene »Isar« genannten Rinnsale »Bei den Flüssen« eigentlich dem Lafatscherbach zu und nicht umgekehrt? Dann hätte man ja den Lafatscherbach einfach umgetauft, und nach einem steilen Sturz über eine Klamm heißt er plötzlich Isar. Hat aber auch wieder sein Gutes. Sonst müßte es nämlich heißen: München, das Lafatscher-Athen!

Wenn sie schon nicht weiß, wo genau sie herstammt, weiß die Isar dann wenigstens, wo sie hinwill? Es hat nicht gerade den Anschein. Munter macht sich das Gebirgsbächlein auf den Weg, immer das Hinterautal entlang Richtung Westen. Münden werden die Wasser der Isar aber einmal weit im Osten, genauer ins Schwarze Meer, natürlich längst aufgegangen in den Fluten der Donau. In Scharnitz macht die Isar ihre erste abrupte Richtungsänderung, fließt nun nördlich, dann sogar eher östlich. Doch das maßstabsgetreue Festnageln eines beliebigen Ist-Zustandes ist ja sowieso nur von Belang für uns Ein-Nanosekunden-Fliegen der Erdgeschichte. Daß alles fließt und sich alles ändert, weiß allein die Isar. Vor gerade einmal 11 000 Jahren hat sie sich in jenes Flußbett hineinbequemt, das wir heute auf unseren topographischen Karten unverrückbar einge-

zeichnet haben. Die Zeit davor hat sie sich, ihrem Namen getreu, tatsächlich unberechenbar gebärdet.
Vor Millionen von Jahren wurde das Isartal im großen und ganzen vorgeprägt. Für die untere Isar, nördlich von Moosburg ungefähr, blieb es bei dem in der Tertiärzeit angelegten Flußlauf, nur im Moränengebiet um Bad Tölz und Wolfratshausen sowie in der Schotterebene um München schafften eiszeitliche Gletscher mit ihren Geröllablagerungen immer wieder neue Verhältnisse. Dort, wo Gletscher im Wechsel der Jahrtausende entstanden und wieder auftauten, mußte sich die Ur-Isar stets ein neues Flußbett suchen. Erst den aus den Schmelzwasserströmen der letzten, würmeiszeitlichen Gletscher hervorgegangenen Fluß könnte man als unsere heutige Isar ansehen.
Doch mit diesem ewigen Hin und Her ist nun Schluß. Was Jahrtausende lang nach Lust und Laune mäandern durfte, haben Menschen in nicht einmal zwei Generationen streckenweise bereits in eine ausgetrocknete Flußleiche verwandelt. Alles Gerede von »der Reißenden«, vom wilden, klaren Gebirgsbach ist im Grunde nur mehr Hohn. Schon hinter Scharnitz kann man den Wassern der Isar nicht mehr trauen. Eine Notgemeinschaft »Rettet die Isar jetzt« wies im Februar 1993 darauf hin, daß an der bayrisch-österreichischen Grenze die Isar eine Wassergüte der Klasse II bis III habe, was einer »kritischen Belastung« entspreche...

Der gezähmte Bär aus dem wilden Scharnitzwald

»Bei Scharnitz kommt man ins Tirol«, schrieb schon Johann Wolfgang Goethe, als er im September 1786 auf seinem Weg nach Italien den Grenzort passierte. Während man sich nördlich von Scharnitz noch auf Freisinger Hoheitsgebiet befindet, südlich davon aber schon im Tirolischen, liegt der Ort selbst seit jeher genau auf der Trennungslinie. Nach der Landnahme durch die Bajuwaren – man nimmt an, daß sie den illyrisch-etruskischen Volksstamm der Räter aus dem Gebiet verdrängt haben –, geriet der Scharnitzer Wald (denn mehr als ein wilder, rauher Bergwald war hier nicht) im 8. Jahrhundert an das noch junge Freisinger Bistum. Daß es überhaupt gegründet wurde, verdankt es einem Bären aus dem »solitudo Scarantiensis« – dem menschenleeren, öden Gebirgswald also (das wahrscheinlich illyrische Stammwort »scar« bedeutet nackter Fels). So stellt es sich jedenfalls dar, wenn man der Gründungslegende um den heiligen Korbinian glaubt. Der soll, von Seefeld herkommend, auf einem Esel unterwegs gewesen sein. Auf Höhe des Mühlbergs südlich von Scharnitz habe er Rast gemacht, um seinen Esel trinken zu lassen. Da bricht ein Bär aus dem Wald hervor und zerfetzt das Muli.

Wie ein Heiliger reagiert, dem die rohe, ungebändigte Naturgewalt solchermaßen entgegentritt, hat sich Carl Amery in seinem wunderbar ironischen Freising-Roman »Das Geheimnis der Krypta« ausgemalt: Korbinian redet dem Bären gut zu, er sehe ja ein, daß es dessen Natur sei, andere Tiere zu verspeisen, aber ausgerechnet den Esel eines Missionars zu fressen, das gehe dann doch etwas weit. »Keiner Kreatur steht 's zu, mich zu versuchen. Es geht nicht drum, was mir schmeckt oder dir. Es geht um das, was tiefer dringt als der Hunger. Ich trage das Kreuz, siehst du 's nicht?« Der Bär hat schließlich ein Einsehen, fügt sich in das Schicksal eines Packesels und bringt Korbinian bis zur Isar. Auf den Wassern des noch jungen Karwendelflusses breitet der Missionar seinen Mantel aus, schwimmt darauf bis nach Freising und gründet dort das Bistum. Zugegeben: Wahrscheinlich war alles ein klein bißchen anders. Andere Versionen sprechen davon, Korbinian sei lediglich nach Rom unterwegs gewesen und habe den Bären mitgeführt (wahrscheinlich am Nasenring und nicht kühn auf dessen Rücken reitend). Auch wenn die eben geschilderte Geschichte nicht wahr ist, schöner ist sie auf alle Fälle – und vor allem spielt unsere Isar darin eine entscheidende Rolle.

Nicht mehr ins Reich der Legenden gehört die Gründung eines Klosters »Scaranzia« gegen Mitte des 8. Jahrhunderts, sie ist vielmehr historisch belegt. Diese Niederlassung war eine für die Agilolfinger typische Pfalz- und Herbergsbefestigung, die weniger einer christlichen Mission diente (es lebte ja kaum jemand in dieser gottverlassenen Gegend, den man hätte missionieren können«, sondern der strategischen Sicherung von Handels- und Nachschubwegen. Von einem solchen Stützpunkt aus ließ sich das umliegende Gebiet urbar machen. Doch das Kloster scheint nicht sehr lange bestanden zu haben, zu unwirtlich war wohl die Gegend, zu rauh das Klima. Es wurde schließlich nach Innichen verlegt. Daß im Scharnitzer Wald nur schwer Fuß zu fassen war, beweist auch die Tatsache, daß wahrscheinlich erst im 15. Jahrhundert die ersten Ansiedlungen stattfanden, die schließlich zum heutigen Ort Scharnitz führten.

Daß die problematische Lage genau am Zusammenstoß zweier Hoheitsgebiete den Scharnitzern stets Sorgen bereitete, ist verständlich. So verfiel man schließlich auf die Idee eines Art Mini-Limes, der das ganze Tal absperren sollte. Es war die Tiroler Landesherzogin Claudia von Medici, die aus Furcht, mit in die Auseinandersetzungen des Dreißigjährigen Krieges hineingezogen zu werden, um 1630 herum das Bauwerk anlegen ließ. Fast wie eine Staumauer, die ein heranbrandendes feindliches Heer aufhalten sollte, erstreckte sich die Befestigung von Berghang zu Berghang und riegelte das ganze enge Tal ab. Zusätzlich waren nach der bairischen Seite hin noch Gräben angelegt, die man im Ernstfall mit umgeleitetem Isarwasser füllen konnte. Nach der Erbauerin benannt, hieß dieser Grenzwall »Porta Claudia«, gleichwohl es weniger ein zum Durchschreiten aufforderndes Tor war denn ein abwehrendes Bollwerk. Heute kann man nur mehr wenige Mauerreste am Gemeindehaus von Scharnitz und am Kalvarienberg davon sehen, im Gemeindewappen aber steht sie noch immer, die »Porta Claudia«.

Die nutz- und lusterweckenden Isargesellen

Das kleine Mittenwald, vor allem bekannt als Waren-Umschlagplatz an einer wichtigen Handelsstraße, als Ort der Lüftlmalerei und der Geigenbaukunst, hat sich auch noch auf eine andere, weniger bekannte Art und Weise in den Annalen verewigt. Hier erschien 1704 der letzte Band einer Zeitschrift, die man mit Fug und Recht als die erste ihrer Art in Baiern bezeichnen kann. Benannt war sie nach der Vereinigung, die sie herausgab, und natürlich führte sie auch die grüne Lebensader Baierns im Titel: »Nutz- und Lust-erweckende Gesellschafft Der Vertrauten Nachbarn am Isarstrom«. Daß ausgerechnet Mittenwald die Ehre davonträgt, zumindest eine Ausgabe der ersten Kultur- und Literaturzeitschrift Baierns gedruckt zu haben, hängt mit den politischen Wirrnissen jener Jahre zusammen.

Baiern war damals besetztes Land. Österreichisches Militär okkupierte das Kurfürstentum und saugte es durch Kontributionszahlungen und ungehemmte Furagierlust bis auf den letzten Blutstropfen aus. Mittenwald hatte dagegen ein vergleichsweise erträgliches Schicksal: Es gehörte schon seit Jahrhunderten zum Bistum Freising, sozusagen zu einem kirchlichen Ministaat im Staate. So kam es, daß in Mittenwald möglich war, was in der Haupt- und Residenzstadt durch die österreichischen Besatzer und Zensoren verhindert wurde: das weitere Erscheinen der »Nutz- und Lust-erweckenden Gesellschafft«. Die Zeitschrift war den Österreichern deshalb ein Dorn im Auge, weil sie für den unterlegenen bairischen Kur-

fürsten weiterhin Partei ergriff. Schon dieses erste Periodikum Baierns zeichnete sich – man wird Ähnliches noch öfters erleben – durch blinde Loyalität gegenüber dem Landesvater aus.
Die Großmachtträume Max Emanuels waren es, die Baiern zu Anfang des 18. Jahrhunderts ins Verderben stürzten. Schon die Türkenkriege hatten das Land ungeheuer viel gekostet: 30 000 dem bairischen Volk wegrekrutierte Söhne und Ehemänner, 1,5 Millionen Gulden Kriegskasse. Schön und gut, könnte man sagen, dafür waren die Türken von den Toren Wiens weggedrängt. Doch hatte Max Emanuel nicht aus reiner Bruderliebe den Österreichern dabei geholfen. Vielmehr stand die Ehe mit Maria Antonia im Hintergrund – quasi als Belohnung für diesen Waffengang. Sie war die Lieblingstochter des österreichischen Kaisers und hatte einen Erbanspruch auf die spanische Krone, da ihre Mutter Margareta Maria Theresia von Spanien war. Wieviel allerdings solche Waffenbruderschaften wert waren und für was das bairische Fußvolk da jeweils die Schädel hinhalten mußte, kann man dem Fortgang der Geschichte entnehmen. Hatten die Baiern noch *mit* den Österreichern gegen die Türken und 1692 im Pfälzer Erbfolgekrieg gegen die Franzosen gekämpft, so hieß schon Jahre später der neue Oberbefehl des Kurfürsten: mit den Franzosen *gegen* die Österreicher. Nachdem nämlich durch den Tod des erst sechsjährigen Kurprinzen Josef Ferdinand, der schon vom spanischen König Karl II. zum Universalerben ernannt worden war, alle Weltmachtträume Max Emanuels jäh zerstoben waren, sah er nur noch eine Möglichkeit, seine Interessen zu wahren, nämlich sich im Spanischen Erbfolgekrieg auf die Seite der Franzosen gegen die Österreicher und Engländer zu stellen. So konnte es kommen – und das nicht nur rein hypothetisch –, daß österreichische Soldaten auf bairischem Boden den Söhnen jener Waffenbrüder die Schädel einschlugen, die ihren Vätern noch zwei Jahrzehnten zuvor die Türken vertreiben geholfen hatten.
Als dann alles verloren war, die wehrlosen Bauern aus dem Oberland bei Sendling niedergemetzelt und das Land völlig ausgeblutet daniederlag, wußte Max Emanuel auch nichts mehr damit anzufangen. Er wollte ganz Baiern in den Friedensverhandlungen gegen Sizilien und die Niederlande eintauschen. Wie hatte schon der Bruder Max Emanuels gesagt: Dem »Blauen Kurfürsten« ist jeder Heustadel in den Niederlanden mehr wert als eine ganze Stadt in Baiern. Vor diesem Hintergrund also erschien in Mittenwald noch einmal ein letzter Band der »Nutz- und Lust-erwecken-

den Gesellschafft«. Die »Vertrauten Nachbarn am Isarstrom«, die ihn herausgaben und darin ihr Bekenntnis zu Max Emanuel ablegten, taten dies vielleicht gar nicht einmal vorrangig, weil sie die Großmachtpläne des Kurfürsten in all ihren Konsequenzen billigten, sondern weil er für sie der Garant der alten, vor allem auch christkatholischen Ordnung war. Die schien ihnen durch die neuen Herren im Land bedroht. (In München waren viele Lutherische einquartiert worden, mit den Österreichern verbündete Truppenteile aus Franken, die ein »jungemeines Abscheuen« im rein katholischen München erregten.)
Wer diese »vertrauten Nachbarn am Isarstrom« im einzelnen waren, ist heute weitgehend unbekannt – daß der dichtende »Hof-Raths-Secretarius« und Max-Emanuel-Verehrer Johann Georg Littich sowie sein Bruder zu den Herausgebern gehörten, scheint gesichert. Unverkennbar jedenfalls ist, daß die Mitarbeiter dem Kurfürsten treu ergeben waren und wohl aus einer erzkatholischen Ecke stammen mußten. In der Vorrede zu der 1702 erschienenen ersten Ausgabe der »Nutz- und Lust-erweckenden Gesellschafft« konnte man bei der Aufzählung der Gründe, die die Isargesellen zu dieser Publikation bewogen hatten, lesen: »Secundò ist Uns zu Gemüth gangen, daß von denen Uncatholischen, unter dem speciosen Färbl [unter dem täuschenden Deckmäntelchen, Anm. B.S.] schöner Geschicht-Romanen, gelehrter Versamblungen, politischer Tractätln, Historischer Städt- oder Flüß-Beschreibungen, und dergleichen, nicht ein kleine Anzahl solcher Bücher in Unsere hochwehrte Chur-Bayrische Vatterlands-Provinzen herein geschoben worden, die in sich das ärgste Gifft verführerischer Lehren grosser wider die wahre Religion und geistliche Obrigkeiten lauffender s.v. [sit venia = mit Verlaub] Lügen und Calumnien [Verleumdungen] und leichtfertiger der Jugend gefährliche Erzehlung verborgen halten.«
Welche fatale Verdrehung der Ursachen: Kritik an der Obrigkeit – sei sie kirchlich oder kurfürstlich – soll es also sein, was die Jugend gefährdet und nicht etwa diese Obrigkeit selbst, für die unzählige bairische Burschen in nutzlosen Schlachten verheizt wurden. Oder nehmen wir den Bauernaufstand von 1705, angeblich ein Treuebekenntnis der Untertanen zu ihrem Kurfürsten, der von diesem Gefolgschaftsbeweis aber gar nichts mitbekommen konnte, weil er sich zur selben Zeit nach Flandern in Sicherheit gebracht hatte: Wieviel jungen Knechten hat er das Leben gekostet?
Von den Höfen des Oberlandes wurden sie gewaltsam weggeholt unter

Androhung, man brenne alles nieder, wenn sie nicht mitmachen – bei diesem echt bairischen ›Volksaufstand‹!
Sicher ist es schwer, sich hineinzufühlen und hineinzudenken in einen Menschen, der vor rund 300 Jahren gelebt hat. Die Handlungen und Absichten eines Kurfürsten, der gern wie der französische Sonnenkönig residiert hätte, in Frage zu stellen, war wahrscheinlich undenkbar. Aber dennoch: Wie müssen sich die Mittenwalder vorgekommen sein, so nahe der neuen Frontlinie, hineingezogen in eine Auseinandersetzung, die sie, als Untertanen des Freisinger Bischofs, eigentlich gar nichts anging? Sie erlebten, wie der »Blaue Kurfürst« Tirol überfiel, die ehemaligen Bundesgenossen in den Türkenkriegen, wie er, die Niederlage vor Augen, sich zurückzog, zuvor aber noch grausam wütete in Völs, Zierl und an der Martinswand, wie er sein geschlagenes Heer über Benediktbeuern und Wolfratshausen nach München heimschickte und er selbst auf einem Floß die Isar hinunter verschwand. Die einrückenden kaiserlichen Truppen aber straften die Mittenwalder mit Plünderungen und Kontributionszahlungen dafür, daß sich Max Emanuel hier eine Zeitlang verschanzen konnte.

Er hörte das Singen stürzender Bäume

25 Tage nur soll Max Emanuel bei Mittenwald gelagert haben, doch was seine furagierenden Spießgesellen in der kurzen Zeit ihren eigenen Landsleuten wegplünderten, beziffern die amtlichen Aufzeichnungen aus jenen Tagen auf fast 30 000 Gulden. Zu den vielen Geschädigten gehörte auch ein gewisser Matthias Klotz, »Lautenmacher«, wie er sich selbst bezeichnete. Der berühmte Geigenbauer stand damals schon im 50. Lebensjahr. Er war ein angesehener und – wie seine eigenen Mitbürger fanden – »weltberühmter Mann«. Sein Können, das mehr eine Kunst denn ein Handwerk war, hatte er schon an eine Reihe von Schülern weitergegeben, es entstand das, was sich in der Rückschau markant als die Mittenwalder Geigenbau-Kunst hervorhebt.
Matthias Klotz, an den bei der Pfarrkirche ein von Ferdinand von Miller geschaffenes Denkmal erinnert, gilt zwar als Begründer dieses Handwerkszweiges, der dann über die Jahrhunderte in Mittenwald weitergepflegt wurde und seit 1959 auch in einer eigenen Berufsfachschule gelehrt wird, der erste Geigenbauer in der Gegend war er allerdings nicht. Der Mittenwalder Chronist J. Baader vermutet, daß Matthias' Vater, der

Schneidermeister Urban Klotz, durch den berühmten Jakob Stainer aus Absam dazu angeregt wurde, seinen Buben zu einem Geigenbauer in die Lehre zu schicken. Wenn eben davon die Rede war, daß das Herstellen einer vollendeten Geige schon eher eine Kunst denn ein simples Handwerk ist, so zeigt die Schilderung Baaders, wie die Mittenwalder und also auch Urban Klotz den berühmten Stainer bei seiner Arbeit erleben konnten, auf welche besondere Fähigkeit und welches außergewöhnliche Gespür es unter anderem ankam: »Die Leute kannten und sahen ihn, wie er im Gleirschtale und in den anderen Tälern der bayerischen Alpen, wo die Wasser der Isar zusammenrinnen, und an den Sonnenbergen umherschweifte und nach Resonanzholz und Haselfichten für seine Geigen spähte. [...] Wurden gefällte Stämme, wie es so häufig geschieht, von ihren hohen Standorten über jähe Berghänge ins Tal hinabgerollt, so saß er seitwärts auf einem Felsblock und lauschte den Tönen, die sie im Stürzen von sich gaben.«

Daß Matthias Klotz letztlich nicht bei Stainer in die Lehre ging, scheint gesichert, wo genau er aber sein Handwerk lernte, bleibt wie vieles aus seinem Leben im dunkeln. Füssen war zu jener Zeit eine Lautenmacher-Hochburg mit Ausstrahlung auf den ganzen Lechgau. Vielleicht erhielt er hier irgendwo seine Ausbildung. Daß er anschließend mit dem Gesellenzeugnis in der Tasche nach Padua ging, belegt ein Dokument aus dem Jahr 1678. Das verwundert nicht weiters, war doch Italien berühmt für seine Instrumentenbaukunst. Die Kunde von den hervorragenden Meistern unter anderem in Mantua, Verona, Padua, Florenz und Venedig war natürlich auch nach Mittenwald gedrungen, das seit jeher besondere Beziehungen zum Welschland hatte.

Schließlich lag man ja an der uralten Handelsstraße zwischen Oberitalien und dem bairischen Voralpenland. Schon die Römer legten ihre Via Claudia von Verona nach Augsburg durch das Scharnitz-Mittenwalder Tal. (Reste dieser Heer- und Versorgungsstraße fand man in einem Hohlweg bei Klais.) Ein wichtiges Datum für den Aufschwung Mittenwalds ist das Jahr 1487. Damals entschloß sich Venedig wegen anhaltender Streitigkeiten mit Tirol, seine Handelsmärkte nicht mehr in Bozen abzuhalten, sondern in Mittenwald. Der auf neutralem, politisch ruhigem Freisinger Herrschaftsgebiet gelegene Ort wurde zu einem umtriebigen, lebhaften Umschlagplatz für Waren aller Art, von Spezereien über Wein, Seide und Glaswaren bis zu Fellen, Schmuckwaren, Salpeter und Schwefel. Es entstandanden Lagerhäuser und eine große Lände; die von Italien herkommenden Waren wurden auf die Isar umgefrachtet, deutsche und bairische Exportgüter auf Planwagen, Saumtiere und Kraxenträger. Noch heute kann man im für seine Lüftlmalereien berühmten Mittenwald an Hausfassaden Szenen des »Bozener Marktes« betrachten, auch im Bronze-Relief des Matthias-Klotz-Denkmales findet man eine entsprechende Darstellung. Man nimmt an, daß Matthias Klotz um 1684 nach Mittenwald zurückgekehrt ist, wenige Jahre zuvor waren die Handelsgeschäfte wieder pro forma nach Bozen zurückverlegt worden – die Rott zu Lande war seit der Entdeckung neuer Seehandelswege durch die Portugiesen und dem Niedergang Venedigs nicht mehr lukrativ genug. Doch Matthias Klotz hatte mit dem Geigenbau eine neue Erwerbsquelle mit in seinen Heimatort gebracht, seine Söhne und Schüler führten das Handwerk weiter, machten es zu einer regelrechten Industrie. J. Baader vermerkt in seiner Mittenwalder Chronik: »Über den Ozean allein schwammen jährlich viele Tausend Geigen, Cellos, Bässe, Gitarren und Zithern. Das ganze Geschäft ist jetzt in den Händen der Verleger und wird von ihnen im großen Stil kaufmännisch betrieben.«

Walchen- und Kochelsee / Jachenau

Der Waller im Walchensee

Um den Walchensee ranken sich seit jeher mysteriöse Geschichten. In seiner berückenden Schönheit, wie er so eingebettet daliegt zwischen Jochberg und Herzogstand, scheint er unergründlich. Im wahrsten Sinne des Wortes. »Man hat schon schwerste Steine an langmächtigen Seilen mitten in den See hinabgelassen, ist aber niemals auf einem Boden angekommen.« So zitiert Willibald Schmidt in seinen »Sagen aus dem Isarwinkel« den Volksmund, der noch manch andere gruselige Geschichte zu erzählen weiß. Zum Beispiel von dem neugierigen Mann, der sich, in eine Ochsenhaut eingenäht oder – wie andere sagen – in einem gläsernen Kasten, auf den Grund des Sees hinabsenken ließ. Da unten sei ihm ein grauenerregendes Vieh von einem Fisch erschienen und gerade noch rechtzeitig habe er mittels Glockenzeichen nach oben signalisieren können, daß man ihn wieder hochziehe. Ob man 's nun tiefenpsychologisch deuten will oder ob der gute Mann Mustertypus des nicht zufriedenzustellenden Naturforschers war, jedenfalls mußte er noch einmal hinunter… und ward nie mehr gesehen. Vielleicht doch eher für die Tiefenpsychologen interessant, was die Stimme des Sees dazu sagte: »Gründst du mich, so schlünd ich dich!«

In einer anderen Sage ist es ebenfalls ein in den Tiefen des Walchensees hausendes Ungeheuer, das die Phantasie der Menschen im Isarwinkel beschäftigte. Man erzählte sich, ein riesiger Waller lebe im Walchensee, »mit Augen so groß wie Feuerräder. Seit tausend und mehr Jahren hält er seinen Schweif im Maul.« So zusammengeringelt, umspannt er den gesamten See. Was einmal passieren wird, wenn er seinen Schwanz ausläßt, das haben sich schon Generationen von Walchensee-Anrainern ausgemalt. Immer wenn ein neuer Kurfürst in Baiern seine Regentschaft antrat, so heißt es, habe er einen güldenen Ring in den See werfen lassen, um das Ungeheuer zu besänftigen. Und die Äbte von Benediktbeuern ließen alljährlich eine Prozession um den ganzen See herum laufen, den animalisch-heidnischen Wallergott zu beruhigen. Die Apokalypse, die kommen wird, wenn der zusammengeringelte Riesenfisch einmal auseinanderschnellt, hat am grauslichsten Josef Ruederer beschrieben: »Löst sich einst dieser Ring, schnellt das Untier den Schweif auseinander, dann wird zwischen Jocherwand und Herzogstand der Kesselberg bersten, der See wird durchbrechen und München geht zugrunde. Wenn Unglaube, frecher Übermut, Sittenlosigkeit und Gottesleugnung überhandnehmen, wird dieses Schicksal sich erfüllen und die neue Sintflut über Bayerns Hauptstadt hereinbrechen. Mit den Felsen werden die Wassermassen herabstürzen zum Kochelsee; der wird emporschnellen, wie von Zyklopenhänden geschleudert. Dann, einen Augenblick, wird er wieder zusammenbrechen und gleich darauf alles hinausschleudern in den Gebirgsbach, der ihn durchzieht, in die Loisach. Nun aber gibt 's kein Halten mehr, kein Besinnen. Über das Rohrfeld von Benediktbeuern geht der Strom hinaus, immer weiter ins flache Land. Wütend und zischend kommt er daher, wie mit gräßlichen Flüchen auf Leben und Wachsen. Was sich ihm in den Weg stellt, wird niedergerissen, Häuser, Wälder und Menschen. Nur da und dort ragt noch ein Kirchturm aus den aufgeregten, graubraunen Fluten. Bald stürzt auch der, und je stärker sich die Ebene neigt, um so stärker stürmt es dahin, das entfesselte Element. Gewitterwolken jagen vor ihm am Firmament, und unter ihnen leuchten von ferne in schwefelfarbenem Glanze weitverzweigte Kiesfelder. Darin zieht die Isar, noch unberührt, noch gesättigt von dem tiefen Grün, das sie aus ihrer Wiege, der Scharnitz, heraustägt. Doch in wenigen Augenblicken ist sie mit dem Riesenstrome verbunden, und der tobt als ungeheurer Katarakt in wildem Taumel dem Ziele entgegen. Leichen von Menschen und Tieren schleppt er mit sich, Inseln entstehen und verschwinden auf ihm wie draußen auf dem Ozean. So geht 's fort mit betäubendem Höllenlärm bis dahin, wo die Höhenzüge im Isarbette näher zusammentreten. Dort löst die gepreßte Kraft Steine und Erdreich wie frischgebackenes Brot. Hinter ihm ein tosendes Meer bis zum gähnenden Kessel des Walchensees, vor ihm die Stadt, die große Stadt, die das Ungeheuer schon ahnt. Nicht seit heute und gestern. Seit hundert Jahren oder noch länger las man an einem bestimmten Tage in der Michelskirche eine Messe, um das Verderben zu bannen – da, im letzten Augenblick, wo man sieht, daß alles verloren ist, zieht man die Glocken. Zu spät, dreimal zu spät. Die Sintflut kommt näher, jetzt zerreißt sie die Eisenbrücken, daß sie wie Stricknadeln zusammenbrechen, jetzt wälzt sie sich in die Vorstadt, jetzt umtobt sie die

Frauentürme, jetzt ersticken die Münchner unter Bergen von Schlamm und Geriesel, und jetzt – ja, jetzt – besinne ich mich, daß das alles nichts weiter ist als ein Phantasiegebilde.«
Ja, so san s', die Herren Dichter. Müssen immer gleich furchtbar übertreiben. Als Josef Ruederer diesen Text schrieb, saß er in Wahrheit nämlich auf Schloß Schwaneck, einem der idyllischsten Flecken im Isartal. Vielleicht gluckste und murmelte der Gebirgsfluß gerade lieblich von unten herauf, vielleicht tauchte die Sonne alles gerade in einen güldenen Glanz, so ungefähr wie es Simon Warnberger auf seinem biedermeierlichen Gemälde »Isartal bei Pullach« inszeniert hat. Ruederer aber, diesem herrlich bärbeißigen, leider viel zu wenig gewürdigten Dichter, gefiel es, mit Hilfe der Isar eine zweite Sintflut heraufzubeschwören, die seine Geburtsstadt München treffen sollte. Wie jeder wahrhaft München Liebende, war natürlich auch der am Rindermarkt geborene Ruederer ein fürchterlicher München-Hasser. Was Thomas Bernhard konnte, können bayrische Autoren auch schon immer: Ihre verzweifelte Liebe zu Land und Leuten hinter einem mordsmäßigen Grant verbergen. Man macht sich doch nicht freiwillig zu einer Liebesschwüre säuselnden Krampfhenna!
Nein, Josef Ruederer drohte München mit der poetischen Vision seines Unterganges doch nur deshalb, damit es gar nicht erst soweit komme. Wie jeder wahrhafte Prophet machte er seine Unheilsprophetie ja nicht, um nachher recht zu behalten, sondern um zur Umkehr zu mahnen. Wenn er »Unglauben und frechen Übermut« anprangerte, meinte er vielleicht auch den Umgang mit der Natur. Als er diesen Text schrieb, 1907, waren zwar Krüner Wehr und Walchensee-Kraftwerk noch nicht in die Tat umgesetzt, aber Überlegungen, was man mit der Isar so alles anstellen könne, wurden schon gemacht. Vielleicht zitierte Ruederer die alte Sage vom Waller im Walchensee schon mit einem Gefühl der Resignation und Ohnmacht. Vielleicht ahnte er, daß die Zeiten einer solchen animistischen Lebenseinstellung, die noch jedem Wesen, jeder Erscheinung in der Natur eine Beseeltheit zugestand, endgültig vorbei waren. Die Kraft des Sees und des Wassers, für die der mächtige Riesenwaller ja nur ein Sinnbild ist, kehrte sich jedenfalls nicht gegen den Menschen, wurde nicht zu einer ihn auslöschenden Sintflut. Findigen Köpfen ist es vielmehr gelungen, diese Urgewalt in eine Kraft zu verwandeln, die es »der großen Stadt« überhaupt erst erlaubte, ihre »Sittenlosigkeit und Gottesleugnung« so richtig neonbunt zur Schau zu stellen. – Der Waller hat immer noch

seinen Schwanz im Maul, aber er liegt längst als abgestorbenes Fossil dort unten in der unergründbaren Tiefe des Walchensees. Er ist es nicht, vor dem wir Angst haben müssen.

»Im Schaffen befreite er sich«

Vielleicht sind es die Untiefen in uns selbst, die uns weit mehr fürchten lassen sollten. »Man nennt ihn den Selbstmördersee«, schrieb Lovis Corinth. »Ein kleiner Schuppen mit vernagelten Fenstern steht im versteckten Tal; da werden die Opfer des Sees geborgen. Die schwarzen Spiegelungen auf dem Wasser verhelfen nur, das Unheimliche noch grauenhafter zu machen.« Betrachtet man Corinths Walchensee-Bilder, seine Kaltnadel-Radierungen und Lithographien, seine Aquarelle und die berühmt gewordenen Ölgemälde, das Unheimliche des Selbstmördersees scheint ganz aufgelöst in einen heiteren Farbenrausch. Man hat diese Bilder Meisterwerke deutscher Landschaftsmalerei des 20. Jahrhunderts genannt, ihr »aufzuckendes Farbenspiel« und ihre »edelsteinhafte Glut« begeisterten schon die Zeitgenossen: Sie rissen Corinth die Bilder geradezu von der Staffelei. »Ich war nicht wenig erstaunt, daß alle Welt mich aus meinen Arbeiten einen starken Lebensbejaher nannte. In der Tat war ich, ich kann wohl sagen seit meiner Kindheit, von schwerster Melancholie heimgesucht. Es ist kein Tag vergangen, an welchem ich es nicht besser fand, aus diesem Leben zu verscheiden. Nur eines war der Unterschied: Ich habe es nicht getan!«
Anstelle dessen hat Corinth den Selbstmördersee über Jahre hinweg mit einer Hingabe und Versessenheit gemalt, wie sie beinahe einzigartig ist in der Kunstgeschichte. (Paul Cézanne fällt einem dazu noch ein und sein Zyklus von Bildern über den Mont Saint-Victoire.) Er hat ihn sommers wie winters gemalt, bei Tag und in der Nacht. Einmal fast nur in abgestuften Blautönen mit den ihn umgebenden Bergrücken, dann wieder in einem herbstlichen Farbenrausch, die Wasseroberfläche kobaltblau mit einer Beimischung ins Violette. Er hat die Schneelandschaft um den See herum gestaltet, mit den wenigen braunrötlichen Tupfern der noch nicht von den Ästen gefallenen Blätter; und den Sommer hat er festgehalten mit seinen dutzenderlei Grüntönen. »Walchensee, gelbe Wiese«, das 1921 gemalte Bild: Riecht man nicht förmlich den Sommer, die Wiesenblumen, die Heumahd, spürt man nicht die gleißende Sonne und das gelegentlich sanft wachelnde Lüfterl, das auf dem See sein Wellenspiel treibt? Und bei

der Betrachtung des »Aufgehenden Mondes« (1922) – hört man nicht die Wellenschläge des Sees ans Ufer, glaubt man nicht das Glitzern der Mondstrahlen auf dem Wasserspiegel wahrzunehmen?
Und dennoch: Diese Bilder sind weit mehr als nur die getreuliche Wiedergabe einer Impression, die der Künstler von der großartigen Vorgebirgslandschaft hatte. Es sind Seelenlandschaften. Aber eben nicht im Sinne einer simplen Abbildfunktion: Ist der Künstler aufgewühlt, malt er eine sturmgepeitschte Landschaft. Das Erstaunliche bei Lovis Corinth ist ja gerade, daß seine schweren Depressionen und seine ihn oft lähmende Melancholie durch das Malen umgewandelt wurden und daß die daraus entstandenen Werke ganz befreit scheinen von diesen dunklen Seiten. Chorinths Ehefrau Charlotte beschrieb es in ihren »Erinnerungen an Urfeld« so: »Nach außen hin war er ruhig; er trat leise und rücksichtsvoll auf. Seine Seelenkämpfe trug er stillschweigend aus, indem er reflektierte oder indem er sie als Künstler in schöpferische Kräfte verwandelte und diese im Werk aufgehen ließ. Deshalb beeinträchtigten seine Depressionen denn auch niemals sein Produktion. Im Gegenteil; seine Dynamik wurde eher noch größer durch sie. Im Schaffen befreite er sich.«
Charlotte Berend-Corinth war es auch, die dem Maler überhaupt die Voraussetzung schuf für seine Walchensee-Obsession, die sich in Hunderten von Bildern und Blättern niederschlug. 1918 feierte Lovis Corinth seinen 60. Geburtstag. Auf die Einladungs- und Speisekarte zeichnete er sich als »Jubel-Greis« in feuchtfröhlicher Runde, hinter seinem Rücken steht der Boandlkramer und lüftet den Zylinderhut – ein treffendes Bild für Corinths Schwanken zwischen Lebenslust und Todesahnung. Doch obwohl bereits von einem sieben Jahre zurückliegenden Schlaganfall gehandikapt (»eine linksseitige Lähmung, wie ein ungeheures Zittern der rechten Hand [...] verhinderten eine handwerkliche kalligraphische Mache in meinen Arbeiten«), sollte eine seiner produktivsten Phasen erst noch kommen. Auf Vermittlung von Freunden hin feierte man den Geburtstag im Hotel »Fischer am See« in Urfeld. Damals vom Hotelbalkon aus, malte Corinth schon seine ersten Walchensee-Bilder. »Lovis war sogleich von der Schönheit der Landschaft – vom Zauber des Walchensees, der Bergkulisse, des Lichts und der Luft – gepackt«, schreibt seine Frau. »Eines Tages, wir bummelten am See entlang, meinte Lovis: ›Ich habe mit einem Bild dreißigtausend Mark verdient. Was soll ich damit machen?‹ ›Gib das Geld mir‹, antwortete ich, ›ich baue dir hier ein Haus.‹«

Corinth willigte unter der Bedingung ein, daß er nie mit den Schwierigkeiten belästigt werde, die ein Hausbau nun mal mit sich bringt. So kümmerte sich Frau Charlotte ganz alleine um den entstehenden Bau am Hang über Urfeld, kaufte die weiter unten liegenden Nachbargrundstücke auch noch auf, ließ ein »Kanzel« genanntes Aussichtsplateau anlegen, alles damit Lovis Corinth direkt von seinem Haus aus auf den See blicken und so sich Tag für Tag in sein Motiv versenken konnte. »Besonders lehrreich wäre es, dasselbe Motiv in den angeführten verschiedensten Stimmungen und Zeiteinteilungen (Jahreszeiten) zu studieren. Man könnte auch öfters eine ähnliche Stimmung immer wieder malen.« So hatte sich das Corinth 1908 noch theoretisch in seinem Buch »Das Erlernen der Malerei« vorgestellt, in dem er ein regelrechtes Programm des Impressionismus und der Pleinair-Malerei formulierte. Mit seinem Urfelder Domizil besaß er nun die Voraussetzung für eine solch geradezu zenbuddhistische Meditation über ein sich immer wieder wandelndes Landschaftsbild.
Aber vielleicht ist der Vergleich des Zenbuddhisten doch nicht der passende für Lovis Corinth. Denn bis zu seinem Tod blieb die innere Zerrissenheit, von einem kontemplativen Einswerden mit der Natur kann eigentlich nicht die Rede sein. Denn zum reinen Betrachten der Landschaft kam das künstlerische Bemühen hinzu, sie gestalten und festhalten zu wollen. Immer wieder war Corinth in den Schaffenspausen tief deprimiert über das Erreichte. Wenige Wochen vor seinem Tod schrieb er in seiner »Selbstbiographie«: »Ein Ekel vor jeder Malerei erfaßt mich. Warum soll ich noch weiter arbeiten, alles ist Dreck.« Und dennoch: Es waren schon wieder die Vorbereitungen für den Sommeraufenthalt in Urfeld getroffen, Lovis Corinth hätte, wer weiß zum wievielten Mal, den Walchensee gemalt. Während einer Hollandreise starb er am 17. Juli 1925.
Zu dieser Zeit saß ein verkrachter Wiener Kunstmaler als Landeshochverräter im Landsberger Gefängnis. Dort konnte er sich Gedanken darüber machen, mit wem er alles abrechnen würde, wenn die Zeit reif wäre für seinen Kampf. Zum Beispiel mit jenen Schmierfinken entarteter Kunst, die alle wichtigen Stellen besetzt hielten und einen wie ihn nicht gewollt hatten, an der Wiener Kunstakademie. Man müßte sie alle an den Pranger stellen, hat sich Hitler vielleicht ausgemalt, alle auf einen Haufen, damit dem arischen Volk einmal die Augen aufgehen, welche Fratzenmaler und »Schlächtermeister des Pinsels« sich unter ihm eingenistet hatten. Letzteres war eines der Attribute, die man Lovis Corinth anheftete.

Auch er kam in der Ausstellung »Entartete Kunst« zu hängen, unter anderem mit zwei Walchensee-Bildern. Nun wußten die vielen Lovis-Corinth-Freunde und -Sammler, was die Stunde geschlagen hatte. Wer es noch rechtzeitig schaffte, brachte seine Corinth-Bilder ins Ausland. Einige jedoch müssen wohl für immer als verschollen gelten.

Trösteinsamkeit für den Atombombenbastler

»Mit scheuem Fittich schwanken / Hier überm Todesabgrund die Gedanken.« Diese beiden Zeilen aus Paul Heyses 1858 erschienener Versnovelle »Die Hochzeitsreise an den Walchensee« hätten genausogut über seiner Eingangstür in Urfeld stehen können – gewissermaßen als Haussegen. Denn »Trösteinsamkeit«, wie Achim von Arnim das einmal mit einem herrlichen Wort benannt hat, suchte er hier wahrscheinlich schon, in dieser wilden, menschenleeren Natur. Vielleicht auch eine Einsamkeit, die über das hinwegzusehen half, wozu Werner Heisenberg mit seinem wie auch immer zu bemessenden Anteil beigetragen hatte. Wir wissen mittlerweile etwas genauer darüber Bescheid, daß Heisenberg zusammen mit anderen für Hitlerdeutschland die Atombombe bauen wollte, auch wenn er später seine Rolle anders darstellte. Carl Friedrich von Weizsäcker, damals Mitarbeiter von Heisenberg, legte erst in den letzten Jahren offen, wie es wirklich war: Man glaubte an den Sieg Hitlers, man wollte ihm die Atombombe in die Hand geben – nur waren er und seine Militärs verstandesmäßig nicht in der Lage, überhaupt zu begreifen, um was es sich bei der Atombombe handelte. (»Niemand, der nicht Physiker war, [konnte] sich das von sich aus ausdenken«, sagt Weizsäcker.) Wie die Jahre später vorgenommenen Aufzeichnungen Heisenbergs verraten, versuchte er diese Mitverantwortung zu verdrängen, wegzuretuschieren. Doch so einfach war das nicht mit der Flucht in die Trösteinsamkeit der Walchensee-Idylle. Die Vergangenheit holte ihn ein. Sie stand plötzlich und doch auch längst erwartet in Gestalt einiger Soldaten der US-Army vor Heisenbergs Urfelder Haustür. »Als am 4. Mai der amerikanische Oberst Pash mit einigen Soldaten in unser Haus eindrang, um mich gefangenzunehmen, hatte ich ein Gefühl, wie es etwa ein zu Tode erschöpfter Schwimmer haben mag, der zum ersten Mal wieder den Fuß auf festes Land setzt.«

Dieser feste Boden unter den Füßen bedeutete erst einmal die Internierung auf dem Landsitz Farm-Hall in der Nähe von Cambridge. Hier

kam Heisenberg wieder mit dem ganzen »Uranverein« zusammen, wie er es nannte, unter anderem mit Otto Hahn und Carl Friedrich von Weizsäcker. Man spielte im Freien Faustball, der ebenfalls internierte Walter Gerlach pflegte ein Rosenbeet, die Spaziergänge im Garten verglich Heisenberg mit den Disputationen mittelalterlicher Mönche, wie diese sie führten, wenn sie im Kreuzgang wandelten. Am 6. August 1945 und an den folgenden Tagen dann waren diese Gespräche nur mehr von einem Thema beherrscht: dem Abwurf der amerikanischen Atombombe auf Hiroshima. Otto Hahn, der als Entdecker der Uranspaltung den Einstieg in die Atomphysik überhaupt erst ermöglicht hatte, war tief verstört und schloß sich in sein Zimmer ein. Die anderen befürchteten ernsthaft, er vollzöge, dieser Mitverantwortung wegen, die Todesstrafe an sich mit eigener Hand. Werner Heisenberg und Carl Friedrich von Weizsäcker indes erörterten am nächsten Tag, bei ihrem Rosenbeet-Rundgang, inwieweit man überhaupt von Schuld und Mitverantwortung reden könne. Heisenberg meinte: »Ich glaube nicht, daß es Sinn hat, hier das Wort Schuld zu verwenden [...]. Diese Entwicklung ist ein Lebensprozeß, zu dem sich die Menschheit, oder zumindest die europäische Menschheit, schon vor Jahrhunderten entschlossen hat – oder wenn man vorsichtiger formulieren will, auf den sie sich eingelassen hat. Wir wissen aus Erfahrung, daß dieser Prozeß zum Guten und Schlechten führen kann. Aber wir waren überzeugt [...], daß mit wachsender Kenntnis das Gute überwiegen werde und daß man die möglichen schlechten Folgen in der Gewalt behalten könne.«
Auch wenn man in Rechnung stellt, daß Heisenberg diese Gespräche erst viele Jahre später rekonstruierte (und 1969 in »Der Teil und das Ganze« veröffentlichte), so irritiert doch, wie emotionslos und distanziert die beiden Atomphysiker angesichts der Tatsache, daß ein Tag zuvor über zweihunderttausend Menschen durch eine Atombombe ums Leben gekommen waren, ihren eigenen Anteil an der Entwicklung dieser Waffentechnologie diskutierten. Die Menschheit habe sich quasi selbst für diese Katastrophe entschieden, als sie den Weg der naturwissenschaftlichen Forschung einschlug. Hätte Otto Hahn nicht die Uranspaltung entdeckt, wäre ein anderer dahintergekommen. Solche Entwicklungen sind also, folgt man dieser Logik, nicht aufzuhalten, es kann nur darum gehen, daß man mögliche »schlechte Folgen in der Gewalt behält«. Gerade das aber war nicht gelungen, wie Hiroshima zeigt.

Es gibt ein Filmdokument aus den 50er Jahren, da sitzt Heisenberg auf der Gartenmauer seines Urfelder Landhauses und räsonniert über die Verantwortung des Wissenschaftlers. Er räumt ein, daß man mit den Erfahrungen des Zweiten Weltkrieges im Hintergrund nicht mehr so weiterforschen könne wie in den Zeiten davor, sondern daß man sich immer auch über die Folgen seines Tuns bewußt sein müsse. Aber um sich diese Folgen überhaupt bewußt machen zu können, braucht es dazu vielleicht eine andere Art von Kreativität und Phantasie, als sie gerade Naturwissenschaftlern zu eigen ist? Nämlich eine Phantasie, die nicht nur ein mathematisch-physikalisch-technisches Problem lösen, sondern die sich auch ausmalen kann, was mit diesen Erfindungen, kommen sie in die falschen Hände, angerichtet werden kann.
Bei dieser Filmaufnahme in Urfeld vertrat Heisenberg die Meinung, die konkreten Anwendungen aus der Atomphysik halte er für das geringere Problem. Die philosophischen Implikationen seien weit folgenreicher. Aber sind Tschernobyl und die versenkten Atomreaktoren in der Barentssee, sind mafiaähnlicher Handel mit Plutonium und auf dem Weltschwarzmarkt erhältliche Atomraketen philosophische Implikationen? Heisenberg hätte wahrscheinlich eine solche Frage in den Bereich der Politik verwiesen und den Wissenschaftler dafür als nicht (mehr) zuständig erklärt. »Wenn ich etwas aus der Entwicklung in den letzten Monaten gelernt habe, so ist es dies, daß man nicht beides, Politik und Wissenschaft, gleichzeitig gut machen kann.« Heisenberg jedenfalls zog sich immer öfter mit einer Gruppe junger Mitarbeiter aus dem Umkreis des Max-Planck-Instituts für Physik und Astrophysik, das seit 1958 in der Nähe des Englischen Gartens sein Domizil hatte, in seine friedliche »Walchenseeheimat« zurück. »Wenn man auf der Terrasse vor dem Haus saß, leuchteten der See und die Berge in den Farben, an denen sich 40 Jahre früher Lovis Corinth in seinen Bildern begeistert hatte, und nur selten noch huschte vor meinem geistigen Auge das andere Bild aus den letzten Kriegstagen vorbei. [...] Aber die unruhigen Zeiten waren vorbei, und wir konnten in Ruhe über die großen Fragen meditieren, die Plato gestellt hatte und die vielleicht in der Physik der Elementarteilchen jetzt ihre Lösung fanden.«

Elektrische Blitze in der Faust

Manch einem kommen, wenn er so eine großartige Landschaft wie die des Walchensees mit den umliegenden Bergen sieht, Gedanken über Gott und die Welt, über uns kleine armselige Ameisen in dieser unergründlichen Schöpfung. Andere wiederum meditieren, betrachten sie den obenliegenden Walchen- und den untenliegenden Kochelsee, eher über ein physikalisch-mantrisches Ohm: Es gibt keinen natürlichen Widerstand, den der Mensch nicht doch überwindet. Es ist schon interessant und bezeichnend, wer für was ein Auge hat. Genau in jenen Jahren, zwischen 1918 und 1924, in denen Lovis Corinth seine großartigen Walchensee-Bilder malte, erfuhr dieses unberührte Landschaftsidyll einen Eingriff, der schon damals die Gemüter erregte. Doch auf keinem seiner Bilder sieht man etwas von diesen gigantischen Rohrleitungen, die da auf heute so archaisch anmutenden vollgummibereiften Ungetümen von Lastwägen herangeschleppt wurden. Zwei Meter Durchmesser hatten die Röhren – ein Arbeiter konnte also ohne weiteres aufrecht darin stehen –, und zu einer Länge von 430 Metern wurden sie zusammengeschweißt, um den Walchensee mit dem Kochelsee zu verbinden. Imposante Bilder müssen das gewesen sein während der Bauphase des Kraftwerks, schade daß sie Lovis Gorinth nicht auf seine Art verewigt hat.

Aber nicht nur imposant, sondern auch beängstigend für die Bergbauerngemüter, die da um den Walchensee herum und in der Jachenau wohnten. Sie alle waren von diesem Bauwerk betroffen, und ihnen schwante nichts Gutes. 150 Beschwerdeeingaben soll es gegen das Walchensee-Kraftwerk gegeben haben, von Anrainern und Waldbesitzern, von Flößern und Sägewerksbesitzern. Denn um das damals aufsehenerregende Projekt einer von natürlicher Wasserkraft angetriebenen Turbinenanlage in die Realität umzusetzen, schreckte man selbst vor massiven Eingriffen in das Landschaftsbild nicht zurück. Mit Hilfe des 1919 bis 1921 erbauten Krüner Wehrs wird der noch recht jungen Isar bis zu maximal 25 m^3/s abgezwackt und in den Walchensee umgeleitet. Da die Isar an nur rund 50 Tagen diese Wassermenge überschreitet und man den überschüssigen Fluten dann ihren alten Lauf läßt, fließt die meiste Zeit des Jahres hinter dem Krüner Wehr kein Tropfen mehr in Richtung altem Flußbett. So jedenfalls handhabte man es bis vor kurzem, ehe die Einsprüche von Naturschützern und Touristikbranche das Ablassen einer »Restwassermenge« erzwangen. Das von Österreich und Mittenwald her stark nährstoffhaltige Wässerchen, das die ehemals biotopgestaltenden Hochwas-

ser natürlich nicht ersetzen kann, sorgt jetzt fatalerweise dafür, daß sich ausgedehnte Algenteppiche bilden, Kiesbänke von Gräsern, Kräutern und Gebüsch überwuchert werden, ja stellenweise findet man schon die in einer solchen Flußlandschaft normal nicht vorkommende Brennessel, die ja als typischer Stickstoffanzeiger gilt.
Die Isar, reißender Wildwasserfluß, der sie sein soll, ist schon wenige Kilometer nach ihrer Geburt zum Siechtum verurteilt. Abgesehen von kleinen Rinnsalen und aufsteigendem Grundwasser bietet sie ab Wallgau das Bild einer Kies- und Geröllwüste, eh sie dann bei Vorderriß dank kleinerer Zuflüsse langsam wieder aufersteht. So en passant hat man auch noch der Jachen den Hahn abgedreht, sie darf auch nur mehr bei Hochwasser den Walchensee, aus dem sie hervorgeht, verlassen. Und weil das anscheinend immer noch nicht reicht, hat man auch dem Rißbach, der aus dem Tirolischen vom Gamsjoch herkommt, ab der Landesgrenze einen Stollen gegraben, der, unter der Isar durchführend, bis an den Walchensee hinreicht – mit der Folge, daß das Rißbachtal bis Vorderriß und damit auch wieder die Isar weitgehend ohne Wasser bleiben.
»Alles Wasser dem Walchensee-Kraftwerk« heißt die Devise, damit jene Vision Wirklichkeit werden konnte, die das Bayernwerk damals, anläßlich der Erbauung, so apart auf eine Gedenkmedaille stanzen ließ. Da steht ein moderner Prometheus vor der Kulisse des Kesselberges, deutlich sieht man das Wasserschloß, von dem aus die Rohrleitungen zum Kochelsee führen, ein Prometheus also mit freiem, muskulösem Oberkörper, aufgestützt auf ein Maschinenteil, und in der linken Faust hält er ein Bündel Blitze. Hoffentlich hat er sich da mal nicht die Finger verbrannt, bei den 100 000 Volt, auf die die Maschinenspannung der Drehstromgeneratoren hinauftransformiert werden. Und dann wird der Walchenseestrom eingespeist in ein Versorgungsnetz, das schon damals das ganze rechtsrheinische Bayern durchzog (Rheinland-Pfalz gehörte seinerzeit auch noch zu Bayern und probte gerade den Separatistenaufstand). Aber auch in die Oberleitungen der expandierenden Eisenbahnstrecken floß der Strom. Die Bahn wiederum brauchte man als Zuckerl für die enttäuschten Isarwinkler. Denn als Ausgleich für die nun nicht mehr flöß- und triftbaren Isar und Jachen versprach man die Errichtung von Eisenbahnlinien!

»Lieber bairisch sterbn als wie kaiserlich verderbn«

Folgen wir den durch den Walchensee umgeleiteten Isarwassern zumindest noch ein Stück bis hinunter an den Kochelsee – den wenn sie später in nördlicher Richtung verlassen, sind sie wieder einmal umgetauft beziehungsweise aufgegangen in den Fluten eines anderen Flusses, der Loisach nämlich. Vom Walchensee an den Kochelsee kann man nur über die Kesselbergstraße gelangen, einer Paßstrecke mit langer Tradition. Ein unternehmungslustiger Münchner Patrizier, mit Namen Heinrich Parth, suchte zu Ende des 15. Jahrhunderts in der Gegend um den Kesselberg nach Erzvorkommen, fand aber ganz etwas anderes. Nämlich – bei genauerem Hinsehen – vom Gelände her die Voraussetzungen für eine serpentinenreiche Transitstraße, die Baiern mit Tirol verbinden würde, via Mittenwald, Zirler Berg, Innsbruck. Das wäre einiges kürzer, als der Weg über das Werdenfelser Land, und würde bestimmt nicht zu verachtende Zolleinnahmen bringen. Mit Zustimmung Herzog Albrechts IV. wurde 1492 mit dem Bau der alten Kesselbergstraße begonnen, die man heute allerdings nur mehr zu Fuß oder mit dem Mountainbike benützen kann. Auf rund zweieinhalb Kilometern überwindet sie ungefähr 250 Höhenmeter, teilweise mit einer Steigung von über 20 Prozent! Das war vielleicht noch überwindbar für die damaligen Saumgespanne, wo zwei Dutzend Zugpferde eine Wagenladung zogen. Für unsere heutigen Fortbewegungsmittel brauchte es eine neue Kesselbergstraße, die vor rund hundert Jahren erbaut wurde.

Auch die hat nicht zu verachtende Serpentinen, dank derer man mit einem gewissen Drehwurm im Schädel, der vor allem von Motorradfahrern geschätzt wird, nach Kochel hinuntergelangt. Ich führe den geneigten Leser nicht zuletzt auch deshalb an diesen vom Adelsgeschlecht der Huosi um 740 n. Chr. gegründeten Ort, weil das ehemalige Fischer- und Bauerndorf am Ufer des Kochelsees Ausgangspunkt eines bairischen Mythos ist, wie er bairischer nicht sein könnte. Er führt uns noch einmal zurück in jene Zeit des fast schon zum großen vaterländischen Krieg stilisierten bairisch-österreichischen Zwists um die spanische Erbfolge, deren Hintergründe bereits im Mittenwaldkapitel zur Sprache gekommen sind. Zum Mythos wurde die ganze Geschichte wahrscheinlich auch deshalb, weil endlich einmal das Volk dabei die Hauptrolle spielt – das erkennt man schon daran, daß die Gemetzel bei Sendling und Aidenbach als »Bauernschlachten« in Erinnerung blieben (man braucht das Wort bloß vom Kopf auf die Füße zu stellen und man hat, was es wirklich war: näm-

lich ein grausames Schlachten der Bauern). Hier gibt das Volk ein Bild von sich selbst – und das gefällt manchen Trachtenvereinen und Gebirgsschützenkompanien so gut, daß sie es noch heute, bald 300 Jahre später, in historisierenden Kostümfesten nachstellen.
Dieses Bild der direkt von ihrer Bauern- und Handwerkerarbeit herbeigeeilten Landesverteidiger, nur notdürftig mit Sensen und Dreschflegeln bewaffnet, will sagen: Wir Baiern sind halt ein Volk, das zu seinen Herrschern steht; durchaus nicht kriegslüstern, aber doch zu allem bereit, wenn es gilt, für den Landesvater den Kopf hinzuhalten. Wenn die Baiern einen Volksaufstand machen, dann nur zur Wiedereinsetzung des Ancien régime oder, anders gesagt, damit wieder alles seine alte Ordnung hat. »Nacha mach ma hoid a Revolution, damit a Ruah is«, sagte zwar ein Münchner Handwerker anno 1918, aber es könnte auch ein oberbairischer Bauer 1705 gewesen sein. Oder ein Schmied. So einer wie der Balthasar. Er ist zur Symbolfigur des ganzen Aufstandes geworden, er ist unser bairischer Wilhelm Tell! Ob es ihn wirklich gegeben hat, den hünenhaften Alten, der angeblich noch mit 70 Jahren in den Kampf gezogen ist, weiß eigentlich keiner so ganz genau. Daß er tatsächlich aus Kochel kam, ist höchst unwahrscheinlich, der damalige Schmied soll Georg Heinrici geheißen haben und erst 1720 gestorben sein. Und dennoch haben all die Autoren, Maler und Bildhauer, die im vergangenen Jahrhundert den Schmiedbalthes überhaupt erst so richtig zum Leben erweckten, die unauflösbare Verbindung geschaffen: Er ist nun mal der Schmied von Kochel.
In der Ortsmitte steht er – so wie ihn sich der Bildhauer Kaindl um 1900 vorgestellt hat: in der kurzen Wichs mit Loferl, beides Attribute einer erst später aufkommenden oberlandlerischen Tracht, die Menschen um 1700 herum trugen ganz anderes Beinkleid; in der rechten einen Morgenstern, links hält er die Fahne, über einem wuchtigen, fast schon nietzschemäßigen Schnauzbart die finster dreinblickenden Augen. Der sich bis zum Schluß tapfer gegen die kaiserlichen Truppen wehrende Schmiedbalthes, das soll dieser Blick wohl ausdrücken, ahnt schon, was ihm aufg'setzt ist... schräg hinter ihm hat Kaindl ein schmiedeeisernes Grabkreuz hingestellt (die ganze Episode spielt ja auf dem Sendlinger Kirchhof), und auf der schlaff herunterhängenden Fahne steht, wir können 's nur nicht lesen, bestimmt geschrieben: »Lieber bairisch sterbn als wie kaiserlich verderbn.«

Das soll der Schlachtruf der aufständischen Oberlandler gewesen sein – aber ob sie wirklich so versessen darauf waren, für ihren Max Emanuel, der längst außer Landes war, das Leben zu lassen… man bekommt so seine Zweifel. Zum Beispiel, wenn man die Anweisungen an den Holzkirchner Amtmann Stephan Eberl liest, der für die Aufstellung eines Miesbacher Aufgebotes zuständig war. »Ambtmann, gleich in Ansehung diß hast du denen jungen Leithen und denen Schützen bey Leib: und Leben Straff aufzubietten, daß sie sich gleich reisförtig machen, dann es ist nit angesehen, daß man sie auf die Fleischbankh geben wolle, sondern nur dahin, die Prinzen in München und das liebe Vatterlandt zu erhalten, und wer sich darwider sezen soll, der sehe auf sich, das sein Haus nit in Prandt gestökht werde.« Ein schöner Volksaufstand, wo die Vaterlandsverteidiger zu den Waffen gezwungen werden müssen, etwa mit der Androhung, ihnen Haus und Hof niederzubrennen! So wird denn mancher Bauernbub und Knecht gezwungenermaßen und höchst widerwillig mit losgezogen sein auf München, um die angeblich von einer Entführung nach Wien bedrohten Kinder des Kurfürsten zu erretten, was aber bloß ein Vorwand war. Man hat von seiten der kurfürstlichen Beamten mit gezielten Falschinformationen diesen Aufstand provoziert, um ihn gegenüber Max Emanuel als Treueschwur seiner Untertanen darstellen zu können. Für die aber wurde es bekanntlich dann doch der Gang zur Schlachtbank.

Der ein oder andere hat sie vielleicht davor gewarnt. Dr. Johann Nepomuk Sepp, von dem unter der Ortsmarke Bad Tölz noch ausführlicher die Rede sein wird, hat ein knapp 700seitiges Werk über den »Bayerischen Bauernkrieg« geschrieben und dafür natürlich die Archive gründlich durchstöbert. Vom Starnberger Pfleger Johann Joseph Göttlinger überliefert er den an die Aufständischen gerichteten Ausspruch: »Ihr Narren, was tröstet ihr euch auf den Kurfürsten? Seiner Lebtag kommt kein Bein mehr von ihm ins Land.« Bedenkt man, daß Max Emanuel, als er die verheerende Niederlage einsehen mußte, sein Kurfürstentum in den Friedensverhandlungen gegen Sizilien und die österreichischen Niederlande, das heutige Belgien, eintauschen wollte, so hatte der Mann geradezu prophetische Gaben. Ihm wird aber in diesem Rührstück um bairischen Untertanengeist nun mal der Part des Schurken zugewiesen. Schon beim Dr. Sepp heißt es im Anschluß an das Zitat: »Dieser saubere Patron war leider ein Münchener Stadtkind, und nur Charakterlosigkeit, um jeden Preis bei der neuen Regierung es zu etwas zu bringen, konnte ihn zum

Verräter machen.« Apropos Rührstück: Natürlich hat man versucht, diesen vortrefflichen Stoff in ein bairisches Nationaldrama analog dem Wilhelm Tell umzuformen. Johann Nepomuk Sepp ist unter denen, die sich daran versucht haben, doch sein Drama in fünf Akten, »Der Jägerwirth und die Sendlinger Schlacht«, wurde nie aufgeführt. Zu einer regelrechten Institution dagegen wurden die Schmied-von-Kochel-Spiele in Kochel selbst. Immer wieder wurde das Volksdrama neu bearbeitet und umgeschrieben, einer der ersten war der Schreinermeister Michael Schuster, gut hundert Jahre später folgte der Austragsbauer und Heimatschriftsteller Hans Demleitner, dessen Version man in den 80er Jahren aufführte. Aber nicht, daß der Leser jetzt glaubt, an dieser Geschichte sei alles tümlich: der Volksheld, das Volksdrama, der Volksdichter. Sogar der intellektuelle und gewöhnlich satirisch-bissige Josef Ruederer ließ angesichts der Fama vom tapferen Schmiedbalthes seinen ironischen Unterton verstummen und schrieb mit »Der Schmied von Kochel« seine einzige Tragödie. Sie hätte schlimmer nicht ausfallen können, schrieb ein Münchner Kritiker anläßlich der Uraufführung am 2. Oktober 1911, alles daran sei unecht und schwülstig. Und der norddeutsche Schauspieler Jessen mache aus dem Schmied von Kochel eher einen nordfriesischen Hallig-Bauern. – Es muß verheerend gewesen sein. Nur Thomas Mann, der anscheinend auf alles ihm Zugesandte enthusiastisch reagierte, schrieb an Ruederer: »Ich bekenne Ihnen, daß mich das Stück mehr als einmal tief erschüttert und zur Bewunderung hingerissen hat.«

»... da liegt die schöne, stille Jachenau«

Kehren wir noch einmal zum Walchensee zurück, um dem Flüßchen Jachen zu folgen, das durch eines der bemerkenswertesten Täler des ganzen Alpenraumes fließt. Am südöstlichsten Zipfel bei Niedernach verläßt die Jachen den Walchensee. Das heißt, auch nur dann, wenn es die Bayernwerke bei Hochwasser mal generös erlauben und das Wasser nicht gerade notwendiger für ihr Kraftwerk brauchen. Dann werden die Regulierungsschleusen geöffnet, und der Bach darf, so richtig munter glucksend und nicht nur als Rinnsal dahinschleichend, durch die Jachenau fließen, eh er bei Fleck, ein wenig südlich von Lenggries, in die Isar mündet. Die Jachenau war bis in unser Jahrhundert hinein ein... ja, nicht nur unberührtes, abgeschlossenes Biotop, sondern auch ein regelrechtes Anthrotop! Die Jachenauer haben es verstanden, in ihrem abgelegenen

Tal eine Tradition, was Arbeit, Wohnen, Brauchtum und anderes betrifft, am Leben zu erhalten, wie sie nicht nur am Alpenrand wahrscheinlich einmalig ist. Wie auffällig die Sonderstellung der Jachenau schon im vorigen Jahrhundert war, mag man daran ablesen, daß Johann Andreas Schmeller riet: »Wer sehen will, wie man vor 50 Jahren lebte, der braucht nicht ins Museum zu gehen, der soll besser in die Jachenau fahren.«

Das Tal der Jachen ist eines der wenigen, daß sich in westöstlicher Richtung erstreckt. Damit ist es natürlich auch von der Wetterseite her ungeschützt, und das hat Auswirkungen auf das Mikroklima. So spricht man von besonders harten Wintern in der Jachenau. Auch gibt es so ungünstig gelegene Höfe, daß sie im Winter nur mit wenigen Stunden oder gar ganz ohne Sonnenstrahlen auskommen müssen. Wenn man nun meint, daß die Menschen unter solchen unwirtlichen Bedingungen besonders nahe zusammenrutschen, so mag das sicher für den Gemeinsinn und die Nachbarschaftshilfe gelten, ansonsten aber bietet die Jachenau eher das Bild einer typischen Streusiedlung: einzelne Gehöfte reihen sich entlang der Jachen auf, stolze, autarke Bauersleut bewohnen seit Generationen die fast durchwegs imposanten Häuser.

Es heißt, die ›Jachner‹ hätten über Jahrhunderte hinweg niemals Grund und Boden an Fremde verkauft, und auch geheiratet und redlich vermehret hätten sie sich immer nur untereinander. Das liegt aber vielleicht auch daran, daß freiwillig niemand in dieses ärmliche Tal gezogen ist. Chroniken beweisen, daß das Kloster Benediktbeuern, dem die Jachenau viele Jahrhunderte lang gehörte, »alli Jar den von Jachna« Getreide zuschießen mußte, weil 's einfach nicht gelangt hat. Mit Ackerbau und Viehzucht allein hatte man sowieso kein Auskommen, die Haupterwerbsquelle der Jachenau – neben dem Flachsanbau – war die Holzwirtschaft. »Der Jachenauer hat Holzgeruch, sein Werktagsgewand, sein Feiertag, sein Tal und sein Wesen«, das alles rieche nach Harz und Tannennadeln, wenn man Johannes Nar glauben darf, selbst ein Jachner und also wahrscheinlich kundig. Er hat 1933 eine Beschreibung seiner Heimat veröffentlicht und darin seine Leut' daheim vor allzu großer Anpassung ans Weltstädtische gewarnt. »Wißt, daß die Bergkultur und die Bauernart viel älter, gesunder und inhaltlich reicher ist als die Stadtkultur. Nachäfferei städtischen Wesens macht den Bergmenschen verächtlich, verrät Dummheit und Würdelosigkeit. Bricht der Bauer und Bergler, dann bricht das Volk.«

Vorderriß / Fall / Gaissach

G'wappeter Großbauer und jagernder Waldschrat

Wie könnte es anders sein: Das Rauschen der Isar war natürlich auch für jenen Dichter, der wie kein zweiter mit dem bayerischen Volksstamm gleichgesetzt wird und als dessen kenntnisreichster Schilderer gilt, einer der prägenden Kindheitseindrücke. Ludwig Thoma wuchs im väterlichen Forsthaus in Vorderriß auf, geboren allerdings wurde er in Oberammergau. Im Jänner 1867 war man nämlich in Vorderriß so eingeschneit, daß die Eltern eine Niederkunft in Oberammergau der Waldeinsamkeit vorzogen. Zwar hätte es so schön zum Mythos des Volksdichters gepaßt, wenn die Mutter an den Ufern der »gleichmäßig rauschenden Isar« (Thoma) auf Tannennadelboden mit ihrem Ludwig niedergekommen wäre, umringt von Hirten und Jägern, Wilderern und rußgesichtigen Köhlern. In Wahrheit aber war es halt doch die herrschaftliche Villa des Verlegers Lang in Oberammergau.

Diese Herkunft aus dem »geheimnisreichen Wald« um Vorderriß ist nicht die einzige Stilisierung, die in Ludwig Thomas Rückerinnerung an die Kinderzeit auffällt – die er übrigens erst im Alter niederschrieb. Ich werde immer skeptisch bei Leuten, die die Entbehrungen ihrer ach so ärmlichen Jugend als besonders förderlich für die charakterliche Entwicklung hinstellen: »Man lernt nur in solcher Abgeschiedenheit das Vergnügen am Kleinsten kennen.« Wer wirklichen Mangel erlebt hat… ich weiß nicht, ob der noch so protzerisch stolz darauf ist. (Man halte nur einmal – als eines von vielen Beispielen – Johann Andreas Schmellers Schilderungen seiner wahrhaft ärmlichen Kindheit dagegen. Wo bei Thoma die Rede vom «Vergnügen am Kleinsten« ist, heißt es bei Schmeller: »Diese Jahre verschlichen wie gewöhnlich ohne auffallende Begebenheit.« – Das Wahrnehmen-Können des Kleinsten, die Muße dazu, sind das nicht schon Privilegien des Bessergestellten)

Mir scheint es Thoma um etwas anderes zu gehen. Das eben angeführte Zitat vom »Vergnügen am Kleinsten« geht nämlich noch weiter: »… und Städter vermögen es sich kaum vorzustellen, wie Zeitungen, Briefe und

Pakete erwartungsvolle Spannung verursachen, oder was frische gebakkene Semmeln einmal die Woche bedeuten können.« Hier fällt das entscheidende Stichwort, hier baut sich jener Gegensatz auf, der für das gesamte Weltbild Ludwig Thomas grundlegend ist: der Gegensatz zwischen Städtern und Bauern. Die Städter sind für ihn das, was wir heute ›reizüberflutet‹ nennen würden. Die haben ja immer alles: Zeitungen und frische Semmeln. Von der unglaublichen Tristesse einer durchschnittlichen Proletarierexistenz zu Ende des vorigen Jahrhunderts, irgendwo in der Au, in Giesing oder in Schwabing, davon wußte Thoma scheinbar nichts oder wollte es nicht zur Kenntnis nehmen. Was er von den Städtern wahrnahm, ist deren Schlechtigkeit. Geradezu als ein Naturgesetz stellt er es in seinem Drama »Magdalena« hin, daß wer in die Stadt abwandert, ein schlechter Mensch werden muß. Warum die Tochter in München drinnen so verdorben geworden ist? – Die sterbenskrank daniederliegende Mutter hat Zeit, um darüber nachzudenken und kommt zu der Einsicht: »In d' Stadt hätt'n mir 's net nei' lass'n soll'.« Eine sittliche Ordnung gibt es für Thoma nur auf dem Land. »Bleib dahoam, arbet, vergiß all's, was amal unsauber g'wesen is'.« Die Bauernarbeit ist das Maß aller Dinge. Wer sich ihr entziehen will, stürzt ins Verderben.
Warum muß Thoma seine Kinderzeit in Vorderriß als die frühen Lehrjahre des späteren Volksschriftstellers herausstreichen? Aus demselben Grund, warum er sich am liebsten in den Posen des g'wappeten Großbauern oder des jagernden Waldschrats darstellen ließ. Thoma betrieb im Grunde zeitlebens eine Maskerade. Er wollte nicht – zumindest nicht gleich auf den ersten Blick – als der erkannt werden, der er, wie jeder andere Schriftsteller auch, nun einmal war: der Federfuchser, der Schreibtischhocker. Da es seiner tiefen Grundüberzeugung nach nur einen sittsamen, ehrlichen, gesunden Menschenschlag gibt, den des arbeitsamen Landmannes nämlich, wollte er wenigstens in Habitus und Gewandung ihm täuschend ähnlich sehen. Besonders stolz war Thoma immer darauf, »die Gesundheit, die Kraft, die hohe Sittlichkeit des bayerischen Bauernstandes« dargestellt zu haben. Daß nur er allein dazu fähig war, leitete er unter anderem von seiner Herkunft ab. Wer nicht unter den Gebirglern, den Bauern, Jagern und Waldarbeitern aufgewachsen ist, dem fehlt in seinen Augen die Legitimation, darüber zu schreiben. Besonders deutlich wird dies in der Auseinandersetzung mit Josef Ruederer, dem echt Münchner G'wachs. Der hatte unter anderem in seinem Skandal-

stück »Die Fahnenweihe«, das anfänglich verboten war, die ach so sittsamen Bauern als genauso korrupt und profitgeil dargestellt wie all die andern – eine Zustandsbeschreibung, die Thoma gar nicht gefallen wollte. Wenn denn schon dem bayerischen Volk eine moralische Verkommenheit zu attestieren war, dann aber bitte nur den Städtern. In bezug auf Ruederers Sozialkritik schreibt Thoma: »Die betriebsamen Groß- und Kleinstadt- und Marktbürger, die sich getroffen fühlen könnten, bedeuten nichts für die Volksart.«
Man hat sich in letzter Zeit oft gefragt, was Thoma zu diesem widerwärtigen faschistoiden Pamphletisten des »Miesbacher Anzeigers« werden ließ, wie wir ihn noch weiter flußabwärts unter den Wegmarke Bad Tölz näher kennenlernen werden. Zu einigermaßen befriedigenden Antworten ist man dabei nicht gekommen. Alles auf Krankheit und Altersstarrsinn zu schieben, ist am wenigsten stichhaltig. Vielmehr scheint mir eine Revision der gesamten Biographie vonnöten. Man hat noch einmal von vorne zu beginnen, noch einmal an den Anfang zurückzukehren. Vielleicht beginnt schon alles mit dieser idealisierten Herkunft vom waldigen Ufer der Isar. Da träumt sich einer sein Leben lang eine heile Welt zusammen, die er dort verloren zu haben glaubt. Und am Schluß wird er alles Städtische, die Juden, die Sozis, den Plebs, dafür verantwortlich machen, daß sein geliebtes Bauernland nicht mehr ist.

Ein Dorf versinkt im See

Dr. Johann Nepomuk Sepp hat über das enge Tal zwischen Hirschhörnl und Roßkopf, Schindelberg und Jägersbergl geschrieben: »›Im Fall‹ heißen unweit der Jachenau ein paar Höfe an der Oberisar, weil hier der Altbayern allein eigene Fluß einen Freudensprung in die Landschaft macht. Hier in Gottes freier Natur, im Kranze der Berge, unbehelligt von den Amtsstuben und dem Volke der Gassen, möchte man Hütten bauen. Höchstens steigt hie und da ein Almenhirt zur Einkehr nieder oder verirrt sich ein Bergsteiger. Nirgends ist es so poetisch, ja paradiesisch; selbst der letzte Wolf in Bayern hat da einen heimlichen Besuch abgestattet. Kein Wunder, wenn der Verfasser das einzige Mal im Leben da vor Lustigkeit getanzt hat.« Nichts ist mehr übriggeblieben von diesem Paradies. Fall, bereits 1280 erstmals urkundlich nachweisbar, ist wie das legendäre Atlantis im Wasser versunken. An manchen Tagen, so erzählen die Neu-Faller, wenn der Sylvensteinspeicher Niedrigststand hat, dann sieht man noch das alte

Wirtshaus, wo anscheinend der knorrige Dr. Sepp das Tanzen gelernt hat, unter der Wasseroberfläche hervorschimmern. Franz Paul Riesch, königlicher Förster von Fall, hat es zu Mitte des vorigen Jahrhunderts gebaut. Bei seinem Vater, dem Riesch-Bauern, hat schon König Max II. gern vorbeigeschaut, und auch der Münchner Maler und Akademieprofessor Karl Theodor von Piloty war ein gern gesehener Gast. Überhaupt gaben sich anscheinend im Fallerhof höchstgestellte Persönlichkeiten die Türklinke in die Hand, denn es heißt, Ludwig Ganghofer habe von Franz Riesch senior jene Wilderergeschichte erfahren, die seinem weltberühmten Roman »Der Jäger von Fall« zugrundeliegt.
1954 hat man damit begonnen, der alten Ortschaft Fall ihr nasses Grab zu schaufeln. Schluß sollte sein mit den ewigen Hochwasserkatastrophen, vor allem an der unteren Isar. Aber auch im Oberlauf war es ein ständiger Kampf mit der Reißenden um urbar gemachtes Ackerland und Uferbefestigungen, um Brückenbauten und Siedlungsgrund. Bei aller durchaus berechtigten Klage darüber, was man aus der Isar gemacht hat, darf man auch nicht vergessen, wie bedrohlich für Leib und Leben der ungebändigte Fluß bis in unser Jahrhundert herein war. Hans Waldhauser, der eine umfangreiche Grünwalder Chronik zusammengestellt hat, weiß noch davon zu berichten, wie die Isar bei Hochwasser sich gebärdete: »Grüne Fensterläden wurden vorbeigeschwemmt, riesige Mengen schon geschnittenes Holz, ganze Bäume, ertrunkene Kälber und Schweine, ein Hund, der noch an seine Hundehütte angekettet war... Die Isar war nicht mehr grün, sondern braun gefärbt von all der Erde, die sie schon aus dem Gebirge mitführte und die auch noch von den vielen Seitenbächen und der Loisach dazugetragen wurde. [...] Die Brückenbergstraße rutschte des öfteren ab, Straße und Brücke über die Isar waren nicht mehr passierbar.«
Um diesen Naturgewalten Herr zu werden, wurde mit Beschluß des Bayerischen Landtags vom 15. Januar 1954 das Projekt »Hochwasserspeicher Sylvenstein« in Angriff genommen. Wo genau er liegen sollte, war schnell ausgemacht: im kaum besiedelten Tal bei Fall, wo Dürrach und Achenbach zur Isar hinzukommen und wo es früher, wie eine Karte von 1786 zeigt, »Auf der Weinlend« hieß. Geopfert werden mußten dafür die weit verstreut liegenden Höfe von Alt-Fall. 140 Personen wurden umgesiedelt; auf einem flachen Schuttkegel südlich des Sylvensteinspeichers hat man ihnen ein komplettes Neu-Fall hingebaut, mit Kapelle und Wirts-

haus. In etlichen Generationen wird das neue auch schon wieder ein altes Fall sein, und vielleicht können es die Faller sogar ›derwarten‹, bis jener Speichersee, der die Heimat ihrer Ururgroßeltern verschluckt hat, wieder verschwunden ist. Denn mit der Sylvenstein-Staumauer wird natürlich auch das Geschiebe der Isar aus dem Alpenraum zurückgehalten, und das füllt langsam aber stetig den See auf. Das Bayerische Staatsministerium für Landesentwicklung und Umweltfragen beweist diesmal Weitblick und sieht das Ende des Stausees schon heraufdämmern. »Unter Annahme gleichbleibender Verlandungsraten kann die Lebensdauer des Speichers auf etwa 500 Jahre veranschlagt werden.«

Aus der Botanisiertrommel des Joseph Friedrich Lentner

»Es sitzt an den Isar-Ufern ein stattliches, schönes Volk, groß und wohlgebaut, meist von regelmäßigen Zügen, die Männer hübscher als die Weiber, gelenk, kräftig und ausdauernd. Ihr Charakter ist gut bayerisch, sie besitzen einen offnen, lebensfrischen Sinn, Gemüthlichkeit und Redlichkeit; doch ist leider beim jüngeren Geschlechte ein Ueberhandnehmen sittlicher Gebrechen, Trunksucht, Rauflust und in geschlechtlicher Beziehung die laxeste Moral nicht zu verkennen.« Das hat einer geschrieben, der es wissen mußte, war er doch von allerhöchster Stelle instruiert worden, einmal ganz kühl und sachlich, in Art des ethnographischen Feldforschers, herauszufinden, wie Land und Leute nun eigentlich wirklich sind. Es war Kronprinz Max, der spätere bayerische König Max II., der Joseph Friedrich Lentner beauftragt hatte, das Volksleben im Königreich gewissermaßen zu inventarisieren. »Mit dem Ranzl auf dem Rücken, Papier und Bleistift in der Tasche«, wie es bei dem Lentner-Biographen und -Herausgeber Paul Ernst Rattelmüller heißt, durchstreifte der gelernte Buchhändler, Zeichner und Autor die »Landgerichte im Gebirge und im Voralpenland«.

Mitte des vorigen Jahrhunderts, in jenen Jahren also, da auch Lentner seine Expeditionen in eine Terra incognita des Urbayertums unternahm, begann sich jener Oberbayern-Kolonialismus langsam zu etablieren, dessen Auswüchse man heute allerorten besichtigen kann. Das Großstadtpublikum begann, das Voralpenland zu entdecken, die zunehmende Mobilität machte es möglich. (1854 eröffnete man die Eisenbahnstrecke nach Starnberg, Ende des Jahrhunderts die Isartalbahn.) Man stieß in eine ›unberührte Wildnis‹ vor, Sommerfrischen im Oberland gehörten für das

Münchner Bürgertum ebenso zum guten Ton wie für die ganz honorigen eine Zweitwohnung in Alpennähe (Lentners Vater, renommierter Buchhändler in München, hatte sein Feriendomizil in der Nähe von Wessobrunn). Auf Betreiben des Bayerwalddichters Maximilian Schmidt gründete man 1890 einen »Landesverband zur Hebung des Fremdenverkehrs«, man begann sich für Trachten zu interessieren, Volksliedgut wurde gesammelt, der Wittelsbacher Herzog Max machte als volkstümlicher »Zithermaxl« eines der typischen Instrumente der Gebirgler in besseren Kreisen salonfähig. Die höheren Töchter spielten nicht mehr Klavier, sondern Zither.
Man ist allenthalben auf der Suche nach dem Urtümlichen, wohl auch weil man ahnt, daß es langsam zu Grabe getragen wird. Gerade in jenen Jahrzehnten, da die größte Landflucht zu verzeichnen ist und die bäuerliche Bevölkerung in die expandierenden Metropolen strömt, pilgern ihrerseits die Städter aufs sich mehr und mehr entvölkernde Land, um dort jene Urbevölkerung zu finden, die sich bereits als Proletariat irgendwo in der Au oder in den Arbeitervierteln Schwabings eingefunden hat. Die Durchmischung der Stände und Bevölkerungsgruppen hat längst begonnen, und dennoch konstruiert man immer noch eine gewissermaßen naturgesetzliche Trennung zwischen Städtern und Landvolk. Die einen sind die Dekadenten, Zivilisationsgeschädigten, die anderen die Unverdorbenen, die Urtümlichen. Das kann man alles, wie gezeigt, bei Ludwig Thoma finden, aber sogar bei dem scheinbar rational-positivistischen Feldforscher Lentner kann man befremdliche Töne heraushören.
Die zitierten »hübschen, gelenken, kräftigen und ausdauernden« Isartaler scheint Lentner bezeichnenderweise nur an der oberen Isar, so zwischen Scharnitz und Tölz, gefunden zu haben, je näher er dem Moloch München kam, so ab Wolfratshausen, desto mißgünstiger wurde seine Beurteilung: »Der Isarländer trägt weit mehr den Charakter der Ebenen-Bewohner an sich als es bei Oberländern der Fall sein sollte.« – Ein verräterischer Satz: Die Angleichung der Oberländer an die Ebenen-Bewohner, sprich Münchner, ist etwas, was nicht sein sollte! Denn dem Einfluß der Großstadt ist es wohl zuzuschreiben, daß der Isarländer zwar »körperlich stärker, derber und größer [ist], als das verkommene Geschlecht des Flachlandes; aber eben so unschön, ungelenk, roh an allen Formen. An Geistesarmuth, Trägheit und Verkümmerung und Unbehilflichkeit kommt er jenem gleich, ihre Theilnahmslosigkeit ist eben so groß, als ihre

Roheit, kaum sinnliche Genüsse vermögen diese Leute zur Aeußerung einer Art von innerem Leben zu bringen. Ihre Gutmüthigkeit ist die plumpste, zudem sind sie nicht ohne Tücke, Verstocktheit und Streitsucht.«
Was den weiter isaraufwärts noch zu findenden »gut bayrischen« Charakter der Isartaler so verdirbt, ist natürlich schnell ausgemacht. Es ist der Kontakt mit der großen, weiten, aber verruchten Welt, den vor allem die Burschen aufgrund ihrer Arbeit auf den Isar- Flößen auszukosten wissen. »Am meisten soll der Verkehr der Floßleute dieser Gegend mit den großen Städten der Fläche, das rohe, genußsüchtige Wesen dieses wandernden Geschlechts überhaupt zur Entsittlichung, zumeist der größeren Wohnorte beigetragen haben«, schreibt Joseph Friedrich Lentner, und zwar vor fast 150 Jahren. Nun steht Lentner, dieser buchhalterische Ethnograph, dieser Sitten und Bräuche, Menschen und Trachten botanisierende Volkskundler, sicher nicht im Verdacht, ein Stichwortgeber der Blut-und-Boden-Ideologen zu sein, die ihm gut hundert Jahre später nachfolgten. Frappante Ähnlichkeiten im Argumentationsmuster sind dennoch nicht von der Hand zu weisen. Das »wandernde Geschlecht« bringt alles Verderben in die Welt, der gute Germane und Bajuware dagegen bleibt auf seiner Scholle sitzen, da gibt 's keine Genußsucht und keine Entsittlichung. Harte, in den Rhythmus der Jahreszeiten eingebundene Bauernarbeit, wir haben es von Ludwig Thoma gerade erst gelernt, ist der einzige Garant, daß der Mensch moralisch sauber bleibt – nebenbei auch rassisch sauber bleibt, denn bei dieser ewigen Schollenhockerei besteht durchaus keine Gefahr, daß sich Gleiches nicht immer wieder mit Gleichem paare.
Man kann diese Linie weiterverfolgen und wird dann unter anderem bei Hans Friedrich landen, einem unter den Nazis gern gelittenen Heimatschriftsteller, der dem Leben und dem Volksstamm an der Isar mehrere Romane gewidmet hat. In seinem »Flößerherrgott« schlägt er genau in dieselbe Kerbe. Der Strixner Wendel, ein junger Bursche aus dem Isarwinkel, muß sich sein Zugeld mit der Flößerei verdienen, schließlich will er sich ja eine bescheidene, kleine Bauernexistenz mit seiner sittsamen Cilli aufbauen. Doch da muß er erst einmal die Feuerprobe im Münchner Sodom und Gomorrha bestehen. An der Floßlände »Zum grünen Baum« fallen die raffinierten Weiber sogleich über ihn her. Doch der Wendel wehrt ab, schließlich wartet ja daheim die Braut. »›Was,

z'wegen dem, du Depp, willst net mitgehn? Erst recht, daß d' no amal die Freiheit schmeckst!‹ Dabei fuhr sie sich mit der Zunge über die Lippen und funkelte ihn an.« Aber ein biederer Naturbursche und gottesfürchtiger Herrgottschnitzer wie der Wendel läßt sich so einfach natürlich nicht ködern.

Auch wenn Lentner den Isarländern »Geistesarmuth« und keinerlei »Art von innerem Leben« attestiert, hin und wieder läßt sich doch ein Isartaler finden, der durchaus mit Sinn für Witz und Ironie das Seine beizusteuern hat zu diesem ewigen Gegensatz zwischen Stadt und Land. Der Kraudn Sepp war so einer. Seine Lieder über das Naturburschenhafte der Isartaler verraten einiges an Ironie, und ich mein g'rad, er hat selbst durchschaut, daß er hier nur mit Klischees spielt. Das ist überhaupt ein Schachzug, den nicht Eingeweihten oft gar nicht bemerken: Der hinterkünftige Bayer bedient den Fremden scheinbar bereitwillig mit dem Klischeebild, das sich der vom urigen Seppl macht. In Wahrheit ist das aber alles Camouflage, hinter der sich das wahre Wesen bestens verbergen läßt. Wenn er 's halt gar so gern hört, der Sommerfrischler, daß der echte Bayer seine Kurze in die Odelgrube schmeißt, damit das Leder schneller schäbig wird, dann bindet ihm nicht nur der Kraudn Sepp den Bären halt auf. Denn wie hat er gesungen:

Und d' Leit, de hot 's gfreit
daß bei uns soweit feid.
D' Leid wissn an Dregg,
bei uns feid 's soweit ned!

»Mir san de Oberlandler von echtem Schrot und Korn«

Auf einer leichten Anhöhe, im Schatten der Kirche von Gaißach-Dorf liegt er begraben, der Kraudn Sepp. Wenn man auf den Gottesacker tritt, ist es gleich das vierte Grab links an der Friedhofsmauer, ein kleines, ovales Foto auf dem Grabstein zeigt ihn mit seinem verschmitzten Gesicht. Das Platzerl hat ihm bestimmt gefallen: Von hier aus hat man einen herrlichen Blick aufs Isartal – und was ihm dieser Landstrich bedeutete, hat er oft genug besungen. »Oh Isartal, so wunderbar, von Bergen rings umschlossen. [...] Wo ich so oft bei Spiel und Tanz und frohen Sang gesessen, dich wunderschönes Isartal, dich kann ich nicht vergessen.« Vor allem in den Wirtshäusern der Umgebung ist er gesessen, in Gaißach oder in Tölz

drinnen. Und dabei gehabt hat er immer seine Zither – wenn er nicht sowieso schon Instrumente in den betreffenden Gaststuben deponiert hatte. Denn daß er, wo er auftauchte, einen aufspielen mußte, das war eine ausg'machte Sach'. Ja, nachdem sich die Kunde vom zitherspielenden Kleinbauern aus Gaißach mehr und mehr herumgesprochen hatte, sind sie sogar regelrecht zu ihm hingepilgert; Leute, die ihn einfach hören, und Volksmusikanten, die mit ihm zusammenspielen wollten.
Und dafür war der Kraudn Sepp immer zu haben. Denn nur so, im Zusammenspiel mit anderen, konnte er auch sein eigenes Repertoire erweitern. Notenlesen hat er nämlich sein Leben lang nie gelernt. Dafür mit fünf Jahren schon das Zitherspielen. Als Josef Bauer wurde er am 18. August 1896 geboren, zum Kraudn Sepp wurde er erst, als er mit seiner Frau Anna 1923 auf den Kraudnhof der Schwiegereltern in Gaißach zog. Zuvor hatte er aber als 18jähriger in den Krieg gemußt. Was er dort erlebt hat – sein Bruder Schorsch fiel 1918 –, erzählte er später in einem sarkastischen Lied vom kost- und logiefreien Leben beim Militär, das einem Herrn Lentner vielleicht doch zu denken gegeben hätte, was die »Geistesarmuth« und »Theilnahmslosigkeit« dieses Menschenschlages anlangt – vorausgesetzt, er hätte diese Art von schwarzem bayerischen Humor überhaupt nachvollziehen können.

Wenn man an Angriff macht,
daß 's vorn und hinten kracht,
und die Granatn pfeifen über Berg,
das ist ganz amüsant,
da sieht man allerhand,
du brauchst kein Volksfest und kein Feuerwerk.
Und gehst du abends ins Bett,
da ist 's ganz äußerst nett,
wenn du vielleicht noch willst Zerstreuung ham,
da siehst mit Hochgenuß
den schönsten Flohzirkus,
du hast ja keinen Dunst vom Schützengrabn.

Nach dem Krieg also heiratete der Kraudn Sepp und führte zusammen mit seiner Frau das typische Leben Isarwinkler Kleinbauern. Die paar Stück Vieh im Stall reichten gerade für die Eigenversorgung, ein wenig Holzwirtschaft hat man vielleicht noch betrieben oder den Torf gestochen. Ein kleines Taschengeld haben sich die Eheleut vom Kraudnhof mit der Musik dazuverdient. Zusammen mit einem weiteren Zitherspieler und einem Baßgitarristen traten sie als »Gaißacher Sänger- und Zitherquartett« auf. Bis Berlin und Dresden sind sie auf diese Weise herumgekommen. Der Verdienst war wirklich nicht mehr als ein Taschengeld, so sieben Mark pro Auftritt.

Es war ein karges, arbeitsreiches Leben für Kleinhäusler, wie auch die Bauers welche waren. Wenn man das so hört und erfährt, sieht man die berühmt-berüchtigte Lust der Oberlandler am Wildern in einem etwas anderen Licht. Das verbotene Wildbret war wirklich oft die einzige Zuwaag an Fleisch, die sich so jemand leisten konnte. Moritaten über Wilderer hatte der Kraudn Sepp gleich mehrere im Repertoire, fast alle gehen sie schlimm aus, und bei fast allen wird deutlich, daß die Wilderer arme Kerle waren. Eins von diesen Liedern, hier schrieb der Kraudn Sepp vermutlich selbst den Text, ist alles andere als eine romantisierende Ballade über das Wildererleben. Es berichtet, fast schon in sozialkritischer Liedermachermanier, von der Skrupellosigkeit der staatlichen Ordnungsmacht, die in der Jachenau, wohl ein authentischer Fall, eine ganze Familie auslöschte, weil sie sie fälschlicherweise für Wilderer hielt. »Fahrn drei Leitln friedlich hoam vom Muattatog / triffst bei dieser Nocht der schwaare Schicksalsschlog. / Schiaßn d' Jaga eine bei da Windschutzscheim / daß olle drei Menschen auf da Streckn bleim.«

Das ist freilich eine andere Art von Volksmusik, als man sie heute aus bestimmten TV-Stadln her kennt, zeitnah und kritisch, manchmal auch einfach g'schert, näher dran jedenfalls an dem, was zum Beispiel eine Biermösl Blosn macht und Welten entfernt von einem Naabtal Duo oder den Kastelruther Spatzen. Es kommt wahrscheinlich nicht von ungefähr, daß sich viele der heutigen bayerischen Liedermacher und kritischen Volksmusiker auf den Kraudn Sepp berufen. Bei ihm finden sie noch etwas von der subversiven anarchischen Kraft der Volksmusik, etwas vom aufmüpfischen Rebellieren wider die Obrigkeit. Daß die meisten der Lieder, die der Kraudn Sepp gesungen hat, gar nicht von ihm selbst stammen, beweist zudem, daß diese mal ironisch-hintersinnigen, mal derb-deftigen Stückln wirklich ein »Volksvermögen« sind, wie Peter Rühmkorf die dem anonymen Volksmund entsprungene Poesie einmal genannt hat. Es war also nicht der Kraudn Sepp allein, der diese ›unsaubern Stückl‹ aufgebracht hat. Schon der Kiem Pauli hatte versucht, ihm dieses zweifelhafte Liedgut auszureden, regelrecht rumkommandiert habe er ihn, so der Kraudn Sepp in einem Rundfunkgespräch. Selbst heute kann man von Leuten, die mit dem Kraudn Sepp noch zu Lebzeiten zusammengespielt haben, hören, ein richtiger Volksmusikant sei er eigentlich nie gewesen, zuviele halbseidene Stückln habe er im Repertoire gehabt. Zugegeben, es gibt da etliche schon nicht mehr zweideutige, sondern ganz eindeutige G'stanzln, etwa:

Und da Schmied hot an Hammer,
und d' Schmiedin hot d' Zang.
Und wann da Schmied hammern wui,
zwickt d' Schmiedin zsamm.

Oder singt denn ein braver, sittsamer, christkatholischer Volksmusikant so garstige Sachen wie:

A oide Jungfrau und a oids Kuahfleisch
bleim ollawei gleich zach,
ob 's das siadst, oder ob 's das brotst,
oder ob 's das aufhängst an Raach.

Oide Schwiagamiatta, oide Bandlwurm,
selle gibt 's hoid grod gnua.
Und wannst das ned glei beim Kopf dawischst,
na gebn s' hoid koa Ruah.

Aber so ist sie halt auch, die Volksmusik, ein Ventil für das Vulgäre, das Erotische, das Unanständige. Oder besser: Sie war es einmal, ehe Volksmusikpfleger dahergekommen sind und alles Schmutzige und Garstige in die Giftschränke ihrer Archive verbannt haben. Sie bewiesen damit kein Fünkchen von dem Humor, der zum Beispiel einem Kraudn Sepp zu eigen war. Der konnte derblecken, ohne wirklich feindselig zu sein, der hat es ihnen ›boarisch higriem‹ und sie doch leben lassen.

Bad Tölz

»D' Flössla san no do, aba d' Isar nimma«

Was Jahrhunderte untrennbar zur Isar gehörte, erst die Technokraten und Baumeister des 20. Jahrhunderts haben es endgültig zum Erliegen gebracht. ›Dank‹ Walchensee-Kraftwerk und Sylvensteinspeicher ist von der traditionsreichen Isarflößerei nicht mehr viel übriggeblieben. In Lenggries und Bad Tölz, einst stolze Flößerorte, ist die altehrwürdige Zunft ausgestorben. Tölz war einmal eine richtige Hochburg der Flößer, hier waren mehr Floßmeister registriert als im großen München drinnen, für die obere Isar hatte man sowieso das Monopol. Um einen Eindruck vom Verkehrsaufkommen zu geben, das einst die völlig laut- und abgaslosen Wasserstraßen-Brummis auf der Isar verursachten, sei die Zahl von über 4000 Flößen genannt, die allein im Jahre 1785 von Tölz aus sich auf die Reise machten. Dazu kamen dann noch die Mittenwalder und die Lenggrieser, die Wolfratshausener, aber auch Loisacher Floßunternehmer. Das summierte sich rund hundert Jahre später zu 11 145 Flößen, die München passierten.

Heute sind es nur mehr ein paar Hundert »Gaudiflöße« pro Sommer, und die können auch nur mehr zwischen Wolfratshausen und Thalkirchen verkehren, dem einzigen noch flößbaren Flußabschnitt. Was einmal eine harte, mitunter lebensgefährliche Arbeit war, ist verkommen zur meist recht feucht-fröhlichen Spielart teutonischen Furors – genannt »Betriebsausflug«. Schon beim Hitlerschen Ertüchtigungsprogramm »Kraft durch Freude« pries man die Floßfahrten an, später waren es dann Korpsstudenten, die sich gern solche Ausflüge von ihren ›alten Herren‹ spendieren ließen. Heute muß man schon ein paar Tausender hinblättern für den ganzen Spaß, das bleibt dann Vorrecht einiger Firmen, die ihren Angestellten oder Geschäftspartnern einmal etwas ganz Besonderes bieten wollen. Nach der bierseligen Fahrt durchs wildromantische Isartal wird ein solches Gaudifloß an der Lände in Thalkirchen wieder auseinandergebaut und auf Holztransportern nach Wolfratshausen zurückgebracht. Außer es fiele einmal einem Münchner ein, das ganze Floß und alles darauf Befindliche mit seinem ihm zustehenden Vorverkaufsrecht zu erwerben. Er könnte sich nämlich tatsächlich auf das 1310 erstmals erwähnte Münchner Stapelrecht berufen, das, soweit bekannt, formaljuristisch sauber nie außer Kraft gesetzt wurde. Es besagt, daß jedes Floß, das an München vorbeischwimmt, dort anländen und drei Tage lang den Münchner Bürgern zum Kauf angeboten werden muß. Erst wenn nach dieser Frist niemand Interesse zeigt, kann es sich an die Weiterfahrt machen, nach Landshut, nach Passau oder gar nach Wien.

Das alles hatte durchaus seinen Sinn, denn es gab einmal Zeiten, da ländeten nicht nur angeheiterte Gaudinudeln und leere Bierfässer in München an. Die Flöße wurden vielmehr zum Warentransport benützt. Man beförderte unter anderem Baumaterialien und Kürschnerware, Gewürze und Schreinerarbeiten und vor allem auch Nahrungsmittel, wobei die flüssigen den Hauptanteil ausmachten. »Welsch-Wein« zum Beispiel, den man aus Südtirol mit Wagen bis nach Mittenwald brachte, das einmal eine große Umlandestation und Floßlände darstellte. Immerhin galt es, über die Lebensader Isar ein ganzes weinliebendes Volk zu versorgen. Bis ins 16. Jahrhundert hinein war Wein aus Bozen, Trient, Tramin oder Treviso Hauptimportschlager für die Mittenwalder Isarflößer. Die Liebe zum Bier entwickelten die Bayern erst später, dann aber heftig. Für den plötzlich aufkommenden riesigen Bierdurst spielte vor allem Tölz eine Zuliefererrolle, denn die 24 Brauereien, die man dort im Jahre 1784 zählte, waren für den kleinen Marktflecken natürlich viel zu viele; sie lieferten das berühmte und geschätzte Tölzer Bier per Floß nach München.

Dabei war das Mitnehmen von Waren auf den aus Baumstämmen zusammengefügten Flößen nur ein lukrativer Nebeneffekt, denn eigentlich ging es darum, das Holz aus den waldreichen Gegenden des Isarwinkels möglichst schnell und einfach nach München zu bringen. Und was lag da näher, als die Baumstämme in die nicht gerade fließfaule Isar zu werfen, zusammenzubinden und flußabwärts zu flößen. Das hatte man jahrhundertelang so gemacht. Die einen sprechen davon, gewerbliche Isarflößerei gebe es seit dem frühen Mittelalter, andere gehen sogar bis zu den Römern zurück. Letzteres steht auf archivalisch wackligen Füßen, dagegen läßt sich schon bei dem Freisinger Bischof Arbeo in dessen Lebensbeschreibung des St. Emmeram lesen, daß bei der Umbettung des Heiligen die sterblichen Überreste auf einem Isarfloß bis zur Donau gebracht wurden. Das war Ende des 7. Jahrhunderts. Da war von München

noch weit und breit keine Spur. Doch ein paar Jahrhunderte später sollte die aufstrebende Wittelsbacher Residenz schließlich zum wichtigsten Auftraggeber der Isarflößer werden. Was zum Beispiel der Aufschwung Münchens an Baumaterial verschlang, war gigantisch.
Bis ins 14. Jahrhundert hinein war München ja noch weitgehend aus Holzhäusern erbaut, aber auch später brauchte man das Holz Hunderter, ja Tausender von Flößen – etwa für die Ziegelbrennereien in Haidhausen oder die Kalköfen, für die Bierbrauer und Bäcker, die öffentlichen Badstuben und Branntweinbrennereien. Holzkohle benötigten die Schmieden und Gerbereien, Holzasche brauchte man zum Bleichen (eine Tonne Buchenholz ergab gerade einmal drei Kilogramm Holzasche). Im Dachstuhl der Frauenkirche wurden 2000 Baumstämme verarbeitet, das waren ungefähr 140 Flöße. Und dann erst der Verbrauch an Brennholz! Das band man gar nicht erst zu Flößen zusammen, sondern triftete es aus dem Isarwinkel nach München. Wie das vor sich ging, beschreibt schon Lorenz Westenrieder: »Die Bauern in den Gebirgen sägen in ihrer Heymath die Bäume, nach einem bestimmten Maaß ab, und werfen sie in die Isar, so sie dann bis nach München herabschwimmen. Zur Zeit, wo dieß geschieht, schließt man vermög starker Balken den sogenannten Abrechen, oder großen Wasserfall auf allen Seiten, und öffnet einen Seitenkanal, durch welchen dann das ankommende Holz, das man Triftholz nennt, bis nach dem Hofgarten geführt, und da niedergelegt wird.«
Nun wird auch die Bedeutung des Münchner Stapelrechts klar: Ohne diese Art des Vorverkaufsrechts hätte München seinen enormen Expansionsdrang nicht immer mit neuem Baumaterial versorgen können. Das Nachsehen hatten die weiter isarabwärts gelegenen Städte, wie zum Beispiel Landshut. Hat man die dortige, in ihrer Architektur völlig verwegene, allen statischen Lehrsätzen spottende Sankt-Martin-Kirche deshalb mit eigenen Landshuter Ziegeln erbaut, weil Bruch- und Hausteine vom Alpenrand schon am Wehr des Münchner Stapelrechts hängenblieben? – Nun, ganz so unersättlich kann München dann auch nicht gewesen sein. Immerhin nahm selbst das weit entfernte Wien noch mehrere Isarflöße pro Woche in Empfang. Ja, es verkehrte sogar ein »Ordinari-Floß« (lat. ordinarius: regelmäßig) allwöchentlich zwischen München und Wien, auf dem nicht nur Güter, sondern auch Personen transportiert wurden, gewissermaßen die Postkutsche zu Wasser.

Wie es auf einem solchen Ordinari-Floß zuging, beschreibt 1801 der »Musik Doctor« Carl Burney im »Tagebuch seiner musikalischen Reisen«: »Die Ieser, an welcher München liegt, und welche hernach in die Donau fällt, fließt sehr schnell, ist in zu viele Arme verbreitet, und also für Barken und Böthe, die einen tiefen Boden oder Kiel haben, zu flach. Der Fluß strömt auch zu heftig, daß auf demselben irgend etwas heraufgebracht werden könnte. Allein Bayern hat Ueberfluß an Holz, besonders an Tannen. Von diesen Bäumen macht man Flösser, welche den Strom hinunter gehen und des Tages einen Weg von 14 bis 16 deutschen Meilen zurück legen. Auf diese Flösser wird eine allgemeine Hütte für die Reisenden gebauet; will jemand eine Cajüte für sich alleine haben, so kann er solche vor ungefehr vier Gulden bauen lassen. Ich wählte das Letztre, nicht allein um schlechter Gesellschaft auszuweichen, sondern auch um Gelegenheit zu gewinnen, meine Gedanken und Anmerkungen in Ordnung zu bringen und niederzuschreiben.«
Daß eine solche Floßfahrt – anders als bei dem heutigen Überbleibsel davon – nicht immer eine reine Freude war, hat auch Carl Burney erfahren müssen. So kam man auf den Ordinari-Flössen oft mit reichlich »ordinären Passageuren« zusammen, und auch die Flößer sollen ein reichlich derbes Volk gewesen sein. So machten sie sich zum Beispiel einen Spaß daraus, Neulinge mit einem ordentlichen Schwall Isarwasser zu taufen oder an bestimmten Strudeln vor allem den weiblichen Fahrgästen einzureden, nur wer wirklich noch Jungfrau sei, könne diese Gefahr heil überstehen. Auch galt es mitunter einer rauhen, unfreundlichen Witterung zu trotzen. Und da half einem dann die ›Einzel-Luxuskabine‹ auch nicht mehr viel. Als nahe Freising ein fürchterliches Unwetter tobte, saß Burney in seiner Cajüte: »Man hatte zu beyden Seiten meiner Hütte ein vierecktes Loch in die Bretter gemacht, statt der Fenster bey Tage. Eins von den Bretterstücken, die hineinpaßten, war verloren, und sah ich mich also genöthigt, mit Stecknadeln ein Taschentuch vor dem Loche zu befestigen, um Wind und Regen abzuhalten; es half aber nur sehr wenig. [...] Dieses und das unaufhörliche Blitzen und Krachen des Donners hielten mich beständig wacker; zum Glück für mich vielleicht, denn ich hätte eine arge Erkältung davon tragen können, wenn ich in der Nässe geschlafen hätte.« Weil aber unser englischer Musikwissenschaftler wach liegt, hat er Gelegenheit, sich so seine Gedanken über das Volk der Baiern zu machen, die wie die Wilden auf Baumstämmen über die reißenden Wasser ihrer Gebirgs-

flüsse reiten, voller Gottvertrauen und blinder Unterwürfigkeit unter die Naturgewalten. »Man hatte mir gesagt, die Bayern wären in der Philosophie und andern nützlichen Wissenschaften, wenigstens drey hundert Jahre weiter zurück, als die übrigen Europäer. Man kanns ihnen nicht ausreden, die Glocken zu läuten, so oft es donnert, oder sie dahin bringen, daß sie an ihren öffentlichen Gebäuden Blitzableiter anbrächten.«

Nur gut, daß sich Carl Burney nicht noch genauer mit der Volksfrömmigkeit entlang der Isar auseinandergesetzt hat, er wäre wahrscheinlich aus dem Kopfschütteln gar nicht mehr herausgekommen. Da glauben doch Leute allen Ernstes, sie seien bei einem Floßunglück nur deshalb vorm Ertrinken bewahrt worden, weil sie sich im Augenblick ihrer größten Not der Mutter Gottes versprochen hätten. Oder die Geschichte vom Georgenstein bei Grünwald, einem gewaltigen Felsbrocken mitten in der Isar. Vor ihm, der früher der »Große Heiner« hieß, hatten die Flößer einen Mordsrespekt, waren hier doch schon viele von ihnen in eine Lage wie zwischen Skylla und Charybdis gekommen. So erging es auch Georg Müller aus Lenggries, der im Jahr 1803 am Großen Heiner nur knapp dem Tod entkam. Als er dem Felsen schon so nah war, daß er ihn schrammte und dabei der äußerste Stamm abgerissen wurde, rief er seinen Namenspatron, den heiligen Georg, an. Der half auch wundersam, und zum Dank dafür ließ der Lenggrieser Flößer einen bemalten, blechernen Georg direkt auf dem Felsen errichten. Seit dem heißt er Georgenstein.

Nicht jeder kann seinen Dank gleich in so weithin sichtbarer Form abstatten. Votivtafeln, die von der Errettung aus Flößernot erzählen, wird man jedoch öfters finden und nicht nur in den Wallfahrtskirchen im direkten Umkreis der Isar, sondern zum Beispiel auch in Altötting. Was sollen aber auch Naturgewalten gegen Schutzpatrone ausrichten können, die diesen Kräften selbst getrotzt haben. Die Legenden von wundersam angeschwemmten Heiligenfiguren zeigen es doch: Die Fluten müssen sich fügen, wenn Göttliches im Spiel ist. Da können sogar steinerne Marienfiguren stromaufwärts schwimmen, wie zum Beispiel die Legende von Mariaort an der Donau überliefert. Aber auch an der Isar erzählt man sich solche Mirakel: Ein romanisches Kruzefix soll ausgerechnet auf der schnellfließenden Isar flußaufwärts bis Neufahrn getrieben sein! Die Ende des 15. Jahrhunderts als heiliger Kümmernis fehlgedeutete Christusfigur im Stile eines Volto Santo aus Lucca ist noch heute Mittelpunkt des Altars in der spätgotischen Pfarrkirche von Neufahrn.

Aber trotz all dieser christlichen Frömmigkeit – und dem mitunter wohl auch noch heidnisch angehauchten Glauben, man könne den Flußgott durch Opfergaben zufriedenstellen –, so ganz hat sich die Isar nie besänftigen lassen. Immer wieder forderte sie ihren Tribut, verschlangen ihre Wogen unachtsame Flößer. Neben dem Großen Heiner waren es vor allem die gefährlichen Stellen an der oberen Isar, wie Sülferstein und Faller Klamm, die die Flößer besonders fürchteten. Und auch die schwierigen Durchfahrten unter den diversen Isarbrücken verlangten Augenmaß und Geschick. Selbst wenn es nicht zum Schlimmsten kam, ein Anecken an den Brückenpfeilern war stets fatal, hatte es doch, zumindest in früheren Jahrhunderten, zur Folge, daß eine weitere Bestimmung der heute recht eigenwillig anmutenden »Flößerordnung« zum Tragen kam. Im Münchner Stadtrecht von 1310 jedenfalls steht, daß Flöße, die an der Münchner Zollbrücke anstoßen, mit allen darauf befindlichen Waren dem Zöllner anheimfallen. Geschah es, daß das Floß kenterte, war die Ladung auf alle Fälle verloren. Denn was das Wasser nicht mit sich riß, sondern an die Ufer schwemmte, gehörte laut dem »Flußregal« automatisch dem jeweiligen Landesherrn dieses Flußabschnittes. Das erstreckte sich sogar auf die verunglückten Flößer: Wer es noch bis zum Ufer schaffte, sah sich zwar gerettet, augenblicklich aber auch in den Stand eines Leibeigenen versetzt.

Daß trotz dieser Gefahren die Flößer, die übrigens in Zünften organisiert waren, ihre Arbeit liebten, zeigt, daß wahrscheinlich auch eine Portion Abenteurertum dabei war. Für Bauernburschen aus dem Isartal war es eine der wenigen Möglichkeiten, aus dem Dunstkreis ihres Dorfes herauszukommen, einmal etwas von der Welt zu sehen. Bis nach Wien konnte es einen treiben, und den Rückweg nach Hause legte man früher entlang der »Flößersteige« zu Fuß zurück – sicher auch eine Art von Abenteuerurlaub. Ob unsere wohlgelaunten, braungebrannten Gaudifloß-Gäste von all dem noch eine Ahnung haben? Ob sie wissen, daß demjenigen Flößer, der es seinerzeit wagte, sich aus dem ihm anvertrauten Weinfaß einen Schluck zu genehmigen, als Strafe das Hand-Abhacken drohte? Wer heute allzu sehr dem Genuß aus dem mitgeführten Bierfaß zuspricht, dem steht allenfalls eine unfreiwillige Abkühlung bevor. Und daß schon mal ein angestrandeter Gaudiflößer flugs als Leibeigener ›einkassiert‹ worden wäre, ist meines Wissens nach auch noch nicht ruchbar geworden.

»Der Teufel hole jeden, der noch von Schonung spricht.«

Kommen wir noch einmal auf Ludwig Thoma zurück. Nun, da wir uns auf der Höhe von Bad Tölz bewegen, sollte ein kleiner Abstecher wenige Kilometer ostwärts zur Pflichtübung werden. Am Tegernsee nämlich müssen wir uns dem bitteren Ende jener Erfolgsstory stellen, die den knorrigen Bauerndichter zum Helden hat. Daß zuletzt von Ludwig Thoma nur mehr dieses Bild stehenblieb, ist die Folge einer ganzen Reihe von Retuschen. Er, der in seinen berüchtigten »Miesbacher Anzeiger«-Artikeln so fürchterlich über den Berufsstand der Zeitungsjournalisten herzog, war selbst fast 30 Jahre in diesem Geschäft tätig, als Redakteur und auch als Verfasser unzähliger Artikel. Das versuchte man später herunterzuspielen, übrigbleiben sollte der vom Tagesgeschehen unabhängige Dichter reiner, edler Literaturwerke. Schon 1927 hat Josef Hofmiller geschrieben: »Konsequente Satire lag vor allem gar nicht in seiner Natur. Sein Grundzug [...] war Weichheit. Nichts ist falscher, als sich den Verfasser des ›Agricola‹, des ›Vöst‹, des ›Wittibers‹, des ›Ruepp‹ im Leben als Rauhbein vorzustellen.«

Seit der verdienstvollen Edition der »Miesbacher Anzeiger«-Artikel durch Wilhelm Volkert hat sich einiges geändert in der Bewertung des Nationaldichters der Bayern. Die Landeshauptstadt München verleiht nicht länger mehr die nach ihm benannte Medaille, so mancher bemüht sich, durch krampfhafte Rechtfertigungsversuche seinen liebgewonnenen Thoma zu retten. Was geschah eigentlich dort oben auf der Tuften über dem Tegernsee in diesen wenigen Jahren nach dem Ersten Weltkrieg, das, als es ans Tageslicht kam, diesen erdrutschartigen Zuammenbruch des Thomabildes hervorrief? Greifen wir einen Tag heraus und versuchen wir zu rekonstruieren.

Man schreibt den 27. April 1921: Der 53jährige Ludwig Thoma sitzt in der Jagerstuben seiner Tuften bei Rottach überm Tegernsee. Vor wenigen Tagen ist er mit seinem letzten großen Werk, dem Roman »Der Ruepp«, fertig geworden. In der Arbeitsfassung noch »Der kalte Eid« betitelt, erzählt er die Geschichte eines skrupellosen Bauern, der das bescheidene Vermögen seiner alten, im Sterben liegenden Magd an sich reißt, dieses Verbrechens wegen meineidig wird und sich schließlich im Wald aufhängt. Der tragische Schluß dieses letzten Buches von Ludwig Thoma spiegelt etwas von den Depressionen wider, denen sich der erfolgreiche Autor – zu diesem Zeitpunkt hatten seine Bücher eine Gesamtauflage von über einer Million – ausgeliefert sah.

Er fühlt sich am Ende eines zwar schriftstellerisch erfolgreichen, menschlich aber verpfuschten Lebens. Einsam hockt er auf seinem riesigen Landsitz, seit Jahren getrennt von seiner Frau Marion, die er von ihrem ersten Ehemann regelrecht abgekauft hatte und die ihn schon wenige Jahre später betrog. Seine zweite große Liebe, Maria Liebermann von Wahlendorf, von Thoma ›Maidi‹ genannt, ist nicht minder quälend für ihn: Maidi ist verheiratet mit dem Juden Willy Ritter Liebermann von Wahlendorf, den sie – trotz keiner sehr glücklichen Ehe und heftigen Sympathien für Thoma – nicht verlassen will. Politisch ist er seit dem verlorenen Ersten Weltkrieg zutiefst verbittert und verstört. Die nur kurz aufgeflackerte Novemberrevolution 1918 in München gilt ihm als ständiges Menetekel eines drohenden kommunistischen Umsturzes, der von der jüdischen Intelligenzija als Drahtzieher geplant wird, wie er glaubt. So können wir uns Thoma also vorstellen an jenem Apriltag des Jahres 1921: Lustlos sitzt er am birnbaumenen Tisch im Herrgottswinkel seiner Jagerstuben, korrigiert den »Ruepp«, sein literarisches Vermächtnis. Ermüdet von der schon Stunden währenden Arbeit, faßt Thoma den Entschluß, noch an diesem Tag an seine Maidi zu schreiben. Den Blick auf das Enterrottacher Tal gewandt, legt er sich einen Bogen seines sorgsam gehamsterten Luxuspapiers zurecht. »Rottach, 27. April 1921. [...] Ich denke so viel an Dich und immer lieb, aber auch da mischt sich dann Trauer um die Vergangenheit ein, die so anders hätte sein können. [...] Und jetzt ist alles, was ich meiner Lebtag haßte, obenauf. Die Hundsfranzosen, die Sozi, das Gesindel, die Schwätzer. Und alles, was ich liebte, ist im Untergang. Da ist schwer fröhlich sein.«

Immer wieder liest man solche Passagen in den späten Briefen Thomas an Maidi von Liebermann, in denen seine Stimmungsschwankungen deutlich werden. Und immer auch versucht er zu erklären, warum es zu seinen Depressionen, seinen Zornesausbrüchen kommt. Maidi ist ihm als Mensch so wichtig, sie soll es verstehen. Zusammen mit drei, vier engen Vertrauten ist sie die einzige, die er in sein penibel gehütetes Geheimnis einweiht: Seit Juli 1920 schreibt Thoma für den »Miesbacher Anzeiger« anonyme Leitartikel und Kommentare, Pamphlete übelster Spott- und Schimpflust, verbale Pogrome gegen Sozis und Juden. Seiner erfolglos Umworbenen gegenüber kommt Thoma deswegen in einen argen Rechtfertigungszwang: Von Geburt her selbst Halbjüdin, dürfte Frau von Liebermann kaum Verständnis gehabt haben für die wüsten antisemi-

tischen Schimpfkanonaden des bärbeißigen Liebhabers. Der besänftigt sie denn auch immer wieder: »Ich bin wirklich kein Antisemit, so sehr ich die ostjüdische Kulturfeindlichkeit hasse. Außerdem hoffe ich ja, der jüdischen Rasse mein Liebstes zu verdanken...« Und dennoch: Er kann seine aufgestaute Berserkerwut einfach nicht zurückhalten. Dumpfe Ressentiments brechen sich Bahn. Der mühsam unterdrückte Rassist in Thoma brodelt vor sich hin. Es ist durchaus möglich, daß er noch an demselben 27. April, an dem er gerade Maidi geschrieben hatte, immer noch nicht zur Ruhe kommt, noch irgendwie Dampf ablassen muß. Mal wieder »dreinhauen, daß die Fetzen fliegen«, denkt er sich vielleicht und beginnt auf einem neuen Bogen Büttenpapier den Entwurf zu einem Artikel. Nur vier Tage später erscheint er unter dem Titel »Berliner Preßkanaille« im »Miesbacher Anzeiger«. Er ist eines von vielen Beispielen für Thomas Verbalinjurien gegen eine seiner Meinung nach jüdisch-kommunistisch-sozialdemokratische Kampfpresse, die nur Werkzeug einer gesamtjüdischen Weltverschwörung ist, die das alte Bayern ausradieren will.
Sucht man nach den Wurzeln von Thomas Antisemitismus, der keineswegs eine Alterserscheinung war, kommt man auf seine Erlebnisse während des Ersten Weltkrieges. Er war als freiwilliger Sanitäter des II. Bayerischen Kraftwagen-Transport-Zuges unter anderem auch in Galizien und Rußland eingesetzt. Hier verfestigte sich der abgrundtiefe Haß gegen das Ostjudentum, und Beobachtungen, die bereits im Kriegstagebuch 1915 notiert sind, kulminierten Jahre später zu jenen ungeheuerlichen Hetzartikeln für den »Miesbacher Anzeiger«, die im reinsten NS-Jargon und »Stürmer«-Stil verfaßt sind.
Zu Thomas latentem Judenhaß trug sicherlich auch bei, daß unter den intellektuellen Führern der Münchner Räterepublik auffällig viele Juden waren: Gustav Landauer, Kurt Eisner, Erich Mühsam und Eugen Leviné. Von ihnen ließ sich, wie Thoma glaubte, der Münchner Pöbel aufhetzen zu einer Revolution, die nicht nur Bayerns letzten König vertrieb, sondern die gute, alte Ordnung in ihr groteskes Gegenteil verkehrte. Zu so einem Saustall der allgemeinen Gleichmacherei wollte es Thoma unter keinen Umständen mehr kommen lassen. Deshalb war er vehement für die bewaffnete Einwohnerwehr in Bayern. Deshalb drohte er immer wieder all denjenigen mit Mord und Totschlag, die es noch einmal wagen würden, in Bayern einen Aufstand anzuzetteln. »Den Giftnattern die Köpfe zu zertreten«, empfahl Thoma unter anderem in seinen anonymen Artikeln.

›Heldenstücke‹ dieser Art schrieb er beim Rauch einer guten Zigarre – mit solchen Naturalien ließ er sich nämlich seine anonymen Artikel entlohnen, damit auch ja nirgends sein Name auftaucht, nicht einmal auf irgendeiner Honorarabrechnung.
Die Ortsgruppe der NSDAP in Tegernsee lag wohl nicht ganz falsch, als sie vermutete, in Thoma einen Gesinnungsgenossen finden zu können. »Soweit ich unterrichtet bin, glaube ich Sie auch im Lager der Judengegner zu finden«, schrieb Ortsgruppenvorstand Erich Gärtner und schickte dem prominenten Dichter ein Aufnahmeformular. Thoma ließ dieses Schreiben unbeantwortet. Gemäß seiner Grundeinstellung, daß Politik ein drekkiges Geschäft sei, wird er solche Parteinahme gescheut haben. Nicht zu dreckig jedoch war ihm das Geschäft eines publizistischen Erfüllungsgehilfen politischer Attentäter, die auch vor einem Mord nicht zurückschrecken. Drastisches Beispiel hierfür ist der Fall des Matthias Erzberger, der Zentrumsabgeordneter des Reichstages und in den Jahren 1919/1920 für einige Monate lang Reichsfinanzminister und Vizekanzler war. Er gehörte zu den Mitunterzeichnern des Waffenstillstandes mit Frankreich im Ersten Weltkrieg und galt den Deutschnationalen – und natürlich auch Thoma – somit als einer jener »Novemberverbrecher«, die dem unbesiegbaren deutschen Heer von der Heimat aus in den Rücken fielen – die bekannte »Dolchstoßlegende«. Schon im April 1920 hatte Adolf Hitler im »Völkischen Beobachter« sarkastisch den Rat gegeben, man solle Erzberger und Konsorten den Prozeß machen und sie gleich am erstbesten Lichtmasten aufknüpfen.
Auch Thoma widmete Erzberger zahlreiche Artikel im »Miesbacher Anzeiger« – so viele, wie vielleicht keinem zweiten seiner, man muß schon sagen, Opfer. Eine nicht enden wollende Suada von Beschimpfungen ergoß er über ihn. Am 17. August 1921 veröffentlichte er einen Artikel, in dem er Erzberger, der nach einem eingestellten Gerichtsverfahren gegen ihn in die aktive Politik zurückdrängte, einen »bestochenen und bestechlichen Lump« nannte. Mit Blick auf eine mögliche Rückkehr des Politikers Erzberger schrieb er: »Es gibt keinen ehrlichen Menschen in Deutschland, der die Wiederkunft des Schurken nicht als das größte Unglück in so viel Unglück betrachtete. [...] Schmeißt [...] Erzberger hinaus; schafft reine Luft.« Nur neun Tage später fanden sich zwei »ehrliche Menschen«, die sich vorgenommen hatten, dieses größte Unglück von Deutschland abzuwenden. Mit mehreren Schüssen töteten sie Matthias Erzberger während

eines Waldspazierganges. Die Luft war wieder rein. Nur konnte dies Ludwig Thoma nicht mehr mit klammheimlicher Freude zur Kenntnis nehmen. Er starb am selben Tag wie Erzberger an einem zu spät diagnostizierten Magenkrebs.

Ein bajuwarischer Rabbi

Sie ist schon etwas differenzierter, die bayerische Wesensart, als es die vielen über sie kursierenden Klischeevorstellungen wiedergeben. Nach dem arg prototypischen Isartaler des Joseph Friedrich Lentner (»gelenk, kräftig, ausdauernd«), dem schlitzohrigen Kraudn Sepp und dem Schreibtischtäter Ludwig Thoma möchte ich eine wieder noch ganz andere Ausprägung des altbayerischen Charakters vorstellen, nämlich den feinsinnigen, gelehrten, stubenhockerischen Büchermenschen. Nicht kraftstrotzendes Draufgängertum ist sein Kennzeichen, sondern zaudernde Bedachtsamkeit, nicht polternd-grobianisches Auftrumpfen, sondern klug-leises, ja manchmal auch winkeladvokatisches Abwägen.
Von Geburt und Herkunft her ist er ein richtiger Isartaler, »Tölzer durch und durch«, wie Benno Hubensteiner schreibt. Sein Vater war Gerbermeister in dem Marktflecken an der Isar, laut Lentner müßte dem 1816 Geborenen also »Geistesarmuth, Trägheit und Verkümmerung« quasi in die Wiege gelegt worden sein. Seltsamerweise entpuppte sich der junge Johann Nepomuk Sepp aber als ein besonders aufgewecktes Kind, und man schickte ihn schließlich nach München aufs Gymnasium. Hier erwarb sich der 13jährige den Spitznamen »Rabbi«, nicht nur weil er mit besonderen Hebräischkenntnissen glänzte, sondern auch weil er seine Lehrkräfte des öfteren in religiöse Disputationen verwickelte. Alles deutete auf den Werdegang eines Geistlichen hin, Johann Nepomuk Sepp trat denn auch 1836 ins Klerikerseminar ein, mußte dieses aber schließlich vorzeitig abbrechen.
Die Leidenschaft zur Theologie behielt er aber ein Leben lang bei. Seine auf diesem Gebiet geschriebenen Bücher wie »Das Leben Jesu«, eine Entgegnung auf David Strauß' Entzauberung der Bibel als quasi literarische Fiktion, oder »Das Heidentum und dessen Bedeutung für das Christentum« machten ihn in ganz Europa bekannt. Eines Tages stand sogar ein Abgesandter des Erzbischofes von Paris bei Johann Nepomuk Sepp vor der Tür und wollte ihn bitten, den publizistischen Kampf mit dem französischen Kirchenkritiker Renan aufzunehmen, der ebenfalls ein

»Vie de Jésus« veröffentlicht hatte. Der Abgesandte staunte nicht schlecht, einen Laientheologen vor sich zu haben.
Johann Nepomuk Sepps eigentliche Domäne war allerdings die Geschichtswissenschaft. Hier promovierte er – geprüft von dem Romantiker Joseph Görres, der starken Einfluß auf ihn hatte – mit einer Arbeit, die beträchtlichen Wirbel verursachte. Es ging um die »Abkunft der Bayern«, die man mal von den Kelten, mal von Galliern abstammen ließ. Ein gewisser Legitimationsbedarf der jeweils gerade herrschenden staatspolitischen Räson spielte gelegentlich dabei auch eine Rolle, so als der Historiker Vinzenz von Pallhausen ausgerechnet zu jener Zeit, da Napoleon Bayern zum Königreich machte, die These aufstellte, die mit den Franzosen blutsverwandten Ur-Boiern seien aus dem Westen eingewandert. Johann Nepomuk Sepp dagegen vertrat die Auffassung, die Bayern seien eigentlich ein deutscher Kernstamm, nix Welsches also, sondern Abkömmlinge der germanischen Markomannen. Dummerweise legte er sich damit ausgerechnet mit seinem Doktorvater an, der ihm denn auch an den Rand seiner Arbeit schrieb: »Wie leidenschaftlich schreibt ein junger Mann gegen einen Veteranen!«
Aber Rücksichten dieser Art nahm Johann Nepomuk Sepp eigentlich nie. So vertrat er zum Beispiel seine ultramontanen Ansichten, ob sie nun zum Zeitgeist paßten oder nicht. Schon unter Ludwig I., dessen Affäre mit der Tänzerin Lola Montez der strenge Katholik natürlich nicht billigen konnte, geriet der mittlerweile zum Privatdozenten für ältere Geschichte ernannte Dr. Sepp in Kollision mit seinem Dienstherrn. Mit königlichem Dekret wurden ihm, »der nicht aufhört, in ultrakirchlicher Richtung zu wirken«, die Vorlesungen an der Münchner Universität untersagt. Da ihn bei seinem letzten Kolleg die Studenten mit Hochrufen feierten, wähnte man in dem Tölzer anscheinend schon einen verkappten Revolutionär und untersagte ihm das Betreten der Residenzstadt München. So zog er denn, unter Geleit seiner Anhänger, in eine kurzzeitige Verbannung hinaus nach Tölz.
Dem Marktflecken aber hatte man die Weisung erteilt, beim Eintreffen von Dr. Sepp Ruhe zu bewahren. Allein, niemand hat im friedlich-verschlafenen Tölz diese Botschaft so recht verstanden, und außerdem hatte man dem g'studierten Gerbermeisterssohn früher schon einmal gesagt, was man von seiner Bücherweisheit halte: »Ja länger man studiert, desto dümmer man wird.«

Doch dieser spektakuläre Abgang von der Universität war ja nur der Anfang zu einer Karriere als Volkstribun. Johann Nepomuk Sepp konnte abwarten, bis Ludwig I. seinerseits gehen mußte. Und als man nun, im Gefolge der '48-Unruhen, bayerische Kandidaten für die Nationalversammlung in Frankfurt suchte, war auch der Dr. Sepp wieder zur Stelle. Er hielt wahrscheinlich die erste politische Rede, die der Marktflecken Tölz je erlebt hatte. In der einzigen zu Sepp erschienenen Biographie heißt es dazu: »Nie hatte man vorher so offen auf dem Lande von Staatssachen reden hören, und der Redner stammte sogar aus der Mitte der Bürgerschaft. Es war etwas so Ungewöhnliches, daß die Leute aus nah und fern Sepps politische Rede eine Predigt nannten.« Kein Wunder also, daß Dr. Sepp nach einem triumphalen Wahlsieg als einer von 71 bayerischen Abgeordneten nach Frankfurt zog.
Dort ging es vorrangig darum, das neue deutsche Reich zu konstituieren – und zwar, was der große Streitpunkt war, großdeutsch oder kleindeutsch, das heißt mit oder ohne Österreich. Hier wie auch später als Abgeordneter des Bayerischen Landtags, dem er von 1849 bis 1855 angehörte, bewies Johann Nepomuk Sepp seine großdeutsche Gesinnung. »Hand in Hand mit Österreich blüht Bayern eine große Zukunft, Hand in Hand mit Bayern vermag Österreich allein seinen weltgeschichtlichen Beruf zu erfüllen und seine Stellung im Zentrum Europas als deutsche Macht würdig einzunehmen.« Die beinahe instinktmäßige Abneigung gegen den preußischen »Militärdespotismus«, die Angst »preußisch gefressen [zu] werden«, hinderten Sepp allerdings nicht, nach langem Hin und Her durch eine denkwürdige Rede die Mehrheit seiner Patriotenpartei zum Kriegseintritt Bayerns in den '70er Krieg an der Seite Preußens gegen Frankreich zu überreden. Eigentlich wollte er an jenem 19. Juli 1870 dafür plädieren, den Bündnisfall als nicht gegeben anzunehmen und den Preußen ihren Krieg alleine führen zu lassen. Doch dann stand Dr. Johann Nepomuk Sepp auf und sagte: »Ich wollte für bewaffnete Neutralität sprechen und habe mir Wort für Wort aufgezeichnet, um ja keinen Ausdruck zu improvisieren. Und jetzt komme ich mir vor wie ein Prophet, der ausgezogen war, um zu fluchen, und er mußte segnen. [...] Gestern konnte man noch an das Weh von 1866 denken, heute ist der Zorn gegen die Welschen bei allen deutschen Männern erwacht. Wir Bayern haben an der Leipziger Schlacht nicht teilgenommen, bei der neuen Nationalschlacht wollen wir dabei sein.«

Das gehört eben auch zu Johann Nepomuk Sepp, daß er vom Preußenhasser zum Verfechter eines Preußenkrieges wurde. Und als der zu Ende war und in Versailles Wilhelm I. zum deutschen Kaiser proklamiert wurde, schwenkte er im Bayerischen Landtag ein zweites Mal um und sorgte dafür, daß der endgültige Verlust bayerischer Eigenstaatlichkeit auch noch von einem Teil seiner eigenen Partei abgesegnet wurde. Es war die Rede davon, daß der altbayerische Charakter eben nicht nur geradlinig, direkt, grob und offen ist, sondern auch zaudernd, verschlagen, opportunistisch und voller Winkelzüge. Was Sepp letztlich dazu brachte, dem Waffengang an der Seite Preußens zuzustimmen... wir wissen es nicht. Vielleicht der Druck der Straße, wo man allenthalben im Hurrapatriotismus schwelgte? Dann wäre Johann Nepomuk Sepp letztlich jenem Opportunismus und Populismus erlegen, den er selbst Jahre zuvor diagnostiziert und als Hauptübel bayerischer Politik ausgemacht hatte. »Das Verderben Bayerns ist sein ewiger Systemwechsel. Heute befolgt es diese Politik, morgen gerade die entgegengesetzte.«

Uraltes, germanisches Heidentum?

Natürlich darf in den zahlreichen Werken des Tölzers Johann Nepomuk Sepp eines nicht fehlen: die Leonhardifahrt. In seinem »Altbayerischen Sagenschatz«, den er übrigens mit der Absicht zusammentrug, dessen germanische Wurzeln aufzuzeigen als einen Beweis mehr, daß »die Bayern im Denken und Fühlen Deutsch sind«, nennt er St. Leonhard den uralten Berg- und Bauerngott der Isartaler und natürlich besonders der Tölzer. Das führt uns zu einem anderen, gerne gebrauchten Klischee, wenn es darum geht, bayerisches Wesen und Brauchtum zu erklären. Da ist man schnell bei der Hand mit dem Verweis auf das uralte, germanische Heidentum, das noch immer in unseren Sitten und Bräuchen fortlebe. So kann man zum Beispiel immer wieder in populären Darstellungen lesen, das heutzutage so sehr beliebte Maibaum-Aufstellen gehe auf den Baumkult unserer Urururahnen zurück. Tatsächlich handelt es sich aber um einen relativ jungen Heischebrauch. So stellten im 17. Jahrhundert Soldaten für ihre Kommandeure oder auch für die reichen Bürger der jeweiligen Garnisonsstadt geschmückte Bäume auf und erbaten dafür ein Trinkgeld. Die Bauernburschen, die später dann die ersten Maibäume aufstellten, haben es von ihnen nur abgeschaut. Überhaupt ist es ja so, daß gerade das, was man für besonders archaisch und von heidnischem Kult unterfüttert

hält und was man dem Bauernvolk als Träger dieser sich kaum wandelnden Mythenkultur zuschreibt, oft viel jünger und noch dazu urbanen Ursprungs ist. So sind die Quellen der Fasnacht in den Kostümfesten der Patrizier, Ratsherren und Handwerkszünfte zu suchen und nicht etwa in obskuren Fruchtbarkeitsriten germanischer Urbauern.
Was nun die Tölzer Leonhardifahrt angeht, so konnte selbst ein ansonsten mit Land und Leuten bestens vertrauter Kenner wie der Mundartlyriker und volkskundliche Feuilletonist Karl Stieler der Versuchung eines solchen Wühlens im germanischen Urgrund nicht widerstehen. So heißt es in seinen »Natur- und Lebensbildern aus den Alpen«: »Die Wurzeln des jetzigen Brauches liegen in der Tiefe von zwei Jahrtausenden, in jenem Waldesdunkel, das zu Tacitus' Zeiten unsere Heimat bedeckte. Er ist verwachsen mit der ganzen mythologischen Poesie unseres altdeutschen Lebens, und leise, kaum fühlbar für das Bewußtsein des Volkes, ging die eine Welt in die andere über; es wandelten sich die Namen, und an die Stelle der heidnischen Götter traten die Heiligen. St. Leonhard ist der Erbe des Kultus, den Wodan, Freia und Balder einst in deutschen Gauen gefunden.« Natürlich sind solche Erklärungsversuche ihrerseits mythologisierende Poesie und durch nichts belegbar. Und was den heiligen Leonhard betrifft, so hat sich lediglich sein Aufgabenfeld gewandelt. Ursprünglich war er nämlich der Schutzheilige der Gefangenen, und erst später hat das Volk, das sich in religiösen Fragen die Dinge ja gern so hinbiegt, wie es sie braucht, jene Fessel, die der Leonhard um den Leib trägt, umgedeutet: Die Kette, die ist doch fürs Roß, sagten sich die Bauersleut, was angesichts ihrer Lebenswelt ja auch das Naheliegendste war.
So kommt es, daß man noch heute alljährlich am 6. November in Tölz den Schutz des heiligen Leonhard für seine Rösser erbittet, gleichwohl sie schon lange nicht mehr das wichtigste Gut des Bauern sind. Früher mag ja noch gegolten haben: 's Weibaverrecka ist koa Schrecka, aba 's Roßsterbn, des is a Vaderbn. Seit der Mitte unseres Jahrhunderts aber ist das Arbeitsroß immer mehr vom Bulldog verdrängt worden – und für den gibt es halt keinen Schutzheiligen.
Die Leonhardifahrten und -ritte, deren es seit dem hohen Mittelalter in Bayern zahlreiche gab, nahmen denn auch nach dem Zweiten Weltkrieg deutlich ab, erst in den letzten Jahren – und an manchen Orten unter Miteinbeziehung der Reitvereine – hat diese besondere Art der Wallfahrt wieder einen Aufschwung genommen.

Die Tölzer Leonhardifahrt allerdings war schon immer die prächtigste unter allen und zog die Bauern aus dem ganzen Isarwinkel an. An Hartl oder Liendl, wie der Heilige im Volksmund heißt, wird in Tölz und Umgebung nicht gearbeitet, man genehmigt sich hier einfach einen zusätzlichen Feiertag. Es gibt aber auch soviel zu tun, daß man die Zeit dafür schon braucht. In aller Herrgottsfrüh werden die Rösser aufgeputzt, die Haflinger mit ihren langen, weißen Mähnen bekommen geflochtene Strohzöpfe in das Haar gebunden sowie Bänder, Schleifen und Blumen. Geschirr, Kummet und Lederzeug sind schon die Tage zuvor auf Hochglanz poliert und gewienert worden. Die »Truhen« werden aus der Remisse geholt zu ihrem einzigen Auftritt im ganzen Jahreslauf. Diese hölzernen Kastenwägen, in denen die Frauen paarweise hintereinander sitzen, sind in volkstümlicher Manier bemalt, mit Landschaftsansichten und Darstellungen des heiligen Leonhard. Wenn sie am Marktplatz erscheinen, dem allgemeinen Sammelplatz, da ›spitzen‹ die zahlreich angereisten Zaungäste besonders, und die alteingesessenen Tölzer geben ihre fachmännischen Urteile ab über Roß und Wagen und natürlich auch über die holde Weiblichkeit, die ihre prächtigen Trachten ausführt.
Vom Marktplatz aus setzt sich der Zug, zu dem sich noch Blaskapellen, Fahnenreiter, weitere Kutschen und Reitervereine gesellen, in Bewegung Richtung Kalvarienberg, wo die Segnung erfolgt. Hier oben, von wo man den herrlichsten Überblick übers Isartal hat, erbauten die Tölzer 1718 eine Kapelle zum Dank für die unversehrt Heimgekehrten, die das grausame Debakel der Sendlinger Mordweihnacht überlebt hatten. St. Leonhard, der Patron der Gefangenen, hatte sie wohl aus den Fängen der kaiserlichen Militärregierung befreit. Das Kirchlein ist mit einer eisernen Kette umspannt, dem Attribut des Viehheiligen. Im Kircheninneren findet man eine Vielzahl von Votivgaben, Hufeisen und wächserne, hölzerne oder metallene Rößlein und kleine Kühe, »abergläubischer Mummenschanz«, wie ein Staatsbeamter meinte, der im Zuge der Säkularisation die Leonhardi-Kapelle zu Tölz musterte und deren Abriß empfahl. Nur ein bauernschlauer Eremitenpater konnte ihn davon abbringen, indem er listig meinte, das würde mit der Zeit sowieso alles zusammenfallen und ein Abriß koste ja nur Geld. Für die aufs große Abräumen versessenen Staatsaufklärer natürlich ein Argument…
Jener Staatsbeamte hätte es sich wahrscheinlich auch nicht träumen lassen, daß gut zweihundert Jahre später die Tölzer Leonhardi-Kapelle im-

mer noch steht und sich alljährlich am 6. November der größten Beliebtheit erfreut. Dann kommen Tausende von Schaulustigen von überall her angereist, um jene farbenfrohe Trachtenschau zu sehen, die sie vielleicht für etwas Ähnliches wie den Wies'n-Einzug der Festwirte halten. Die wahren Hintergründe kennt wahrscheinlich nur mehr unser mythenversierter Karl Stieler: »Nur wer es weiß, wie tief im bayerischen Hochland noch der urgermanische Zug zur Tierwelt besteht, wie dies Hirtenvolk noch heute das Tierleben mit dem eigenen Leben unter einem Dache vereinigt, der kann die psychologische und kulturgeschichtliche Bedeutung dieses Festes verstehen.«

Wolfratshausen

»Der Sommer war sehr groß«

Es liest sich wie im Märchen: Da leben zwei in einem Zwischending aus Höhle und Kuhstall und kommen sich doch vor wie in einem Königsschloß. Sie haben nicht Gold und Geld, und sind doch reicher wie Fürsten. Luft und Liebe allein genügen ihnen zum Leben, und wenn auch noch der Himmel dazu lacht, dann ist alles gut. »Es gibt soviel Sonne, daß man ein Königreich damit vergolden könnte.« So schreibt es Rainer Maria Rilke in sein Tagebuch. Doch heller noch wie tausend Sonnen hat auf ihn wahrscheinlich die Anwesenheit jener Frau gewirkt, mit der er diesen Wolfratshausener Sommer verbrachte: Lou Andreas-Salomé. Die wenigen Wochen von Mitte Juni bis Anfang September 1897 waren für den 21jährigen eine Erweckung. Man darf bei diesem Thema ruhig einmal eine pathetische Vokabel verwenden, ist sie doch nicht einmal ein Gran dessen, was der feierliche Dichter mit dem übervollen Herzen über diese Beziehung selbst geschrieben hat. Mitunter wurde es so gar der Angebeteten zuviel. Als Lou Andreas-Salomé Wolfratshausen für einige Tage Richtung Hallein verlassen mußte – sie verlor sich nicht ganz in diesem Taumel, blieb sich noch ihrer Verabredungen und Verpflichtungen bewußt –, schickte ihr Rilke täglich Briefe hinterher, mit »blaßblauem Siegel«. Deren Überschwang mißfiel Lou, wie sie überhaupt zugeben mußte, mit der Exaltiertheit des jungen Lyrikers so ihre Probleme zu haben. Gleichzeitig aber war es genau diese dichterische Überspanntheit, die sie sofort in Bann zog. Während andere noch über den erhabenen Ton, den Rilke in seinen frühen Jahren allzu gerne anschlug, spöttelten, erkannte Lou bereits den ganz großen Lyriker. »Reiner Rainer, fleckenlose Maria«, so zum Beispiel hatte ihn Ernst von Wolzogen einmal in einer Briefanrede aufgezogen. Lou Andreas-Salomé aber erspürte die Besonderheit dieses jungen Mannes, der »die dichterische Aufgabe als die seiner unwidersprechlichen Berufung vorweggefühlt hatte und nie irre an ihr ward«.

Noch eh Lou Andreas-Salomé irgend etwas anderes von Rilke wußte, kannte sie bereits seine Lyrik. Rilke hatte ihr anonym seine »Christus-

Visionen« zugeschickt, nachdem er ihren Aufsatz »Jesus der Jude« in der »Neuen deutschen Rundschau« gelesen hatte. Jakob von Wassermann war es dann gewesen, der bei einer Theateraufführung Rilke und Lou Andreas-Salomé zusammengebracht hatte. Das fand am 12. Mai 1897 statt, gut einen Monat später reisten die beiden ins Voralpenland, um sich nach etwas »Gebirgsnahem« umzusehen für diesen Sommer, den sie gemeinsam verbringen wollten. Ihre Wahl fiel schließlich auf die Umgebung von Wolfratshausen, erst lebte man noch zusammen mit Lous Freundin Frieda von Bülow in einem kleinen Häuschen, »beim zweiten«, einem in den Berg gebauten Bauernheim, überließ man uns die Stätte überm Kuhstall; auf der Photographie, die später davon gemacht wurde, sollte die Kuh mit konterfeit werden – sie schaute aber nicht aus dem Stallfenster, doch steht die alte Bäuerin davor; und unmittelbar über dem Dach geht sichtbarlich der Weg in die Landschaft weiter; darüber wehte in grobem Leinen, handgroß mit ›Loufried‹ schwarzgemalt, unsere Flagge.«

Lou Andreas-Salomé war zu diesem Zeitpunkt 36 Jahre alt und verheiratet mit dem wesentlich älteren Orientalisten Friedrich Carl Andreas. Mit dieser Ehe hat es einiges Rätselhafte auf sich. Sie kam mehr oder minder durch Erpressung zustande – Friedrich Carl Andreas unternahm einen Selbstmordversuch, der fehlschlug, und drohte, er werde es immer wieder probieren, wenn Lou weiterhin seinen Heiratsantrag ablehne. Wie eine so freiheitsliebende, ungebundene Frau wie Lou Salomé dieser Nötigung eines Mannes nachgeben konnte, der mit dem Anspruch eines orientalischen Paschas auftrat, gehört zu den mancherlei Rätseln ihrer Person.

Sie soll ihn allerdings damit bestraft haben, so heißt es, daß sie sich ihm von der Hochzeitsnacht an verweigerte. Man behandelte sich gegenseitig respektvoll und distanziert, was den zeitweisen Wegzug Lous aus Göttingen, wo ihr Mann an der Universität lehrte, und Beziehungen zu anderen Männern miteinschloß. Als es wieder einmal so weit war, daß es die Vagantin aus einem allzu heimeligen Eheleben forttrieb, ging Lou Andreas-Salomé nach München, wo sie mit Frieda von Bülow in der Schellingstraße lebte. Vorausgeeilt war ihr der Ruf einer männermordenden Suffragette, sie selbst sprach von ihrem »total entriegelten Freiheitsdrang«. Jedenfalls war hier das Don-Juan-Motiv einmal umgekehrt: Die Liste der Freund- und Liebschaften Lous ist lang. Der Literaturwissenschaftler Walter Kaufmann meinte, es sei nicht übertrieben, von einem »Who is Who« der mitteleuropäischen Intelligenzija zu sprechen, betrachte man, mit wem alles Lou Andreas-Salomé in Verbindung stand. Das Frappierende daran ist, daß die Männer gleichermaßen von der Weiblichkeit der schlanken, blonden Russin angezogen waren wie von ihrem Intellekt. Ein schwedischer Professor meinte, Lou Andreas-Salomé lerne einen Mann kennen und neun Monate später schreibe er ein Buch. Selbst Friedrich Nietzsche, der ja bekanntlich riet, nur mit der Peitsche zum Weibe zu gehen, erlag sofort der Faszination dieser Frau. Er soll ihr sogar einen Heiratsantrag gemacht haben, und als er die Aussichtslosigkeit eines solchen Begehrens erkannte – immerhin gab es da zur selben Zeit auch noch den Philosophen und Nietzsche-Freund Paul Rée als Nebenbuhler –, spekulierte er auf das Verhältnis einer wilden Ehe mit Lou. »Ich bin nach dieser Gattung von Seelen lüstern. Ja ich gehe nächstens auf Raub darnach aus. – In Anbetracht dessen was ich in den nächsten 10 Jahren thun will brauche ich sie.«

Die Ehe mit Friedrich Carl Andreas war also mehr eine Scheinehe nach außen hin. Zwar ließ er seine Frau immer wieder ziehen, wenn ihr Freiheitsdrang nicht mehr länger zu unterdrücken war, er selbst versuchte dabei mit einer Art Blindheit über das hinwegzusehen, was jedermann wußte. Doch es war eine vorgetäuschte Blindheit, die dennoch alles mitbekam. Um so schlimmer dann seine Ausbrüche von Eifersucht, in denen »er den andern nur niederstechen, nicht aber sprechen wollte«, wie es Lou einmal ironisch formulierte. Ob es diese Tobsuchtsanfälle waren, warum Lou ihrem Mann niemals die volle Wahrheit über Rilke sagte? Und auch gegenüber der Öffentlichkeit, in der sie sonst mit Bekenntnissen nicht geizte, behielt sie ihre besondere Beziehung zu Rilke lange Zeit nur für sich. Zwar veröffentlichte Lou Andreas-Salomé 1928 eine Würdigung seines literarischen Werkes, doch weder darin noch in dem 1931/32 geschriebenen »Lebensrückblick« kommt sie auf die amour fou mit dem Dichter zu sprechen. Erst 3 Jahre vor ihrem Tod, 73jährig, schrieb Lou Andreas-Salomé noch einmal eine kleine Erinnerungsskizze, »April, unser Monat, Rainer«, in der es heißt: »War ich jahrelang Deine Frau, so deshalb, weil Du mir das erstmalig Wirkliche gewesen bist, Leib und Mensch ununterscheidbar eins, unbezweifelbarer Tatbestand des Lebens selbst. [...] Nicht zwei Hälften suchten sich in uns: die überraschte Ganzheit erkannte sich erschauernd an unfaßlicher Ganzheit. So waren wir denn Geschwister – doch wie aus Vorzeiten, bevor Geschwisterehe zum Sakrileg wurde.«

Geschlossen wurde diese Geschwisterehe zwischen zwei Menschen, die sich schon nach ein paar Wochen wie »von Einer Gestalt« vorkamen, in Wolfratshausen, in jenen glücklichen Sommertagen. Es muß einige literarische Zeugnisse, Widmungs- und Liebesgedichte, aus dieser Zeit gegeben haben, sie wurden von beiden vernichtet. Rilke wurde, so sieht es Lou Andreas-Salomé, mit der Zeit zum immer vollkommeneren Dichter – auf Kosten seiner »Reinmenschlichkeit, Nurmenschlichkeit.« Diese sah sie in einigen der Gedichte aus jener Wolfratshausener Zeit ausgedrückt, nur wenige und in überarbeiteter Form blieben erhalten. Rilke hat sie wohl seiner »vor-wolfratshausenschen« Überschwenglichkeit, wie er es selbst nannte, zugeschrieben und sie nicht mehr gelten lassen. Für Lou Andreas-Salomé waren einige die vollendete Ganzheit von Gefühl und Intellekt, »bis in den Wurzelgrund der Leiblichkeit erlebt«, und selbst die 73jährige konnte Verse aus jenem 37 Jahre zurückliegenden Sommer aus dem Gedächtnis zitieren:

Lösch mir die Augen aus: ich kann Dich sehn
Wirf mir die Ohren zu: ich kann Dich hören
Und ohne Fuß noch kann ich zu Dir gehn
Und ohne Mund noch kann ich Dich beschwören
Brich mir die Arme ab: ich fasse Dich
Mit meinem Herzen wie mit einer Hand
Reiß mir das Herz aus: und mein Hirn wird schlagen
Und wirfst Du mir auch in das Hirn den Brand
so will ich Dich auf meinem Blute tragen.

Man muß zumindest annehmen, daß die Hochbetagte diese Verse aus der Erinnerung niederschrieb, denn bei der späteren Fassung im »Stundenbuch«, 1905 erschienen, kann man schon leichte Überarbeitungen feststellen. Der Vergleich der Fassungen legt genau das nahe, was Lou Andreas-Salomé andeutete, daß nämlich bei Rilke das Dichterische das Emotionale immer mehr zurückdrängte, das Geläuterte an Stelle des unmittelbar Authentischen trat. Denn um wieviel mehr gibt jenes »Reiß mir das Herz aus« die Gefühlslage eines waidwund Liebenden wieder als das abgeschwächte »halt mir das Herz zu«. Und »so will ich Dich auf meinem

Blute tragen« klingt doch viel unbedingter als »so werd ich dich auf meinem Blute tragen«.
Wolfratshausen war der Anfang, es folgten noch zwei Rußlandreisen, die Lou Andreas-Salomé und Rainer Maria Rilke gemeinsam unternahmen, doch die 15 Jahre ältere Lou spürte wohl, sie könnte seiner Entwicklung zum völlig autarken Künstler im Weg stehen. »Nie wurde mir bewußter, aus welchen Urtiefen erst Deine Ausreifung würde stattfinden können. Nie standest Du vor mir größer und bewunderter als damals da: die Wucht Deiner innern Problematik riß mich zu Dir hin, und nie hat diese Wirkung nachgelassen. Nun tat Eile not, daß Du in Freiheit und Weite kämst und in alle Entwicklung, die Dir noch bevorstand.«
Man trennte wieder die Wohnorte, nachdem man eine Zeitlang in Berlin in unmittelbarer Nähe gelebt hatte, und vereinbarte, sich nur in »Stunden höchster Not« zu schreiben. Sicher war es keine solche Notlage, als Rilke 17 Jahre später Lou Andreas-Salomé schrieb. Sein Weg hatte ihn noch einmal an die Isar geführt, an den Ort ihres gemeinsamen Sommers. »Wolfratshausen ist nicht zu erkennen; gerade in unserer Gegend oben muß viel gebaut und gepflanzt und geändert worden sein.« Geändert hatte sich in der Tat viel, geblieben waren die Erinnerungen, von denen auch Lou eingestehen mußte, ihnen könne sie »treu [sein] für immer: Menschen werde ich es niemals sein«. Dem, was Rilke ewig treu blieb, war seine Dichtung. In einem seiner schönsten Gedichte, »Herbsttag«, heißt es in der Anfangsstrophe:

HERR: es ist Zeit. Der Sommer war sehr groß.
Leg deinen Schatten auf die Sonnenuhren,
und auf den Fluren laß die Winde los.

Mord an einem Rompilger

Er hieß Konrad Nantwein – oder lateinisch Conradus Nantivinus. Irgendwo aus dem hohen Norden soll er aufgebrochen sein zu einer Pilgerreise in die heilige Stadt Rom. Man schrieb die Jahre, da der letzte, der siebte Kreuzzug gerade erst zu Ende gegangen war. Glaubenskriege wurden jedoch nicht nur nach außen hin geführt; so mancher trug anscheinend auch in der eigenen Brust heftige Gewissenskämpfe aus. Die wurden oft mit einem radikalen Schnitt im eigenen Lebenslauf entschieden. Auch von Nantwein heißt es, er sei ein reicher Ritter gewesen, habe eines Tages all sein Hab und Gut verkauft, es unter den Ärmsten der Armen verschenkt, habe die Seinigen verlassen und sei aufgebrochen zu einer Reise ohne Wiederkehr. Denn viele derjenigen, die auf solche Art und Weise mit ihrem bisherigen Leben brachen, glaubten wohl selbst nicht mehr daran, daß sie jemals wieder zurückkommen würden. Der Weg war das Ziel – man war schon angekommen in dem Moment, wo man aufbrach zu einer solchen gottgefälligen Lebensreise.

Anscheinend genossen Pilger wie Nantwein schon von jeher großen Respekt. Bereits im »Lex Baiuvariorum«, dem ältesten bairischen Stammesrecht, vermutlich im 8. Jahrhundert im Kloster Niederaltaich niedergeschrieben, werden Pilger unter einen besonderen Schutz gestellt. Nicht nur, daß sie einen eigenen Pilger-›Ausweis‹ bei sich trugen, auch die spartanische Ausrüstung mit Umhängetasche, Trinkflasche und obligatorischem Pilgerstab wies sie als Wallfahrende aus, die auf den Pfaden Gottes wanderten. All dies dürfte aller Wahrscheinlichkeit nach auch für Nantwein gegolten haben… und dennoch bewahrte es ihn nicht davor, Opfer eines grausamen Verbrechens zu werden. Und das geschah just in Wolfratshausen, begangen vom dortigen Burgpfleger. Mit einem besonders auffälligen Schimmel soll Nantwein im damaligen Pfleggericht angekommen sein, das Letzte, was er aus seinem einst adeligen Besitz noch behalten hatte. Auf das herrliche Roß aber war der Burgpfleger ganz versessen, und weil er es dem Rompilger nicht abhandeln konnte, kam er schließlich mit einer Intrige an sein Ziel. Er brachte die Herbergswirtin Nantweins dazu auszusagen, der angeblich gottesfürchtige Mann habe ihren Sohn verführt – eine Schandtat, die natürlich die schärfste Strafe nach sich zog. Auf einem Rost soll Nantwein bei lebendigem Leib verbrannt worden sein; das Wenige, was er besaß, darunter der Schimmel, fiel nach dem Gesetz dem Pfleger zu.

Dieses Schandurteil, das auf der Wolfratshauser Burg, von der heute nur mehr ein Gedenkstein zeugt, gefällt wurde, nahm der heilige Nantwein, so will es die Legende, mit Gleichmut hin. Im Kerker noch hatte er eine Erscheinung, die ihm klarmachte, daß dies grausame End' ihm so aufgesetzt sei. Als letzten Wunsch erbat sich Nantwein, er möge dort begraben werden, wo der Griff seines Pilgerstabs liegenbleibe, den er, soweit er konnte, von der Burg herab gen Osten warf. Der Pilgerstab traf dort auf, wo heute zwischen Loisach und Isar die Nantweiner Kirche steht. Wie die Legende nämlich weitererzählt, waren die Menschen der Umgebung vom Schicksal des Rompilgers so erschüttert, daß sie seine Gebeine zusammentrugen und über deren Grab eine kleine Kapelle errichteten. Im Laufe der Zeit entstand eine recht rege Wallfahrt zur St.-Nantwein-Kirche, die typisch ist für die vielen kleineren Pilgerstätten, die über ganz Bayern verstreut sind. Als besonders mirakulöse Handlung galt dabei, einen Schluck Wein aus jenem Kelch zu nehmen, in dem angeblich ein Teil der Hirnschale Nantweins eingefaßt ist. Daß dies alles vielleicht nicht nur fromme Märchen sind, gibt einem der Umstand zu bedenken, daß bei Renovierungsarbeiten vor einigen Jahren Knochenreste unter der Kirche gefunden wurden, die sich auf die zweite Hälfte des 13. Jahrhunderts datieren lassen. Dann stimmt also doch, was schon ältere Urkunden berichtet haben, daß nämlich anno 1288 zu Wolfratshausen ein furchtbarer Justizmord geschah.

Streit um eine unkeusche Madonna

Können Sie sich vorstellen, daß Edmund Stoiber ein modernes, zeitgenössisches Kunstwerk verteidigt – und zwar gegen erzkatholische Eiferer? Daß er ansonsten kreuzbrave Katholiken, die sich nur kurz einmal vergessen haben und richtig rabiat geworden sind, in die Nähe sonst eher in Berlin-Kreuzberg zu findender Radaubrüder rückt? Sie werde der anonymen Gewalt der Straße nicht weichen, hat er gesagt. Und die Madonnenfigur eines jungen Künstlers damit gemeint, die Unbekannte in das Isarflußbett gestoßen hatten. Ich sag 's ja: Bayern ist immer wieder gut für eine Überraschung. Lassen wir die Schwarzweißseher im Norden ruhig im Glauben, im Süden der Republik sei alles scharf konturiert. Wir wissen es besser: Im nächtlich-verschlafenen Bayern sind alle Katzen grau. Sogar die als Staatslöwen verkleideten Pussys der CSU! Will sagen, sie sind ein bißerl christkatholisch, aber auch ein bißerl modern.
Aber jetzt schön der Reihe nach: Das erste falsche Gerücht ist schon einmal das, in Bayern sei man stets und überall rückständig. Wahr ist vielmehr das Gegenteil. Als in Wolfratshausen eine neue Isarbrücke mit Kunst am Bau zu versehen war, erhielt der Penzberger Bildhauer Anton Ferstl für eine Brücken-Madonna den Zuschlag, die – zumindest für Wolfratshausener Verhältnisse – eine ähnliche Provokation darstellte, als hätte Joseph Beuys höchstpersönlich die ganze Brücke in Fett eingepackt. Was den Skandal ausmachte? – Daß Ferstl seine Madonna so zeigte, wie er findet, daß eine junge, fesche Frau mit Kleinkind halt ausschaut. Er hatte

sie für die Nische mitten auf der Brücke konzipiert, wo die Bronzefigur auf der Betonbrüstung saß, im kniefreien fast schon Minikleid, das rechte Bein angewinkelt, das linke baumelte freizügig herunter. Das Jesuskinderl saß auch nicht heilig-artig auf dem Schoß, sondern turnte auf dem Knie der Mama herum, die Ärmchen nach oben streckend. Daß das Ganze nicht eine x-beliebige Mutter-Kind-Gruppe aus der Nachbarschaft vom Anton Ferstl abbildete, erkannte man eigentlich nur daran, daß die Frau hinterm Wuschelhaar auch noch eine Gloriole trug.

Das zweite Gerücht, das über Bayern kursiert, hat zumindest einen nicht ganz unwahren Kern: In Bayern sind 's alle bigott. Folglich hat es nicht lange gedauert, und es trat eine Schar von besonders empfindlichen Katholiken auf den Plan, die wo das Kunstwerk als eine Sauerei beschimpft haben, als eine himmelschreiende Beleidigung der Immaculata und daß der Schweinekram unverzüglich wieder weggeräumt gehört. Die schaut ja aus wie eine von den Strandmiezen, die nicht unweit am FKK-Isarufer scharenweise herumlägen. Daß solche Gesinnung aber nicht rein bayerisch ist – das sei zur Korrektur dieses Gerüchtes gesagt –, bewies eine besonders aufgebrachte Gegnerin der Madonnenfigur von Ferstl, die im Fernsehen den Zuschauern im schönsten Preißisch erklärte, daß man solche Unzüchtigkeit in Bayern »ausg'schaaamt« nennt und keinesfalls dulden könne.

Ein anderer Beweis, daß solch rigorose Bigotterie flächendeckend auftritt, kann man darin sehen, daß zu dem vom »Maria-Goretti-Kreis« inszenierten Sühnegottesdienst Demonstranten... pardon, Gläubige aus allen Himmelsrichtungen herbeiströmten. Direkt ›weggabet'n‹ wollte man das Schandmal. Das hat aber nicht ganz geklappt. Weil ein kleines Wunder ausblieb, sich die Madonna weder von allein in Luft auflöste noch ein Wink des Allmächtigen sie zum Wanken brachte, mußten ein paar dunkle Gestalten in der Nacht nachhelfen: Anonyme Täter stürzten die Skulptur drei Wochen nach dem Sühnegottesdienst vom Geländer der Brücke in die Isar. Der Schaden war beträchtlich, das Jesuskind von der Mutter weggerissen und beider Arme beraubt, der Maria fehlte eine Hand, die selbst Taucher nicht mehr auffinden konnten.

Wer nun glaubt, daß die allzeit populistische CSU endlich kapiert hätte, woher die Stimme des Volkes schallt, der täuscht sich aber. Erzengel Edmund probte erstmals in der Rolle des Verteidigers avantgardistischer Kunst. Als damals noch Bayerischer Innenminister und somit oberster

Bauherr auch für die Brückenverschönerung in Wolfratshausen zuständig, ordnete er die Wiederinstandsetzung der Statue an, die den christsozialen Steuerzahlern Mehrkosten in Höhe von 15 000 Mark bescherte. Was allerdings die Wiederanbringung der Madonna auf dem Brückengeländer betraf, so hatte Edmund Stoiber in der Zwischenzeit neue Erkenntnisse gewonnen: Die Marienfigur stelle dort nämlich eindeutig ein Verkehrshindernis dar – er befürchtete wohl eine im Schrittempo vorbeiziehende Autowallfahrt zur g'stürzten Madonna. Jedenfalls ist Edmund Stoiber auf eine wunderbare Idee gekommen: Die Madonna wird zukünftig etwas abseits zwischen Floßlände und Brücke aufgestellt werden, »so daß wir zwei Fliegen mit einer Klappe schlagen: Einmal, wir bekommen die Madonna von einem exponierten verkehrsproblematischen Punkt weg. Und zweitens: Wir können, glaube ich auch, das Umfeld der Madonna besser gestalten als praktisch auf dem nackten Beton auf der Brücke.« Er ist schon rührend, unser neuer Ministerpräsident, in seiner Fürsorge für eine herbergslose Mutter Gottes. Die besondere Gestaltung des Umfeldes war anfänglich nämlich so gedacht, daß die Madonna des Anton Ferstl lebendig eingemauert und mit einem Schutzgitter versehen werden sollte, damit aufgebrachte Katholiken nicht noch einmal ihr Mütchen daran kühlen können. – Jetzt sag' noch einmal einer, daß wir in Bayern kurz vor der Jahrtausendwende nicht unerschrocken ins 20. Jahrhundert vorstürmen.

»Das Urbild unserer Heimat«

Der Bau jener Wolfratshausener Isarbrücke, auf der wir eben noch die Ferstlsche Madonnenfigur gesucht haben – und sie frei auf einem Stein sitzend abseits der Brücke auch fanden –, bedeutete seinerzeit einen empfindlichen Eingriff in ein Landschaftsgebiet von nahezu einmaliger Bedeutung. Nördlich der Brücke nämlich bis zum Zusammenfluß von Isar und Loisach und noch etwas weiter bis zum Ickinger Stausee erstreckt sich die Pupplinger Au, von der es heißt, sie sei (abgesehen vielleicht vom Tiroler Lech) die einzig noch erhaltene großräumige Wildflußlandschaft in Mitteleuropa. Obwohl die Isar durch den Brückenbau an dieser Stelle ungefähr eineinhalb Kilometer lang begradigt und von Seitenarmen abgeschnitten werden mußte, darf sie sich etwas weiter nördlich, in eben jener Auenlandschaft, noch so gebärden, wie es sich für einen Fluß mit dem Beinamen »die Reißende« gehört: Bei Hochwasser mäandert der Flußlauf wild hin und her, es entstehen und vergehen kleine und kleinste Kiesbänke und Landzungen. Auf ihnen siedeln sich sogenannte Pionierpflanzen an, bis sie wieder weggeschwemmt werden und an anderer Stelle Vegetationsinseln bilden. Bereits 1912 erkannte man die Einmaligkeit dieser sich stets wandelnden Flußauenlandschaft, und obwohl es damals ein Naturschutzgesetz noch gar nicht gab, wurde die Pupplinger Au per Verwaltungsanordnung unter besonderen Schutz gestellt.

Entstanden ist die Pupplinger Au und die kleinere, südlich der Wolfratshausener Isarbrücke gelegene Ascholdinger Au im Gefolge der letzten Eiszeit. Bis ungefähr auf die Höhe von Schäftlarn schoben vor 11 000 Jahren die würmeiszeitlichen Gletscher ihre Endmoränen, die dort gewissermaßen eine Staumauer bildeten. Als dann das Gletschereis schmolz, entstand ein regelrechter See, der erst abfließen konnte, nachdem die Isar bei Schäftlarn/Grünwald den Durchbruch durch den Moränenwall geschafft hatte. Zurück blieb eine Geröll- und Sandwüste, durchzogen von zahlreichen Rinnsalen und Seitenarmen. Diese ganze Urlandschaft überzog sich schließlich mit einer teils alpinen, teils sogar mediterranen Vegetation; die Samen all der exotischen und für diesen Raum eigentlich untypischen Pflanzen schaffte die Isar heran. Die sogenannten »alpinen Schwemmlinge« wie Alpengemskresse, kriechendes Gipskraut, Knorpelsalat und Zwergglockenblume findet man hier genauso wie eine Vielzahl an Orchideenarten (die nördliche Pupplinger Au gilt als idealer Standort für den dort zahlreich vorkommenden Frauenschuh). Verschiedene Gräser, Sträucher und Büsche wie Lavendel und Wacholder vervollständigen ebenso wie die typischen Weiden- und Kiefernbestände das Bild einer unberührten Wildflußlandschaft, wie sie für die Isar wahrscheinlich schon vor Tausenden von Jahren typisch war. Man hat gewissermaßen mit der Pupplinger Au einen »Ausschnitt des Urbilds unserer Heimat« vor sich, wie es Otto Kraus in einem Sonderdruck des Isartalvereins einmal ausdrückte.

Schon damals, 1961, mußte Otto Kraus seinen Aufsatz über die Pupplinger Au mit den Worten untertiteln: »Leidensweg eines berühmten Naturschutzgebietes«. Denn so sehr auch Naturschützer immer wieder auf die Einzigartigkeit dieses Gebietes hinwiesen, die Liste der schädigenden Eingriffe in das Biotop Pupplinger Au wurde immer länger und länger. Schon mit der Errichtung des Walchensee-Kraftwerks und der damit verbundenen Umleitung von Isar und Rißbach drehte man der Pupplinger Au

empfindlich den Wasserzufluß ab. Auch der Sylvensteinspeicher, der die Hochwasserstände der Isar kappte, nahm den Auengebieten das, was ihr Charakteristikum war: die immer wieder erfolgenden Überflutungen, die das Wegschwemmen und Neubilden der kleinen Vegetationsinseln verursachten. Außerdem hält der Sylvensteinspeicher zusammen mit dem Stausee von Bad Tölz weitgehend das Geschiebe des Flusses zurück, die Folge davon ist eine sukzessive Vertiefung des Flußbettes, was zu einem Austrocknen jener Vegetationsstandorte führt, die besonders viel Grundwasser brauchen wie zum Beispiel die des Frauenschuhs. Der Zwergrohrkolben ist schon verschwunden, die Deutsche Tamariske wird es bald sein. Im Gefolge dieses Vegetationswandels verarmt auch die Tierwelt; so soll schon die Flußseeschwalbe hier ausgestorben sein und die gefleckte Schnarrschrecke wird bald folgen.
Zwar konnte man besonders hanebüchene Pläne, wie die von 1949 beziehungsweise 1951, ausgerechnet die Pupplinger Au aus wasserwirtschaftlichen Gründen zu überfluten, abwehren, dafür wurde dann halt an anderer Stelle dem Landschaftsschutzgebiet ein empfindlicher Schlag versetzt. So mußte zwischen 1934 und 1938 – wo man allerdings an alles andere denn an Pflanzenschutz dachte – ein Teil des Wolfratshausener Forstes bei Geretsried einem riesigen Munitionsarsenal weichen (erst vor kurzem hat eine Schülerinitiative entdeckt, daß dort noch immer gefährliche Altlasten sich im Boden verbergen). Vor allem aufgrund des Einsatzes von Wilhelm Hoegner, zuerst als Innenminister, später dann als Ministerpräsident, wurde die Pupplinger Au 1951 noch einmal mit Beschluß des Bayerischen Landtages unter besonderen Schutz gestellt. Das konnte aber schließlich auch nicht verhindern, daß eine erbittert bekämpfte Wasserversorgungsleitung für München mitten durch das Auengebiet verlegt wurde. Wie so oft zog auch hier der Naturschutz wieder einmal den kürzeren…

Ostufer Starnberger See

»Alle Sorgen sind verbannt, ist man nur in Ammerland«

Als Vaclav Havel, Dichter und Dissident, nach dem Sturz des Kommunismus als tschechoslowakischer Präsident auf die Prager Burg zog, da hat er, so erzählt man, der Burgwache des Hradschin erst einmal ganz neue Phantasieuniformen anmessen lassen. Er selbst ist, in Jeans und T-Shirt, mit einem knallroten Roller durch die langen Gänge seines Amtssitzes geflitzt. Als ich das las, dachte ich mir: Für einen solchen g'spinnerten Herrscherhof, für eine solche Wolkenkuckucks-Dichterrepublik gäbe es eigentlich nur einen einzigen legitimen Oberzeremonienmeister: Graf Franz von Pocci. Das geht aber nun leider nicht mehr. Pocci ist nämlich schon seit 117 Jahren tot. Hineingepaßt hätte er, denke ich, in diesen umgekrempelten Hradschin, in dem die Phantasie die Macht übernommen hat, auf alle Fälle. Er hätte sich dort mit dem Präsidenten ganz kollegial, so von Dramenautor zu Kasperliadendichter, unterhalten können, hätte seinen Dienstherrn vielleicht mit »Eure Durchseichtigkeit« oder »Ihro Durchlauf« angesprochen, und beide hätten sich königlich amüsiert. Der Vaclav hätte all den hohen Staatsgästen seinen unverzichtbaren Franzl vorgestellt, an jeder Festtafel hätte er dabeisitzen und seine hofnärrischen Bemerkungen machen dürfen (»Soll i 's ebba umdrahn und ungspitzter in Boden einisteßen, de Herrgottsappramenta?«), seine bösen Karikaturen, die er so nebenbei von den Tischgästen auf Servietten, Bierfilzl oder Faxzettel hingeworfen hätte, hätte der Vaclav alle aufgehoben und sorgsamst gehütet. Richtig griabig wär es geworden, beim Regieren. Und der Pocci hätte endlich auf einer Burg wohnen dürfen, was schon immer sein größter Traum war!

Aber es war ihm halt anders aufg'setzt, dem Franz von Pocci. Er hat nicht sollen sein der Zeremonienmeister vom ersten böhmischen Dichterpräsidenten, sondern vom zweiten, dritten und vierten bayerischen König. Unter Ludwig I. war er zuerst Zweiter Zeremonienmeister und Kämmerer, unter Max II. Hofmusikintendant und unter Ludwig II. Oberstkämmerer. Als Zeremonienmeister hatte er über die spanisch-französische Etikette am Hof zu wachen – und das war arg. Seinerzeit ging es in Herrscherhäusern nämlich noch anders zu als beim Vaclav auf dem Hradschin. Da gab es noch für alles, selbst fürs Händewaschen, die striktesten Anstandsregeln, und daß etwa an der Tafel Ludwigs II. auch nur das leiseste Lächeln über eines der Gesichter hätte huschen dürfen, das war völlig undenkbar.

Über all das hatte also der arme Pocci zu wachen. Natürlich war das auch eine Ehre, noch dazu wenn man bedenkt, daß der erst 24jährige schon von Ludwig I. mit einem solchen Amt betraut wurde. Sicher hat dabei auch eine Rolle gespielt, daß schon der Herr Papa, ein italienischer Conte aus Viterbo, als Generalleutenant und Obersthofmeister dem bayerischen Hof gedient hatte. Die Poccis wurden für all diese Dienste schließlich auch reich entlohnt; Ludwig I. überschrieb 1842 Schloß Ammerland der Familie. ›Au net schlecht‹, würde da der Schwabe sagen. Was dieses schnuckelige, kleine Präsent hermacht, davon kann sich noch heute jedermann selbst überzeugen, wenn er die Isar bei Wolfratshausen verläßt, um die paar Kilometer über Münsing bis in die Ortschaft Ammerland zu fahren.

Vater Fabricius konnte das königliche Geschenk nicht mehr so recht auskosten, der Sohn aber nutzte es bis an sein Lebensende als Sommersitz und Rückzugsrefugium, wenn ihm der manchmal doch recht überdrüssige Dienst am Hof zu viel wurde. Schloß Ammerland kam den romantischen Träumereien Poccis aufs vortrefflichste entgegen, schon immer hatte er sich in ein mittelalterliches Leben hineinphantasiert, als Ritter, Burgherr und Minnesänger. Zusammen mit seinem Freund Ludwig Schwanthaler, den er heftig darin bestärkte, sich im Isartal bei Schwaneck eine nachempfundene Burgruine zu bauen, kultivierte er schon in Jugendjahren ritterliche Kumpanei, mit Armbrustschießen und Trinkgelagen, Minnewettsingen und Landsknechtgegrölle. Diese romantische Regression in die Welt der Ritterlichkeit – und das zu einer Zeit, da in den großen Städten die Dampfmaschinen den Takt der neuen Epoche angaben – war durchaus nicht nur ein persönlicher Spleen Poccis, sondern eine allgemeinere Zeiterscheinung. 1833 war Clemens Brentano nach München gezogen, das zu einer Art Zentrum der romantischen Philosophie geworden war. Hier wirkten, nach der Verlegung der Landshuter Universität in die Haupt- und Residenzstadt, Friedrich W. J. Schelling, Franz von Baader und Johann Nepomuk Ringseis. Görres schrieb in München sein Waldmärchen »Gockel, Hinkel, Gackeleja«, das auf einem verfallenen Schloß in der

Nähe Gelnhausens spielt. Der Rheinpfälzer und Wahlmünchner August Becker erregte 1854 mit seinem »Jungfriedel«, einem Versepos aus dem »Volksleben des sechzehnten Jahrhunderts«, beträchtliches Aufsehen, und auch das stockbajuwarische Literatenoriginal Heinrich von Reder, genannt der »Wotan mit dem Schlapphut«, dichtete mit Vorliebe Landsknechtlieder.

Man sieht also, Franz von Pocci war durchaus nicht allein mit seiner ganzjährigen ›Maschkara‹, bei der er sich vornehmlich ins Kostüm des Burgherrn oder edlen Ritter warf. »Und hätt' ich auch an hundert Händ' / Mit Burgen käm ich nie zu End!« sagte der passionierte Zeichner von sich selbst. Seit 1842 brauchte sich nun Pocci seine Phantasien also nicht mehr nur auf kleinen Zettelchen auszumalen, er konnte auf einem echten Schloß residieren:

»Ammerland, 8. August 1855. Werthester Freund! Ein gar schön Sach mag 's gewesen sein, des Abends auf sein Schlößlein einzureiten, so am blauen See gelegen, nit allzuweit von den Bergen, in rothem Wams, mit dem Höslein und Fähnlein, auf einem guten Schimmel. Hör allwegs den Wärter blasen von den Zinnen. Sprangen dann die Knappen hinzu, den Gaul zu halten und in den Stall zu führen. Der Ritter, so abgesessen, geht gleich in die Trinkstuben, wischt sich den Schweiß von der Stirn, läßt sich die langen Spor'n abschnallen und wascht sich weidlich die Gurgel. Dieweilen sein Hausfrau einen guten Imbiß kocht und abends ein Gezech und fröhlich Mahl beginnt.

So war 's.

Wie ist 's?

Der Herr Ritter sitzt in der langweiligen Jägerjoppen, die jeder Ladenschwengel anzieht, wenn er eine Landpartie an den Starnberger See macht, am Schreibtisch und macht Korrekturen für die Buchhandlung Scheitlin in Stuttgart! Und da soll ein Christenmensch, der ein edel Wappenschild in der Stuben hangen hat und im Herzen tragt, nit aus den Unterhosen fahren mögen und [...] an romantischem Fieber die Zehrsucht kriegen?«

Er wußte also selbst, daß es mit der guten, alten Zeit vorbei und man mittlerweile soweit war, daß sogar schon der Plebs im Ausgeh- und Sonntagsloden so mir nichts, dir nichts mit der Eisenbahn an den Starnberger See hinausfahren konnte. Übrigens stimmt es nicht, wie man gelegentlich lesen kann, daß Pocci in seinem künstlerischen Schaffen nicht die geringste Notiz nahm von den technischen und industriellen Entwicklungen seiner Zeit und zum Beispiel in seinen »Schriften kein einziges Mal das Wort Lokomotive« (Franz Weyr) vorkomme. In dem Stück »Eulenschloß« muß sich der Kasperl als Minister mit reichlich dämlichen »Gmoavorstehern« aus der Ortschaft Simpelsdorf herumschlagen, die unbedingt auch eine Eisenbahn wollen, so wie ihre Nachbarn. »Wir haben so viele Krautgärten im Dorf und da kunnten wir halt aa a Kammunikaution von am Verkehrsmittel brauchen«, bringen sie vor.

Franz von Pocci, wie so viele romantisierenden Kritiker der neue Zeit mit ihm, hält halt nichts von der modernen »Kammunikaution von am Verkehrsmittel«, wo jeder überallhin in einem schwindelerregenden Tempo gelangen kann. Er sitzt lieber am Schreibtisch seines Ammerlander Schlosses und entwirft sich auf dem Papier seine eigene Welt. Er hat dies nicht nur in einer Vielzahl von literarischen Werken getan, sondern auch als Aquarellist und Federzeichner, als Buch- und Kalenderillustrator (er zum Beispiel schuf zu Kobells »Brandner Kaspar« die ersten Zeichnungen!) und nicht zuletzt auch als ›Tonsetzer‹. Über 600 Kompositionen soll es vom Grafen Pocci geben, darunter eine Oper mit dem Titel »Der Alchymist«. Doch obwohl ihm sogar Felix Mendelssohn-Bartholdy und Robert Schumann anerkennende Worte zollten, ist dieser Bereich von Poccis Schaffen heute nahezu vergessen.

Der Graf hat so vieles geschaffen, was man heute, wenn überhaupt, nur mehr dem Namen nach kennt. Einer Figur allerdings hat er wahrscheinlich zum ewigen Leben verholfen, dem Kasperl Larifari. Der aus Amberg stammende Joseph Schmid hatte die Idee, ein Marionettentheater für Kinder zu eröffnen, und fragte daher den Hofmusikintendanten Pocci, ob er nicht Puppentheaterstücke für ihn schreiben wolle. Die beiden wurden ein richtiges Team. 45 Kasperlkomödien hat Pocci für das kleine Marionettentheater geschrieben, das ihm gewissermaßen exklusiv zur Verfügung stand (seine eigene kleine Puppenbühne in Ammerland dagegen hat er nur gelegentlich betrieben). Daß Schmid bei Pocci überhaupt mit der Bitte um Stücke angefragt hatte, hängt vielleicht auch damit zusammen, daß der Graf bereits als pädagogischer Autor eingeführt war, man kannte ihn etwa als Verfasser zahlreicher Kinderverse. Aber auch für Erwachsene hatte er Lehrreiches und Erbauliches zu bieten. 1856 zum Beispiel veröffentlichte er ein »Bauern ABC«, in dem er – er hatte dabei vielleicht auch an seine Ammerlander Nachbarn gedacht – dem Landmann und der Landfrau, streng alphabetisch geordnet, die Leviten liest. Unter R wie Regiment heißt es:

»Ein Regiment muß auf der Welt sein, damit nicht Alles aus dem Leim geht! Fangen wir ganz zu oberst an: Wenn unser Hergott nicht die Welt regierte – was könnte da noch Bestand haben? Diese uralte Regierung hat noch keiner umstoßen können und muß sich der Erzrevolutionsmacher Satanas sammt seiner ganzen höllischen unterirdischen und irdischen Compagnie fügen. Zu der letzteren rechne ich alle Atheisten und sonstiges derlei Gesindel, die uns den Glauben abdisputiren möchten.«

Und dieser christkatholische, lehrmeisterliche Pocci stellt für das Marionettentheater des Joseph Schmid plötzlich einen Hallodri auf die Bühne, dem anscheinend gar nichts mehr heilig ist – außer seinem Bier und seinen Knackwürsten. Sicher: Die Figur des Kasperl Larifari, wie ihn Pocci kreiert hat, ist nicht ohne Vorläufer. Wahrscheinlich hat er etwas mit der Figur des Hofnarren zu tun; zum ersten Mal als Typus tritt er in der italienischen Commedia dell'arte auf, in der Rolle des durchtriebenen Dieners Pulcinello. Der Wiener Humor dann mutierte ihn zum flegelhaften Hanswursten, dessen vulgäres Auftreten schließlich dazu führte, daß er wieder von der Bühne verbannt wurde. Da aber Volkstheater ohne ›an Hamur‹ eine recht fade Angelegenheit ist, kam ein Wiener Schauspieler auf die Idee, den unflätigen Hanswursten zum etwas moderateren Kasperl umzugestalten. Als solchen konnte ihn auch Franz von Pocci beobachten, geradewegs von seinem Fenster aus, denn Poccis Stadtwohnung am heutigen Maximiliansplatz lag genau dort, wo die Dult stattfand, und zu der gehörte einfach der Dult-Kasperl. Den fand der Graf zwar immer noch eine Idee zu derb, als »aufmerksamster und teilnehmendster Zuschauer« desselben nahm er ihn jedoch als Vorbild zu seinem Kasperl Larifari, der von sich selbst sagt, er sei »bedoitend foiner und fürnehmer geworden«. Auf jeden Fall ist er auch anspielungsreicher geworden, im Grunde keine reine Kinderfigur mehr. Sein unentwegtes ›saudummes‹ Dahergerede, das in der bayerischen Literatur Tradition hat, man denke nur an Valentin, seine Kalauer und Wortverdrehungen nehmen einfach alles auf die Schippe, sei es das steife Hofzeremoniell oder die Beamtenbürokratie; aber auch Goethes »Faust« wird nicht verschont ebenso wie die verblasene Mystik Richard Wagners.

Carl Amery, der die feinsinnige, hochgelahrte bayerische Literatur wie kein anderer vertritt, hat in seinem eigentlich zur Pflichtlektüre zu erhe-

Lovis Corinth (1858-1925):
Walchensee, gelbe Wiese. 1921, Öl auf Leinwand, 70 x 85 cm,
Bayerische Staatsgemäldesammlungen, Neue Pinakothek, München.

Johann Georg von Dillis (1759-1841):
Walchensee mit Jochberg. Um 1825/30, Öl auf Kupfer, 34 x 46,5 cm,
Privatbesitz.

Wassily Kandinsky (1866-1944):
Kochelsee bei Schlehdorf. 1902, Öl auf Leinwandkarton, 32 x 23,8 cm
Städtische Galerie im Lenbachhaus, München.

Heinrich Bürkel (1802-1869):
Bei Schlehdorf am Kochelsee. Um 1832/35, Öl auf Papier, 27,2 x 38,3 cm,
Staatliche Graphische Sammlung, München.

Leopold Rottmann (1812-1881):
Partie an der Isar bei Lenggries. 1877, Aquarell, 27,8 x 39,4 cm,
Staatliche Graphische Sammlung, München.

Joseph Wenglein (1845-1919):
Kalksteinsammlerinnen im Isarbett bei Bad Tölz. 1883, Öl auf Leinwand, 135 x 210 cm,
Bayerische Staatsgemäldesammlungen, Neue Pinakothek, München.

Max Josef Wagenbauer (1774-1829):
Ostufer des Starnberger Sees. 1813, Öl auf Leinwand, 134 x 164 cm,
Städtische Galerie im Lenbachhaus, München.

Max Pfaller:
Isar und Isarkanal bei Grünwald. 1979,
Acryl auf Holz, 88 x 85 cm, Privatbesitz.

benden Buch »Leb wohl geliebtes Volk der Bayern« den Versuch unternommen, das Wesen dieses Volksstammes näher einzugrenzen. Daß er dabei auf den Kasperl des Grafen Pocci kommt, will schon einiges heißen: »Kasperl Larifari: Das ist ein bayerischer Archetypus. [...] Er lebt die Verweigerung nicht nur, er ist sie. [...] Dumm ist er keineswegs, aber was er aufschnappt an Signalen von draußen und oben, an dummen Weisheiten und weisen Dummheiten, an moralischen Befehlen und kategorischen Imperativen jeder Art, das dreht er durch den Wolf seines Entertainer-Talents und verwandelt alles in das, was die Masse als einziges liebt und annimmt: in Spektakel.« Vergessen wir ihn also nicht, den Münchner Kasperlgrafen mit italienischer Abstammung, wo er uns doch »eine eminent baierische Figur« (Amery) geschenkt hat.

Den Sozialismus auf den Rücken geprügelt bekommen

Der Kasperlgraf Pocci war beileibe nicht der einzige Künstler, der sich am Ostufer des Starnberger Sees niederließ. Alle drängte es hierher: den Bayerwalddichter Maximilian Schmidt, den aus Bad Oldesloe/Schleswig-Holstein stammenden Waldemar Bonsels (er schrieb die »Biene Maja«), den Niederbayern Herbert Achternbusch, den gebürtigen Sachsen Michael Krüger, den Thüringer Tankred Dorst mit seiner Lebens- und Schreibgefährtin Ursula Ehler, den Brandenburger Vicco von Bülow und den aus Oberhausen im Ruhrpott stammenden Tilman Spengler. Nur einer wollte weg von hier. Unbedingt. Ist mit 17 Jahren ausgerissen, geflüchtet in die große Stadt. Im Unterschied zu den anderen ist er nämlich hier geboren, aufgewachsen. Hat das Land und seine Leute kennengelernt. Man hat ihm hier den Sozialismus auf den Rücken geprügelt, wie er in Anlehnung an Maxim Gorki selbst gesagt hat. Was soll einen also noch zurückhalten, an diese ›Heimat‹ binden? Als der gewalttätige, um einiges ältere Bruder ihn wieder einmal dermaßen zusammenschlug, daß er längere Zeit bewußtlos am Boden liegenblieb, raffte er sich schließlich im doppelten Wortsinn auf: »Ich stand auf, putzte mich sorgsam ab, schlich in den Stall hinunter, ließ kaltes Wasser über meinen brummenden Kopf rinnen und wusch mich frisch. Wieder in der Gesellenkammer, zog ich meine Sonntagskleider an, holte mein Sparkassenbuch aus der Matratze des Gesellenbettes und machte mich auf den Weg nach Aufkirchen, denn dort war die Sparkasse. Mein Entschluß war gefaßt: Ich gehe.«

Zurückgekehrt ist Oskar Maria Graf in sein Elternhaus nach Berg nur mehr besuchshalber. Die erste Zeit konnte er sich nicht mehr heim trauen, war er doch klammheimlich ausgerissen und hatte sogar noch das Nötigste für seine Flucht im Geschäft des Bruders ungefragt mitgehen lassen. Später ist er dann als Vagant durch die Welt gezogen, war bei den Naturaposteln in deren Kommune bei Ascona, hielt sich in Berlin auf, kam im Ersten Weltkrieg an die Ostfront, simulierte den Verrückten und wurde ins Irrenhaus gesperrt. 1933 dann haben ihn die Nazis endgültig heimatlos gemacht, über Zwischenstationen landete er schließlich in New York. Dort lernte er nie richtig Englisch, hatte einen bayerischen Stammtisch und ließ sich Nachrichten aus der alten Heimat schicken. An seine Schwester Therese schrieb er: »Deine Schilderung, was jetzt in Berg alles erstanden ist, liebe Resl, hat mich sehr interessiert. Mein Gott, das wird ja rein städtisch. [...] Und nun ist natürlich in Berg bereits der Idiotenlärm wildgewordener Sommerfrischler und Fernautler, ich kann mirs denken.« Da blieb er doch lieber in seiner Hillside Avenue, wo es so idyllisch und ruhig war, »wie auf einem mittleren einstigen bayerischen Dorf, könnt Ihr Euch das vorstellen«.
Das Verhältnis Oskar Maria Grafs zu Berg ist also kein ganz einfaches. (Allerdings umgekehrt auch nicht: Als man dort eine Straße nach ihm benennen wollte, gab 's anfänglich beträchtlichen Widerstand, angeblich weil man dann alle Briefköpfe, Stempel, Firmenanschriften etc. ändern müßte!) Dennoch wäre es falsch zu glauben, Oskar Maria Graf war eben ›fertig‹ mit Berg, als er es 17jährig für immer verließ. Im Gegenteil: Seine Kindheits- und Jugendjahre haben ihn bis zum Schluß beschäftigt, er hat sie in mehreren Büchern geschildert, und selbst dort, wo er nicht vordergründig autobiographisch schrieb, griff er doch immer wieder auf seine Erfahrungen gerade mit diesem Menschenschlag zurück. Seine »Haltung gegenüber der Welt«, die »Grundausstattung seines Lebens«, so Gerhard Bauer in seiner großen Werkbiographie, erhielt Graf in Berg.
Graf selbst hat von der »glücklichen Mischung« gesprochen, die er in seinen beiden Eltern vorfand und die ihn nachhaltig prägte. Die Mutter stammte von einem »einsamen Bauernhof in Aufhausen« ab, auf dem die Heimraths schon seit Jahrhunderten wirtschafteten. Das Leben der Mutter, dem Graf sein schönstes Buch und überdies eines der wichtigsten der bayerischen Literatur überhaupt gewidmet hat, steht beispielhaft für den bayrisch-bäurischen Stamm: Aus einer tiefen Religiosität heraus duldsam

ergeben gegenüber allen Schicksalsschlägen, bezog sie ihren ganzen Lebenssinn ausschließlich aus der Arbeit. Das bedeutete zuerst und vor allem die Aufzucht von acht Kindern (drei weitere starben im frühen Kindesalter) sowie von Enkelkindern und weiteren Pfleglingen aus der Großfamilie. Nicht daneben, sondern auf gleicher Stufe stand die Sorge für eine kleine Ökonomie mit Kühen, Schweinen und Feldern, die sie unbedingt noch neben der Bäckerei her bewirtschaften wollte. Es ist wirklich nicht übertrieben, bei einem bäurischen Menschen wie Therese Graf davon zu sprechen, Tiere und Menschen seien ihr gleich viel wert gewesen. Die einen bekamen nicht mehr Aufmerksamkeit und Fürsorge, wie die anderen. Ihre ganze Liebe drückte sie durch ihr unermüdliches Werkeln und die Zubereitung eines besonders guten »Fresserts« aus. Für die Viecher war es das extra Schüppel Heu, für die Kinder die Schmalznudeln. Wenn sie letzteren einmal über das Haar strich, war das schon das Höchste an Mutterliebe.

Der Vater dagegen brachte etwas Aufgeklärt-Weltmännisches in die Familie. Sein Großvater hatte noch in München als Stellmacher und Pferdehändler gearbeitet, ehe er an den Starnberger See hinauszog. Die Kommentare des Vaters etwa über Kirchenfragen oder die hohe Politik, in denen er das Heilige, Hehre und Vaterländische auf die niedrigsten Triebe wie Machtgier und Raffsucht zurückführte, müssen den jungen Oskar schon früh mit einem Gefühl für Renitenz und Rebellentum infiziert haben. Später, im amerikanischen Exil, als er »Das Leben meiner Mutter« schrieb und sich noch einmal mehrere hundert Seiten lang mit der Berger und Aufhausener Vergangenheit beschäftigte, erklärte er das Ketzertum des Vaters damit, daß die Grafs wahrscheinlich einer aus dem Salzburgischen vertriebenen Gruppe von Waldensern angehörten. Diese im Ursprung südfranzösische Reformersekte war »eine soziale Gemeinschaft von Gleichen, in welcher der Grundsatz des gegenseitigen Helfens oberstes Gesetz war. Sie lebten – jeder von ihnen ein schönes Beispiel dafür – fromm, brüderlich und friedlich mit allen Menschen zusammen, waren bedürfnislos, tüchtig, nüchtern und ungemein fleißig.« Zumindest letzteres traf auch auf Max Graf zu, dem ein ungemein agiler Unternehmergeist zu eigen war. Er baute seinen Laden zur »Colonialwarenhandlung, Bäcker & Mehlberei« aus, wie es über Schaufenster und Eingangstüre geschrieben stand. Er erkannte stets den Zug der Zeit, so als er Konditor-Schleckereien mit in sein Angebot aufnahm, um den Wünschen der Ausflügler, die nun immer öfters in Berg auftauchten, entgegenzukommen. Max Graf war einer der ersten, die in Berg elektrisches Licht hatten – eine Neuerung, der Therese Graf äußerst skeptisch gegenüberstand. Wer ein so erfolgreicher Unternehmer war und von der hohen Politik sowieso nichts hielt, konnte es sich sogar erlauben, den vom König angebotenen Titel des »Hoflieferanten« auszuschlagen.

Bei all diesem gründerzeitlichen Drang, sich etwas aufbauen zu wollen, blieb naturgemäß nur mehr wenig Zeit für die acht Kinder, die sich wohl eher gegenseitig auf- und erzogen haben. Daß diese Lehrjahre bei den Geschwistern eine harte Schule waren, hat Graf ausführlich beschrieben. Und sie waren auch eine Erziehung zum kindlichen Anarchismus, zum gesetzlosen Treiben der »Dorfbanditen«. Immer wieder tauchen die mehr oder weniger harmlosen Jugendstreiche in Grafs Jugenderinnerungen auf, das reicht vom üblichen Schabernak über Sachbeschädigung bis zur Wilderei. Daß all dies auch ein Ventil war, die Erniedrigungen und Schläge des älteren Bruders Lenz an andere, Schwächere weiterzugeben, macht Graf durchaus deutlich. Er hat über seinen eigenen Menschenhaß, der ihm durch die Tyrannei anderer eingeimpft wurde, freimütig geschrieben. Überhaupt stellte Graf gern einen Zusammenhang zwischen dem christkatholischen Bußsakrament und seiner Art von Bekenntnisliteratur her: im Grunde sei sein ganzes Werk eine in aller Öffentlichkeit abgelegte Beichte, aufgezeichnet mit »bohrender Verbissenheit«.

Graf hat sich selbst – stellvertretend für all die anderen – derart entlarvt und bloßgestellt, »daß es mir vor mir selbst unsagbar graute«. Er hat sich in »Wir sind Gefangene« als wehrkraftzersetzender Simulant und betrügerischer Schwarzmarkthändler geschildert, als prinzipienloser Vielschreiber und moralloser Bohemien. Mit einer typisch altbayerischen Auffassung von der Schlechtigkeit des Menschen hat er sich allerdings wahrscheinlich weitaus sündiger dargestellt, als er wirklich war. Ich habe das schon von vielen bayerischen Katholiken gehört, daß sie sich als Kinder angeblich begangene Sünden zusammenphantasiert haben, um nur ja nicht mit leerem Beichtspiegel dazustehen. Vielleicht verhält es sich ähnlich mit Grafs Darstellung seiner Jugend, wie er sie zum Beispiel mit dem Erinnerungsbuch »Größtenteils schimpflich« gibt. Angeblich soll der Buchtitel auf einen Zeugniseintrag zurückgehen und das ungezogene Betragen des Buben wiedergeben. Wie der gewissenhafte und kenntnisreiche Biograph Gerhard Bauer aber anhand der Schulzeugnisse nach-

forschte, hieß der Eintrag unter der Rubrik »sittliches Betragen« ganz anders, nämlich meist »sehr lobenswürdig«.
Wie diese 17 Jahre in Berg für Oskar Maria Graf wirklich ausgesehen haben, ist mangels ausreichender authentischer Quellen nicht mehr zweifelsfrei zu rekonstruieren. Man kann sich lediglich auf seine eigenen autobiographischen Bücher stützen. In denen hat Graf seine Kindheit und Jugend als einen Weg vom Dunkel ins Licht beschrieben. Sicher hat sich mit der Flucht nach München nicht alles schlagartig verändert, und Graf mußte auch dort erst teures Lehrgeld bezahlen; die Befreiung von seiner dörflichen Herkunft aber war ein entscheidender Schritt. Gleichzeitig blieb er dieser Herkunft trotz der gewonnenen Distanz stets verbunden, ja letztlich schlug er sein ganzes schriftstellerisches Kapital daraus. So wenn er sich in der Anfangsphase seiner Autorenkarriere eher ironisch als Provinzschriftsteller und »Spezialist für ländliche Sachen« anpries, aber auch später bei der Arbeit an seinem großen Epos »Das Leben meiner Mutter«. Weil er das Bauernvolk zwischen Starnberger See und Isar aus eigener Erfahrung so haarklein kannte, konnte er auch das Exemplarische daran erkennen. Auf einer Reise durch Georgien mußte Graf angesichts der russischen Bauern immer wieder an seine Mutter, an ihr Leben im bayerischen Oberland denken. »Meine Mutter ist nur eine alte Bäuerin, sonst nichts. Tiflis ist wie sie.« Er ahnte wohl, daß er mit seinem Buch über sie etwas Allgemeingültiges schuf. »Mag sein, daß damit das Leben der Mütter in allen Ländern erzählt worden ist.«

War es Selbstmord, Unfall oder Mord?

»Im Dorf tauchten überall Gendarmerie-Patrouillen auf. [...] Jeder Mensch war eingeschüchtert und empört, und in mancher Stube schimpfte einer: ›[...] Ganz insgeheim wollen sie ihn umbringen wie einen Lumpen! Diese Sippschaft! Gift wollen sie ihm einfach geben, die Lumpen, die windigen!‹ Viele Gerüchte kamen auf und machten die Runde.« So beschreibt Oskar Maria Graf in »Das Leben meiner Mutter« die Stimmung Pfingsten 1886 bei den Bauersleuten in Berg und Umgebung. Die Lage war wirklich außergewöhnlich und besorgniserregend. Es bestand eine Ausgangssperre für die Bewohner von Berg, nach Einbruch der Dunkelheit durfte niemand mehr gesehen werden. Seit den Mittagsstunden des 12. Juni weilte im nahegelegenen Wittelsbacher Schloß, das direkt am Seeufer lag, Ludwig II. – nicht mehr als König von Bayern, sondern als ein

unter Kuratel gestellter Verrückter. Ein psychiatrisches Gutachten, unterschrieben von vier Ärzten, attestierte ihm eine paranoide Schizophrenie. Die braven Untertanen scheinen es besser gewußt zu haben: Auf die Seite räumen wollte man ihren König!
Warum sie in Nibelungentreue weiterhin zu ihm standen und sogar, wie Graf es schreibt, in jenen Junitagen zu den Waffen gegriffen hätten, »wo 's gegen unsern König geht«, ist eines der vielen Rätsel bayerischen Untertanengeistes. Denn wo und wie war dieser vierte Wittelsbacher auf dem bayerischen Königsthron förderlich für Land und Leute in Erscheinung getreten? 1866 und 1870, in den beiden Bayern aufgezwungenen Kriegen, hatte er jeweils seinen kleinen Bruder Otto vorgeschickt, er solle die bayerischen Truppen anführen. Der König selbst indes zog sich auf sein Schloß Berg oder auf die Roseninsel zurück und versuchte, bei künstlichem Mondschein und Feuerwerken auf andere Gedanken zu kommen. Natürlich ließ er sich auch in Versailles bei der Kaiserkrönung Wilhelms I. von Otto vertreten, ja er spielte sogar wie schon 1866 mit dem Gedanken, zugunsten seines Bruders den Königsthron zu räumen. Nur machten sich bei Otto schon die ersten Anzeichen seiner schweren geistigen Erkrankung bemerkbar. Das konnte selbst Ludwig nicht übersehen, der nichts eher gewünscht hätte, als die quälende Regentschaft, die er als 18jähriger übernehmen hatte müssen, wieder abzugeben. (Übrigens macht diese Tatsache schon nachdenklich, was die These vom Selbstmord Ludwigs im Starnberger See betrifft. Durch seine Entmündigung hatte er doch endlich erreicht, was er wollte. Und daß man als abgedankter Monarch auch ganz kommod leben konnte, sah er doch an seinem Großvater, der über die Lola-Montez-Affäre gestrauchelt war. Angeblich machte sich Ludwig II. schon Gedanken über ein Leben im Austrag, irgendwo in Kärnten oder in der Steiermark. Warum also sich umbringen? – Weil es darauf keine befriedigende Antwort gibt, werden in letzter Zeit wieder Stimmen laut, der König sei ermordet worden. Nun fordert man sogar die Exhumierung des in der Münchner St.-Michaels-Kirche ruhenden Leichnams.)
Als besonders verantwortungslos muß man Ludwigs Weigerung ansehen, selbst nach Versailles zur Kaiserproklamation zu reisen. Er mußte doch wissen, daß sein Bruder, der ihn inständig beschworen hatte, »das Schreckliche nicht zu tun« und dem Preußenkönig nicht die Kaiserkrone anzubieten, diesen Akt der Selbsterniedrigung kaum durchstehen würde.

Und tatsächlich brach der bereits psychisch instabile Otto im Spiegelsaal von Versailles fast zusammen, es ging das Gerücht, er habe »infolge einer plötzlichen Diarrhöe ein degoutantes Malheur gehabt«. Ludwig indes saß daheim in Bayern und wartete auf die vereinbarte erste Zahlung aus Bismarcks Reptilienfond, mit der er sich seine Zustimmung zur preußischen Vormachtstellung hatte abkaufen lassen. Seinem Verhandlungsführer in Versailles, dem Bayerischen Premierminister Graf von Bray, hatte er die allerdurchlauchtigste Erwartung mitteilen lassen, »es werde gelingen [...], für seine Majestät 2 Millionen zu ermitteln«. Als dies nicht der Fall war, weil man diese Amigo-Vereinbarung so offiziell und für jedermann ersichtlich nicht abwickeln konnte, schickte Ludwig Graf Max Holnstein zu Bismarck und der handelte ein Gentleman's Agreement aus. Von da ab fuhr der Oberstallmeister jedes Jahr nach Berlin und holte 300 000 Reichsmark als Leibrente für seinen König ab. Streng vertraulich, versteht sich!
Vielleicht war es wirklich eher so, wie einer der psychiatrischen Gutachter meinte: Ludwig II. litt gar nicht an einer psychischen Krankheit, er war durchaus fähig, die Dinge zu überblicken und sich politisch-taktisch zu verhalten – nur halt immer zu seinen eigenen Gunsten. (Beziehungsweise er konnte gar nicht mehr unterscheiden zwischen seiner Person und dem Staat, verhielt sich gemäß der Maxime seines großen Idols, des Sonnenkönigs Louis XIV., »L'état c'est moi«.) Franz Carl Müller, Assistenzarzt von jenem Bernhard von Gudden, der zusammen mit Ludwig im See umkommen sollte, nannte dies ein ›moralisches Irresein‹ – und das wenn Entmündigungsgrund genug wäre, hätte noch manch anderer Herrscher ins Irrenhaus gehört!

Man kann nun einwenden, Ludwig II. sei eben ein genialischer Mensch gewesen, nicht mit üblichen Maßstäben zu bewerten, mehr Künstler als Regent, der richtige Mann am falschen Platz gewissermaßen. Er hätte vielleicht sein eigener künstlerischer Berater sein müssen, des Königs Architekt und Baumeister, eine Art Kultusminister. Doch wie weit war es her mit dem Kunstsinn Ludwigs II.? Was nahm er – außer der verquasten Mythologisiererei Richard Wagners – wahr von dem, was auf künstlerischem Gebiet vor sich ging? Johannes Brahms, Franz von Liszt, Anton Bruckner waren seine Zeitgenossen... erregten sie überhaupt seine Aufmerksamkeit? Bekam er mit, daß während seiner Regentschaft Männer wie Franz Defregger, Max Liebermann und Franz von Lenbach in München schufen und unterrichteten? Was war aus der Tradition der

»Symposien« geworden, zu denen sein Vater Max II. noch regelmäßig Künstler, Gelehrte und Wissenschaftler eingeladen hatte? Es hätte einen Franz von Kobell, einen Paul Heyse und viele andere gegeben, die man zu sich hätte bitten, die man mäzenatisch hätte fördern können.
Statt dessen flüchtete Ludwig in menschenleere Gegenden, nach Linderhof und Neuschwanstein, um dort sein Bauprogramm einer utopischen, zeit- und ortsfernen Gegenwelt zu realisieren. Ob dies alles überhaupt zu der von ihm angeblich so geliebten Bergwelt paßte, ob es eine ästhetische Einheit ergab, stellt auch der Professor für Bayerische Geschichte, Friedrich Prinz, in Frage. Den schwülen orientalischen Prunk des Schachenhauses nennt er »ästhetisch gesehen einen Schlag ins Gesicht der grandiosen Alpenwelt, so daß man sich ernstlich fragen muß, ob der König überhaupt eine innere Beziehung zu den Bergen und ihrem liebenswerten Menschenschlag besessen hat«. Wahrscheinlich nicht. Und was den einfachen Menschenschlag anbetrifft, so zeigte der König nur höchst gelegentlich landesväterlich-herablassende Leutseligkeit, war ansonsten aber vom Pöbel eher angewidert und wünschte, daß »der Blick des Volkes«, seine entlegenen Traumwelten nicht »entweihen, besudeln« solle.
Führt man sich all dies vor Augen, wird es immer rätselhafter, warum ausgerechnet Ludwig II. zu jener Devotionalie werden konnte, die jeder weiß-blaue Patriot heute auf seinem rustikalen Hausaltar stehen hat. Carl Amery meint, die Story vom Märchenkönig habe eben alle Ingredienzen, die wir von keltischen Heldengeschichten her kennen, etwa der Artussage. Es trifft in der Tat alles auf Ludwig II. zu: »überhöhtes, mythisches Königsgefühl in rabenschwarzer Zeit, geheimnisvolle Ohnmacht, Unordnung und Lehensverrat unter den Gefolgsleuten, Rückzug in Grotten und Einsamkeit – all dies gekrönt durch einen unheimlichen, immer noch nicht schlüssig aufgeklärten Tod im See Avalon« (C. Amery). Demnach wäre Ludwig II. längst von einer authentischen historischen Person mutiert zu einem Ritter jener imaginären Tafelrunde, an der all die Sagengestalten Platz genommen haben, die die Phantasie der Menschen anregen. Das ist erfreulich für alle königlich-bayrischen Devotionalienhändler, seien sie nun Betreiber von Souvenirläden oder Bavaricaschreiber, und es ist sicher umsatzfördernd für in den Mythen gründelnde Filmemacher; ob es zu einer ehrlichen Aufarbeitung bayerischer Geschichte und damit zu einem nicht nur aufgesetzten Selbstbewußtsein führt, darf eher bezweifelt werden.

Grünwald / Höllriegelskreuth / Pullach

»Der Isartalverein ist kein Kampfverband«

Der Münchner Bäckermeister Anton Seidl hatte zwei wohlgeratene Söhne, den Emanuel und den Gabriel. Beide wollten sie etwas Künstlerisches werden. Die Flausen trieb ihnen der Vater allerdings aus, zum Beispiel dem Gabriel dadurch, daß er ihn an eine Werkbank in der Maffeischen Maschinenfabrik schickte. Schließlich wurden beide Architekten – und zwar solche mit einer sozialen Ader, die nicht vergessen haben, daß man für den Menschen baut, für dessen Bedürfnisse und nicht, um die eigene Egozentrik und Genialität zur Schau zu stellen. Emanuel von Seidl scheint sogar ein richtiggehender Sozi gewesen zu sein, inszenierte er doch am 17. November 1918 eine regelrechte Revolutionsfeier im Nationaltheater, bei der Beethoven gespielt wurde und Kurt Eisner eine Rede hielt. Doch das nur als marginale Anmerkung, Eisner-Freunde kommen ja immer schnell in den Verdacht, bestenfalls g'spinnerte Luftikusse oder tagträumerische Weltverbesserer gewesen zu sein. Daß sich Emanuel von Seidls Menschenliebe nicht nur in Proklamation und Theorie erschöpfte, mag vielleicht der Hinweis verdeutlichen, daß er dem »Verein Zoologischer Garten« einen von ihm entworfenen Gestaltungsplan schenkte, nach dem schließlich der Tierpark Hellabrunn angelegt wurde. Emanuel von Seidl ist es also zu verdanken, wenn jährlich weit über eine Million Besucher in Harlaching an der Isar eine »seltene Mischung von Tierwelt, urwüchsiger Landschaft, Kunst und Stadtbild« erleben dürfen, wie es Hans Brandenburg einmal schwärmerisch ausdrückte.

Und der Bruder Gabriel? Der setzte sich mit dem damals noch gar nicht lange bestehenden »Isartalverein« dafür ein, daß der Tierpark Hellabrunn überhaupt entstehen konnte. Geplant war nämlich an dieser Stelle eine Nietenfabrik. Schließlich gab die Stadt das Areal dem »Verein Zoologischer Garten« zur unentgeltlichen Pacht. Das Rauschen der Isar, an der immerhin schon im Jungtertiär Zitzenzahn-Elefanten und Säbelzahn-Tiger, ja sogar Krokodile und Affen gelebt hatten, konnte also mit dem Gebrüll der Löwen und dem Trompeten indischer Elefanten konzertieren und mußte nicht gegen das Hämmern der Stanzmaschinen ankämpfen. Ein Verdienst des »Vereins zur Erhaltung der landschaftlichen Schönheiten in der Umgebung Münchens, besonders des Isartals«, wie Gabriel von Seidls frühe Bürgerinitiative genaugenommen hieß. Letzten Anstoß zur Gründung dieser Vereinigung gab das Bekanntwerden von Plänen, daß die Isar zum Zwecke der Stromgewinnung südlich von München kanalisiert werden solle. Da verfaßte Seidl, der nach langer Zeit wieder einmal das Isartal besucht hatte und entsetzt war über die Veränderungen, einen Aufruf, der am 16. Februar 1902 in den »Münchner Neuesten Nachrichten« veröffentlicht wurde:

»[...] Zwischen Stacheldrähten und Bauplanken, Kiesdämmen und zahlreichen Tafeln, welche ›das Betreten der Baustelle‹ verbieten, war ich nur bis zu jener Schöpfung gekommen, benannt ›Isarwerk G.m.b.H.‹ – Ich hatte genug. Hier ist nichts mehr zu retten, nichts mehr gutzumachen. [...] Es geht das Gerücht, daß noch weitere, wunderbare Baumgruppen isaraufwärts beseitigt werden sollen, ja, die Verbauung der Isarhöhen bis nahe an den Rand soll beabsichtigt sein. Wird man auch diese ›praktische Ausnützung‹ des Isarthales zulassen? Ich fürchte, man wird auch dazu schweigen. Ich selbst habe lange geschwankt, ob ich mit diesen Zeilen vor die Öffentlichkeit treten soll. Rücksichten mancher Art ließen es nicht rathsam erscheinen. Trotzdem habe ich es für eine Ehrenpflicht gehalten, meinen Mitbürgern zu berichten, was ich gesehen habe, meinen Mitbürgern die bange Frage vorzulegen: Was kann, was soll geschehen, um unseren Kindern wenigstens einen Theil des schönsten Erbgutes ihrer Heimat zu retten, des Isarthales?«

Eine richtige Bürgerinitiative wurde der »Isartalverein« dann aber doch nicht, weil es Politiker schlau genug anstellten und schon von Anfang an den Verein ›unterwanderten‹: die Münchner Stadtoberhäupter waren genauso Gründungsmitglieder wie der Bayerische Innenminister, Graf von Feilitzsch. Es darf von daher nicht groß verwundern, daß der geprobte Aufstand gegen den Kraftwerkskanal naturgemäß scheiterte. Gabriel von Seidl, von Gründungsbeginn bis zu seinem Tod 1913 Vorsitzender des »Isartalvereins«, mußte sich immer wieder Kompromisse abhandeln lassen. Ob es letztlich ein Vorteil war, daß er mit dem Innenminister und anderen Honoratioren speziell war und »Rücksichten mancher Art« nehmen mußte, läßt sich schwer sagen. Jedenfalls, wenn es hieß, entweder der Verein beteilige sich am allgemeinen Fortschritt oder die mächtigen

Gründungsmitglieder sagen sich »auf das Schärfste von ihm los«, wie es ein Münchner Magistrat in einem Brief an Seidl ausdrückte, dann lenkte man schnell ein. »Der Isartalverein ist, um dies noch einmal zu betonen, kein Kampfverband, er wollte es nie sein«, heißt es in der Festschrift zum 25jährigen Jubiläum des Vereins. Und weil das so ist, können die beiden Autoren Arne Andersen und Reinhard Falter in einem Beitrag zu dem Buch »München – Musenstadt mit Hinterhöfen« relativ scharf urteilen: »Auf die notwendigen Auseinandersetzungen sowohl mit der Industrie wie mit der Stadtverwaltung hatte der Verein verzichtet; so verspielte er seine Chance, aktiv gegen den menschlichen Mißbrauch der Natur tätig zu werden. [...] Vom Kampf um die Erhaltung des ursprünglichen Isartals blieb ein Wanderwege anlegender Verschönerungsverein übrig.«
Sicher, der »Isartalverein« ist kein Greenpeace- oder Robin-Wood-Vorläufer. Gabriel von Seidl und seine Nachfolger versuchten es auf die honorige Art. Man bat Freunde und Gönner, mit denen man auch persönlich verbandelt war, um Unterstützung – und sie gaben sie ja auch bereitwillig. Die Industrie und das Großbürgertum, adelige Kreise und der Prinzregent Luitpold, sie alle spendeten Seidl und seinem Verein. Mit den Geldern erwarb man nach und nach Grundstücke entlang der Isarufer, um sie vor Bebauung und industrieller Nutzung zu schützen. So gelang es Seidl noch kurz vor seinem Tod, die sogenannte Schloßleite nördlich der Grünwalder Burg zusammen mit der Stadt München zu erwerben und von jeglicher Bebauung für die Zukunft freizuhalten.

»Nur die Geister von densölben, spuken nachts in den Gewölben«

Als am 4. März 1924 in den Kammerspielen Karl Valentins »Raubritter vor München« uraufgeführt wurde, kam damit ein Stück auf die Bühne, für das der sonst von allerlei Ängsten und Katastrophen-Vorahnungen heimgesuchte Schwarzseher ungewöhnliche Recherchen auf sich genommen hatte. Valentin, für den »das Verwirklichen neuer Ideen [...] immer mit umfangreichen Studien verquickt war«, wie sein Bühnenmeister einmal in einem Programmheft zu den »Raubrittern« verriet, war in die schummrigsten Gewölbe und fauligsten Kerker der Burg Grünwald hinabgestiegen – was er genau dort suchte, wußte er vielleicht selbst nicht. Den angeheuerten Arbeitslosen, die ihm suchen und wühlen helfen sollten, erzählte er, dort unten lägen verborgene Schätze vergraben. Vielleicht ging 's ihm aber auch gar nicht um den Schatz, und er wollte sich mit dieser Katakomben-Expedition nur einer besonders grausligen Stimmung aussetzen, sozusagen als Inspiration, etwa für sein später so bekanntes »Raubritterlied«:

In Grünwald im Isartal
Glaub'n Sie 's mir, es war amal
Da habn edle Ritter ghaust,
Dene hat 's vor gar nix graust.

Zu der Zeit allerdings, wo Valentin zwischen Spinnweben in den Kellern der Burg herumgekrabbelt ist, haben dort schon längst keine Raubritter mehr gehaust (ehrlich gesagt, gab 's die überhaupt nie auf Burg Grünwald), sondern die Familie Zeiller. Paul Zeiller senior und Paul Zeiller junior waren beide unter anderem einer ausgefallenen Profession nachgegangen, die Valentin höchstwahrscheinlich brennend interessiert haben dürfte: Beide verfertigten Wachsfiguren für Panoptiken (der Senior war überdies noch Bildhauer und Königlicher Professor an der Kunstakademie, Abteilung Anatomie, der Junior lebte schon ausschließlich von den Wachsfiguren). Tatsächlich hat Valentin aus dem Nachlaß des Sohnes ein paar Exponate für sein Gruselpanoptikum erworben, das er 1934 in den Kellerräumen des Hotels Wagner eröffnete.
Im Jahr 1879, in dem der ›Schwob‹ Paul Zeiller die Burg erwarb, muß sie in einem ziemlich romantischen, man kann auch sagen verwahrlosten Zustand gewesen sein. Die Schwalben sollen schon in den Wohnräumen genistet haben. Seit etlichen Jahrzehnten wußte niemand mehr so recht etwas anzufangen mit dieser Veste, die immerhin neben Blutenburg, Wasserburg und noch ein, zwei anderen Schlössern die besterhaltene Befestigungsanlage aus gotischer Zeit ist. Die Burg hatte also schon ein langes Leben hinter sich, hatte den Wittelsbachern als Rückzugsrefugium, Alters- und Witwensitz, aber auch als Jagdschloß und gewissermaßen Sommerfrische gedient. Erst als dann in Nymphenburg und Schleißheim die münchnerischen Pendants von Versailles entstanden und man den überkandidelten französischen Stil weitaus mehr schätzte als gotische Trutzarchitektur, deren Fundamente aus Isarkieseln und Nagelfluh gemauert worden waren, kam Burg Grünwald seinen adeligen Besitzern mehr und mehr aus den Augen, aus dem Sinn. 1799 baute man die Anlage zum Pulvermagazin um, nachdem man sie schon vorher solchermaßen

zweckentfremdet hatte. Zeitweise diente sie daneben auch noch als Gefängnis für Staatsverbrecher.
Daß die Burg übrigens auf den Resten eines römischen Kastells steht, ist eine Fehldeutung, die vielleicht mit der etwas weiter südlich gelegenen sogenannten »Römerschanze« zu tun hat. Was man mit Sicherheit weiß, daß die alte Römerstraße, die Salzburg mit Augsburg verband, hier irgendwo die Isar gequert haben muß mittels Brücke oder auch nur mit einer Fähre. Es ist naheliegend, daß die Römer, um diesen Übergang zu sichern, eine Art Ringburg angelegt haben. Keine Stelle bot sich da besser an, als jener kleine Vorsprung des Ostufers auf Höhe des Georgensteins, der allerdings ganz sicher nicht, wie man in älteren Beschreibungen lesen kann, von den Römern quasi als Brückenpfeiler genutzt wurde. Jene Wälle und Gräben jedoch, die man noch heute an der »Römerschanze« ausmachen kann, sind mit diesem Namen nicht ganz richtig bezeichnet, stammen die doch aus dem 10. und nicht dem spätrömischen 3. Jahrhundert. (Vielleicht dienten sie in der Zeit der für Baiern überaus leidvollen Magyarenüberfälle als Fliehburgen.) Innerhalb dieser Wallanlage jedoch entdeckte zu Ende des vorigen Jahrhunderts ein gewisser Generalmajor Popp bei seinen Grabungen eindeutig römische Funde. Also waren sie doch da, die Römer, auch wenn sie diese Wallanlage nicht aufgeschüttet haben.
Ob sie hier im ›grünen Wald‹ an der Isar allerdings auf bereits ansässige ›barbarische‹, wie es bei ihnen hieß, Ureinwohner trafen, ist eher unwahrscheinlich. Die Erstbesiedelung Grünwalds dürfte in die Zeit der Bajuwarenwanderungen fallen, und so wie der Sippenführer Sentilo Sendling gründete und Bladilo Plattling, so könnte es im Falle Grünwalds ein gewisser Derbo gewesen sein. Denn laut dem Grünwald-Forscher Dr. Joachim Wild hieß Grünwald früher Derbolfing oder Derblfing. Als solches taucht es 1048 erstmals in den Akten des Klosters Tegernsee auf, das, wie andere kirchliche und weltliche Grundherren auch, Besitzungen in Derbolfing hatte. Wer von ihnen es letzten Endes genau war – vielleicht die Grafen von Andechs? –, die den Bau der Burg veranlaßt haben, weiß man nicht. Jedenfalls hat um 1270 herum Herzog Ludwig der Strenge diesen bedrohlichen Vorposten mit ihm rivalisierender Herrscherhäuser unter seine Kontrolle gebracht.
Die Wittelsbacher nutzten die »purch« zur Jagd und »anderen churtzweil«. Herzog Albrecht IV. ließ Ende des 15. Jahrhunderts die gesamte

Anlage umbauen, sein Bruder Sigmund hatte bereits zuvor das abfallende Ufer unterhalb der Veste als Wildpark herrichten lassen, der Burggraben beherbergte eine Menagerie exotischer Tiere. (Lang vor Hellabrunn hat es also schon einmal eine bunte Tierschau an der Isar gegeben.) Der dichtende Maler Ulrich Fuetrer, von dem unter der Ortsmarke Landshut noch ausführlicher die Rede sein wird, soll die verschiedenen Räume des Palas ausgeschmückt haben, erhalten ist davon leider nichts mehr; lediglich die Wappen am stufenförmigen Maschikuligiebel des im Osten gelegenen Haupttores wurden wiederhergestellt. Wandmalereien der besonderen Art dagegen stellte der Conte de Ruggiero her. Er war einer jener besonders zu observierenden Häftlinge, die im zum Staatsgefängnis umfunktionierten Westflügel der Burg einsaßen. Weil ihm in seiner Zelle gar zu langweilig war und weil sich anscheinend gewisse Gefühle der Reue einstellten, fing der italienische Bauernsohn an, die Wände mit biblischen Motiven zu bemalen. Entdeckt hat man sie erst vor einigen Jahren, denn damals ließ man die Graffities gleich wieder überweißeln. Eingehandelt hatte sich de Ruggiero diese Festungshaft übrigens, weil er Kurfürst Max Emanuel angeboten hatte, ihn aus seinen ewigen Geldnöten zu befreien. Nach Art der mittelalterlichen Alchemisten behauptete er zu wissen, wie man sich die Golddukaten einfach selbst herstellen könne. Da dies dann irgendwie doch nicht so ganz klappte, sah sich der Conte plötzlich vom Generalfeldmarschall zum Insassen des Grünwalder Kerkers degradiert. Und Max Emanuel konnte schauen, wo er einen anderen Goldesel herbekam. Bekanntlich kam er ja dann auf die Idee, seinen erst wenige Jahre alten Sohn Josef Ferdinand dereinst auf den Thron in Madrid zu hieven. Dabei hätte ihm doch schon spanisch vorkommen müssen, daß man dort den Goldmacher de Ruggiero nicht mehr brauchen konnte und dem bairischen Kurfürsten überließ.

Schließlich wurde die Grünwalder Burg nicht einmal mehr als Staatsgefängnis gebraucht – die Nachfrage nach Goldmachern ließ komischerweise trotz notorischer Löcher im Staatssäckel nach. Auch als Pulvermagazin hatte die Festung bald ausgedient, das simple Schwarzpulver kam bei den Waffentechnikern aus der Mode. So war die Burg zuletzt für Angreifer von keinerlei Interesse mehr, und Karl Valentin konnte sich während der letzten Kriegsjahre hier vor Fliegerangriffen einigermaßen sicher fühlen. 1947 bot er dem Grünwalder Bürgermeister Dr. Hans Eberl, der mit einer Tochter Paul Zeillers junior verheiratet war, in einem Brief an, gern wieder etwas in der Burg zu stöbern. Ob er nach dem Schatz des Conte de Ruggiero suchte, nach Inspirationen für seine Ritterstück'ln oder einfach nur nach Ablenkung in jenen bitterarmen Jahren? Jedenfalls heißt es in dem Brief: »Laut Dena-Meldung trifft der bekannte Rittergutaufräumungsgeneral Karl Valentin in nächster Zeit in Grünwald ein. Zu den Empfangsfeierlichkeiten wurden auch von dem Rittergutsbesitzer Dr. Eberl die Herren Rembremerding, Mr. Hepperdepperneppe, Herr Wrdlprmpft und der Generalgouverneur der Menterschwaige eingeladen. [...] Das Festessen findet voraussichtlich im Hausgang der Burg Grünwald statt und besteht, der Zeit Rechnung tragend, aus Baumrindenkompott mit Holzwollsalat, als Getraenke Isarwasser.«

Die »Traumfabrik« in der Einöde

»Er hat damals versucht, die alten Rittersleut zu enträtseln, und er wollte auch unbedingt einen Film darüber drehen.« So schildert es die Kostümbildnerin Ursula Maes, die ähnlich wie Valentin im zur Burganlage gehörenden Schloß-Hotel die letzten Kriegsjahre überstand. Valentin hätte überhaupt gerne viel mehr Filme gedreht, nicht nur über die Rittersleut. Er wollte den »deutschen Groteskfilm« schaffen, wie er schon 1937 dem Reichsfilmdramaturgen schrieb, »Material hierzu ist in Hülle und Fülle« vorhanden. Doch um das zu schaffen, hätte er dort Einlaß finden müssen, wo Frau Maes schon arbeitete: bei den Bavaria-Filmstudios in Geiselgasteig! Dort aber hat Valentin leider nie wirklich Fuß gefaßt, er ist »die abgetriebene Hoffnung auf ein Stück deutscher Filmgeschichte«, wie es ein Valentin-Kenner einmal ausgedrückt hat. Es ist schon kurios: Da trifft es sich endlich einmal so glücklich, daß einer der größten Komiker zur selben Zeit in München auftritt, zu der sich etwas weiter südlich eine der mächtigsten Filmgesellschaften etabliert. Doch der Valentin lebte linksisarisch in seinem Planegger Häusl, die Bavaria aber lag am rechten Isarufer... und sie kamen (allerdings nicht nur deswegen) nicht zueinander.

Die Filmgeschichte, und nicht nur die deutsche, wesentlich mitbestimmt hat dagegen die Bavaria-Filmstadt. Bevor Georg Ostermayr mit seinen Brüdern 1919 die »Münchner Lichtspielkunst EMELKA« nach Geiselgasteig verlegte (sein umgebautes Fotoatelier am Stachus war ihm zu klein geworden), war das Dorf am rechten Isarufer eine recht weltabgeschiedene Idylle. Da gab es die Ausflugsgaststätte »Einkehr« mit herrlichem Blick auf die Isar, ein kleines Kapellchen aus den Zeiten des Dreißigjährigen Krieges und einen ehemals gräflichen Gutssitz. Die heute noch zu bewundernden großzügigen Wohnvillen kamen erst nach und nach dazu, denn so weit draußen vor der Stadt wollte sich damals kaum jemand niederlassen (1910 fuhr die erste Münchner Trambahn bis Grünwald). Die Heilmann'sche Immobiliengesellschaft mußte schon kräftig die Werbetrommel rühren, um den »besonderen Vorzügen des Geländes in Geiselgasteig zur Errichtung von Sommersitzen« Gehör zu verschaffen und darauf hinzuweisen, daß man hier draußen das »erlesenste Ziel stadtflüchtiger Wünsche« finden könne. Außerordentlich günstige Grundstückspreise ließen es zu, daß man sich noch ein Tagwerk extra dazukaufte für ein nettes Salettl inmitten seiner eigenen wild-romantischen Parkanlage.

Für Ostermayrs EMELKA war diese spottbillig zu erwerbende Einöde geradezu ideal. Er kaufte ein Grundstück von 37 Hektar Größe und mußte sich erst einmal wie bajuwarische Ursiedler ans Roden machen, denn das Areal lag mitten im Grünwalder Forst. Schließlich entstand hier aber ein großer Glasbau, denn damals, als die Bilder gerade erst laufen lernten, gab es weder Ton- noch die heutige Beleuchtungstechnik. Man war aufs Tageslicht angewiesen. Der allererste Film, der draußen in Geiselgasteig produziert wurde, war 1920 der »Ochsenkrieg« nach einem Roman von Ludwig Ganghofer. Doch man beabsichtigte keineswegs, wie dieser Erstling nahelegen könnte, nur im Dunstkreis des Heimatfilms zu bleiben. Noch zu Zeiten des Stummfilms drehte ein 26jähriger Engländer bei EMELKA seinen allerersten Film, es war Alfred Hickcock mit »The Pleasure Garden«. Es muß ihm ganz gut gefallen haben, denn ein Jahr später, 1926, kam er schon wieder nach Geiselgasteig und drehte den in Kentucky spielenden Film »The Mountain Eagle«. Da mußten die Geiselgasteiger Kulissenbauer also die landschaftliche Weite Nordamerikas nachstellen, was aber kein Problem für sie gewesen sein dürfte, hatten sie doch schon vorher unter anderem eine indische Stadt nachgebaut und sich dafür beim noch jungen Hellabrunner Tierpark die passenden Elefanten ausgeliehen.

Die trompeteten wahrscheinlich ganz lebensecht, allerdings vergeblich. Denn der erste Tonfilm folgte erst 1930 (genaugenommen war es ein nachsynchronisierter Stummfilm), und daß dieser Zelluloid-Streifen schon eine Tonspur hatte, war ganz praktisch, denn nur so konnte der

Schlager »In einer kleinen Konditorei«, der dem Film auch den Titel gab, zum Gassenhauer werden. Doch diese Umstellung von Stumm- auf Tonfilm hätte der EMELKA finanziell bald das Genick gebrochen, wenn nicht ein neuer Geldgeber eingesprungen wäre. Der konnte die nun auf »Bavaria Film« lautende Firma zwar retten, aber die Nazis hätten ihr beinahe dann doch noch den Garaus gemacht. Josef Goebbels setzte ganz auf die UFA in Berlin und hätte Geiselgasteig am liebsten aufgelöst.
Es kam anders. Schon gleich nach dem Krieg wurde in Geiselgasteig wieder gedreht, der »Brandner Kasper« mit Paul Hörbiger war einer der ersten Nachkriegsfilme. Die Bavaria, nun ohne die Konkurrenz der UFA, entwikkelte sich rasant, Ende der fünfziger Jahre arbeiteten ungefähr 1000 Beschäftigte in Geiselgasteig, der ehemaligen Einöde. (Man sieht, welcher Wirtschaftsfaktor die Filmfabrik für die Gemeinde Grünwald war und ist.) Man stieg nun auch immer mehr ins Fernsehgeschäft ein, die Produktion von Kriminalserien hat hier schon fast Tradition und reicht von der »Funkstreife Isar 12« über »Derrick« und »Der Alte« bis zu den Schimanski-»Tatort«-Folgen. Meisterleistungen filmischer Sinnestäuschungen wurden hier vollbracht, etwa für die »Unendliche Geschichte« oder »Das Boot«. Die ganz Großen des Filmgeschäfts haben hier gearbeitet: Ingmar Bergman (»Das Schlangenei«), Rainer Werner Faßbinder (»Berlin Alexanderplatz«), Jürgen Syberberg (»Ludwig – Requiem für einen jungfräulichen König«), Billy Wilder (»Eins, zwei, drei«). Nur einer erhielt seine Chance nicht, und das hat er auch bitter beklagt:

Vor dem Geiselgasteig steht der Valentin,
er steht vor den Toren, selten war er drin.
Er hätte so gute Filmideen,
doch wolln die Herrn ihn nicht verstehn.

Der »Kohlrabi-Apostel« im Steinbruch

»Er hat sich vor ein paar Jahren müde, abgehetzt, krank vom hauptstädtischen Schauplatz in seinen Steinbruch zurückgezogen, wie ein todwundes Wild, das im Wald einen Unterschlupf zum Verenden sucht. [...] Er kleidet sich in ein schlichtes wollenes Kuttengewand wie ein Mönch. [...] Welch ein unzeitgemäßer Mensch, [...] ein Phantast, ein Narr, ein Unfugtreiber, ein polizeiwidriges Subjekt! Ja, ja. Wiederholt ist er seiner Kleidung und seiner Lebensweise wegen vor die Schranken des Gerichts zitiert worden und des öffentlichen Unfugs angeklagt worden.« Den bei Michael Georg Conrad in seinem Romanzyklus »Was die Isar rauscht« mehrfach auftretenden »Eremiten von Höllriegelskreuth« hat es tatsächlich gegeben. Nicht Effenbach wie im Roman, sondern Karl Wilhelm Diefenbach hat er geheißen. Und auch nicht vorrangig »seiner Kleidung wegen« geriet er mit dem Gesetz in Konflikt, sondern, im Gegenteil, weil er sie allzu oft ablegte: Diefenbach und seine meist jugendlichen Anhänger waren nämlich entschiedene Befürworter des Nackt-Sonnen-Badens. Sie waren damit noch ein bißerl früh dran. Seinerzeit, vor der Jahrhundertwende, war man noch züchtiger, und solch hüllenlose Sonnenanbeterei – heute längs der Isar kein überraschender Anblick mehr – galt noch als grober »öffentlicher Unfug«. Heute, da alles Trinkbare ›light‹ zu sein hat, fällt einer, der ausschließlich Wasser trinkt, nicht weiters auf. Damals, zu Zeiten des Braunbiers, war ein solcher Kostverächter noch ein ziemliches Kuriosum. Diefenbach, der strenge Vegetarianer, war denn auch bald in ganz München bekannt als der »Kohlrabi-Apostel« von Höllriegelskreuth. Wie er dort im romantischen Isartal hauste, schildert ein stimmungsvolles Feuilleton aus dem Jahre 1889, das in der von Conrad herausgegebenen Zeitschrift »Die Gesellschaft« erschien:

»Nicht weit oberhalb der bayerischen Königstadt sieht man die reißende Isar aus einem engen tief eingerissenen Thale brechen. Wenn man, nach einem Blick über ganz München und das Isarthal, von der großartigen Eisenbahnbrücke der Station Großhesselohe aus stromaufwärts wandert, gelangt man nach einstündigem Marsche, der einen, wie im Märchen, von der Großstadt plötzlich mitten in eine gewaltige Hochgebirgsnatur versetzt, [...] zu der Aue von Höllriegelsgereute. Diese in der Nähe einer Großstadt so seltene Naturschönheit wird leider nur von wenigen Menschen gewürdigt.

Der Name eines Mannes, der in der ganzen Welt in den grellsten Widersprüchen genannt wird, verbreitet seit einiger Zeit auch den Namen ›Höllriegelsgereute‹ in weiter Ferne. Wer kennt ihn nicht, den ›Sonderling‹, den ›wunderlichen Kauz‹, den ›Narren‹, den ›Kohlrabi-Apostel‹, den ›verrückt gewordenen Maler‹ Karl Wilhelm Diefenbach?

Auf der Giebelseite seines Hauses, dem von München aus auf rechtem Wege Nahenden, in großen, goldnen Buchstaben entgegenleuchtend, steht: ›Humanitas‹ – Menschlichkeit! Auf dem mit Geröll und Weidenbüschen bedeckten Platze, zwischen dem Hause und dem Steinbruche, ragt an hohem Maste eine mächtig winkende weiße Fahne in die Luft, Reinheit, Friede und Liebe predigend.«

Aber nicht nur solch wohlwollende Presseberichte steigerten rasch die Popularität des »verrückten Malers im Steinbruch«. Seine angeblichen nudistischen Eskapaden und einmal sogar die Verurteilung zu sechs Wochen Haft taten ihr übriges. Der stadtflüchtige Sonderling hatte es auf einmal mit ungebetenen Zaungästen zu tun. »Geh ma an Eremiten oschaugn«, wird es bei so manchen Münchnern am Wochenende geheißen haben. Seit 1891 konnte man ja recht kommod mit der Isartalbahn hinausfahren, fast schon wie in den heutigen »Gläsernen Zügen«, denn die Aussichtswaggons hatten extra große Fenster und Plattformen. Mit einer abwechslungsreichen Fahrt durch das romantische Isartal warb man um Passagiere. Und als Höhepunkt des Sonntagnachmittagsausfluges konnte man dann noch einen echten Zivilisationsaussteiger bestaunen, eh man wieder in die grauen Mietskasernen zurück mußte.

Diefenbach, der in jungen Jahren an Typhus erkrankt war und als Folge davon zeitlebens seinen rechten Arm, mit dem er malte, schonen mußte, war 1872 nach München gekommen. Er besuchte dort die Kunstakademie und begann sich für die allenthalben im Schwange befindlichen lebensreformerischen Ideen wie Vegetarismus, Freikörperkultur und Kleiderreform zu interessieren. Im Verlauf der Beschäftigung damit wurde seine Einstellung immer radikaler, bis er so weit war, einen endgültigen Strich unter seine bisherige Existenz zu ziehen. Fernab des Molochs Großstadt suchte er nach einem naturnahen Refugium und fand es in Gestalt eines leerstehenden Hauses am Rande des Höllriegelskreuther Steinbruchs. Wie schreibt doch Michael Georg Conrad über die Isar als Erzieherin zu einem natürlichen Leben: »Du, meine Isar, hast ihnen allen das ewige, hohe Lied der Natur zugerauscht, von der Stärke der einfachen, wahrhaften Seelen, von dem Ausleben der Kraft im rüstigen Vorwärtsstreben, unbekümmert um Regen und Sonnenschein.«

Als »Humanitas. Werkstätte für Religion, Kunst und Wissenschaft. Einöde Höllriegels Gereut« annoncierte Diefenbach auf einem entsprechenden Briefkopf sein Aussteigerprojekt. Und er konnte durchaus einige zum Mitmachen bewegen. Eduard Stemplinger, in dessen Buch »Sonderlinge« Diefenbach natürlich nicht fehlen darf, berichtet: »So schloß sich ihm der Kellerschreiber der Schloßbrauerei Tutzing, Höllwenger, an, der für sich

und seine Kinder den Austritt aus der katholischen Kirche erklärte und Stellung und Familie verließ.« Mit einer »behördlichen Weisung« soll ihn die Ehefrau wieder aus Höllriegelskreuth zurückgeholt haben.
Andere dagegen folgten ihrem Meister in willenloser Ergebung. Hugo Höppener, später unter dem Namen Fidus ein gefragter Illustrator, Grafiker und Maler des Jugendstils, verbrachte einige Jugendjahre bei Diefenbach im Steinbruch. Er hatte für das Wohlergehen seines Herrn zu sorgen, seine zeichnerischen Entwürfe auszuführen, eine Kunstausstellung in München für den Meister zu organisieren und was der Pflichten des unterwürfigen Adepten mehr waren. Das hinderte den sich stets unverstanden fühlenden, vom Verfolgungswahn geblendeten Diefenbach aber nicht, urplötzlich alle Jünger als »teuflische ekelhafte Menschen« zu beschimpfen und vor allem Fidus, »den Getreuen«, wie er ihn nannte, zu verstoßen. »Der Name Fidus muß erlöschen, auch in der Diefenbach-Kleidung darf er sich nicht mehr zeigen, jede Erinnerung soll verwischt werden«, schrieb die Mutter von Fidus, die auch eine Zeitlang im Steinbruch lebte, in ihr Tagebuch.
Was für die, die direkt mit Diefenbach zu tun hatten, sicherlich oft schwer erträglich war, seine Egozentrik nämlich, war für Außenstehende mitunter ein rechtes Gaudium. Vor allem wenn der Eremit von Höllriegelskreuth mal wieder zu einem besonderen Spektakel aufgelegt war. Einmal tauchte er auf dem Nockherberg auf, wo man ihn unter dem Gejohle des Publikums mit einer Maß Salvator taufte. »Dabei ließ sich der Vegetarier und Alkoholgegner den Gerstensaft und den spendierten Gansbraten wohl schmecken«, erzählt Stemplinger. In gewissermaßen offizieller Mission als Kohlrabi-Apostel dagegen hielt Diefenbach erstmals 1884 in den »Zentralsälen« beim Hofbräuhaus einen Vortrag zum Thema »Quellen des menschlichen Elends«. Da strömten die Münchner herbei. Denn elend fühlten sich viele in jenen Jahren: miserable Wohnverhältnisse, einen zwölfstündigen Arbeitstag, schlechte Versorgungslage. Da hätte man schon gern erfahren, wo denn die Quellen für dieses Elend liegen. Noch dazu, wenn dieses Politisieren im Wirtshaus stattfand, man also nebenbei ein, zwei Maßerl trinken konnte. Bei Diefenbachs Vortrag aber wird das Publikum nicht schlecht gestaunt haben. Da kam nämlich einer in der Kutte daher, mit einem fürchterlichen Krautsalat im Gesicht und mit einer Löwenmähne. Der zog dann ein paar Manuskriptblätter aus seiner Umhängetasche und fing an: Alles Elend rühre von der Ernährung her. Keine

Braten mehr, keine Würste mehr, kein Bier mehr. Nur noch Gemüse und Quellwasser. Auch Enthaltsamkeit predigte der Kohlrabi-Apostel und nannte die Ehe privilegierte Unzucht. Er selbst, so ging das Gerücht, hielt sich lieber an die unprivilegierte Unzucht, lebte jahrelang in wilder Ehe mit einem jungen Mädchen, das ihm die Knaben Helios und Lucidus schenkte. Die armen Kerle mußten außer der Namensgebung noch einiges mehr über sich ergehen lassen. Diefenbach fand nämlich, daß auch für Säuglinge Sonnenbäder das einzig Richtige seien und hängte die nackten Würmer in der Hängematte vors offene Fenster.

Ob das wirklich alles heilte und stählte und zu einem gesunden Geist in gesundem Körper führte – man konnte so seine Zweifel haben. Diefenbach selbst war ja das beste Beispiel, wohin man mit dieser ewigen Wurzel- und Beerenfresserei kam. Ein arg strapaziertes Nervenkostüm hatte er und kränkelte laufend vor sich hin. Als er in der »Heilmann'schen Kunstgewerbehalle« (nomen est omen) eine »Erste Diefenbach-Ausstellung zur Ehrenrettung des leidenden Meisters« veranstaltete, verteilte man zusammen mit der Eintrittskarte ein Flugblatt mit einem ärztlichen Attest, das dem Maler Diefenbach »gesteigerte Nervenschwäche« bescheinigte und daß er dringend der Ruhe und Erholung bedürfe. Den Ausstellungsbesuchern hätte es nämlich irritierend auffallen können, daß viele der Bilder nicht fertig gemalt waren. Diefenbach selbst erklärte auf dem Flugblatt: »Die mir oft gemachten Vorwürfe, daß ich entweder gar nicht arbeite oder hundert Gemälde anfange, ohne eines zu vollenden, werden durch die Ausstellung meiner vielen meist unvollendeten Gemälde im verstärkten Maße gegen mich laut werden. Ich gebe darauf die Erklärung, daß mein seitheriges Schicksal die Vollendung von Kunstwerken unmöglich machte, trotzdem ich mit rastloser Überanstrengung arbeite.«

Noch ein anderes, hochfliegendes Projekt kam nie zur Ausführung. Diefenbach wollte nämlich im Höllriegelskreuther Steinbruch eine Art Amphitheater errichten mit einem in den Stein gehauenen, rundum laufenden Fries »Per aspera ad astra« – auf rauhen Wegen zu den Sternen. Nackte Kindergestalten sollten in einem tanzenden, hüpfenden Ringelreihen diesen Weg hin zu einem Volk von lauter Kosmikern weisen. Der Meister selbst war eher das Beispiel für den ewig Strauchelnden auf diesem rauhen Weg. Geschwächt im Bett liegend, gab er Anweisungen zu den Entwurfsskizzen des Frieses, Schüler Fidus mußte sie auf einer Schulwandtafel ausführen, und dies obwohl er »noch immer keine Aktstudien nach der Natur gemacht und nur kurz mal die Kinder nackt gesehen« hatte. Das Ganze erschien dann als Leporelloalbum – also einige Nummern kleiner, als sich Diefenbach dies mit seinem Amphitheater vorgestellt hatte.

»Du leidest Hunger und Durst im Steinbruch und dein Leib friert, wie soll dein Beispiel der Menge fruchten, die nach Wohlleben lüstet, die kein Laster und Verbrechen scheut, Wohlleben zu erreichen? Armer Mann, du treibst ein traurig Handwerk! Und die Welt geht an dir vorüber, zuckt die Achseln und verachtet dich.« Michael Georg Conrad idealisierte Diefenbach zum Ökophilosophen am Ufer der Isar, der als einziger die Botschaft des Flusses vom naturnahen Leben versteht. Nur stimmt das Bild Diefenbachs so höchstwahrscheinlich nicht. Er entwickelte sich eben nicht zum Weisen von Höllriegelskreuth, der Mißgunst und Haß mit Mitleid und Nachsicht begegnete. Es ist richtig, daß man ihn letztlich mit Druck der Behörden aus seinem Refugium vertrieb, weil man allein die Existenz eines solchen Naturapostels als Provokation empfand. (Polizisten sollen sich ins Gebüsch geschlagen haben, um dem Nackerten aufzulauern.) Bei Diefenbach bestärkte dies aber nur, daß er sich mißverstanden und verfolgt fühlte. Das nahm immer mehr psychopathische Formen an, so etwa wenn sich Diefenbach, wie einer seiner Besucher berichtet, »mir gegenüber wiederholt mit Jesus Christus verglichen hat, nur mit dem Unterschiede, daß Christus nicht im Entferntesten die Leiden zu erdulden gehabt habe, wie er«. In Wien, nach Höllriegelskreuth und Dorfen bei Wolfratshausen seine nächste Lebensstation, glaubte er sich, trotz Ausstellungserfolgen, auch gleich wieder verkannt bzw. betrogen und verfaßte deshalb eine über 600seitige Rechtfertigungsschrift. Auch seine gigantomanischen Pläne schmiedete er weiter. Auf Auslandsreisen unter anderem bis nach Ägypten kam ihm die Idee einer riesenhaften Sphinx, die er am Rande der Wüste erbauen wollte. Sie sollte im Inneren bewohnbar sein und neben Bildhauerwerkstätten und einem Schwimmbad auch einen riesigen Saal enthalten, in dem Diefenbachs Gemälde ihre Ruhestatt finden sollten.

Nicht von ungefähr erinnern all diese nie ausgeführten Tempelpläne an die Monumentalarchitektur der Nazis. Auch muß es einen nachdenklich stimmen, daß der getreueste Schüler Diefenbachs, »Fidus« Hugo Höppener, später energisch dafür kämpfte, als ein »alter geistiger Vorkämpfer des Dritten Reiches« anerkannt zu werden. Diefenbachs priesterliches

Auftreten – steht es nicht in Zusammenhang mit einer Auffassung der Kunst als Kult, wie sie nicht nur Höppener, sondern auch die Nazis predigten? Und die frühen Tage der Nackt-Sonnenbäder im Höllriegelskreuther Steinbruch – führen sie nicht zu dem Weihetempel des kosmischen Lichtes, den Höppener auf dem Monte Verità bei Ascona bauen wollte? Sein Gedanke der Lichtweihe jedenfalls floß ein in die Lebensborn-Ideologie der Nazis. Hans Surén erinnert in seinem weitverbreiteten Standardwerk zur rassischen Leibeserziehung, »Mensch und Sonne«, an Höppener als verkannten Vorkämpfer: »Wir Nationalsozialisten dürfen diesen alten Parteigenossen [...] nicht vergessen.«
Auch wenn es das kulturpolitische Organ der SS, »Das Schwarze Korps«, mitunter anders sah und Höppener als »Verkitscher der nordischen Kunst« ablehnte, Fidus nahm wieder die Rolle des Getreuen ein, buhlte um die Anerkennung seines neuen Meisters. Auf privat gedruckten Postkarten vertrieb er sein Porträt, »Das Haupt des Führers«, das dann allerdings von offiziellen Stellen verboten wurde. Schließlich wurde ihm die Anerkennung aber doch noch zuteil: Hitler, der sich vielleicht noch ähnlich als Maler entwickelt hätte wie Höppener, wenn er nicht seinerzeit an der Wiener Kunstakademie abgelehnt worden wäre, verlieh ihm 1943 den »Prof. h.c.« und setzte einen kleinen Ehrensold aus.

»Früher Jugend schöner Traum«: die Burg Schwaneck

»Dieses Flußtal ist wie der schönste Traum. Es ist stundenweit einsam wie die Welt am ersten Schöpfungstag.« Es war Julius Kreis, ein echt münchnerisches G'wachs, der anläßlich einer Fahrt mit dem Ausflugsfloß von Bad Tölz bis zur Lände bei Maria Einsiedel diesen Hymnus anstimmte. Daß er sich 1931 im Isartal immer noch wie am ersten Schöpfungstag vorkommen konnte, zeigt, daß dieser Flußabschnitt wahrscheinlich wirklich der schönste entlang der ganzen Isar ist. Von daher nimmt es nicht wunder, daß sich Ludwig von Schwanthaler, der nichts mehr liebte als die Einsamkeit in romantischer Natur, ausgerechnet diesen Flecken aussuchte, um die perfekte Augentäuschung zu inszenieren: Er ließ hier eine alte, verwitterte Burg errichten, deren ruinenhafte Grundfesten, auf die in immer wieder anderen Baustilen draufgesattelt wurde, bis auf die Römerzeit zurückverweisen sollten. Der ganze Gebäudekomplex wurde indes geplant, ausgeführt und eingeweiht vor ziemlich genau 150 Jahren. Das war ungefähr zur selben Zeit, da die erste Eisenbahn Deutschlands

zwischen Fürth und Nürnberg verkehrte, man in Augsburg die M.A.N.-Werke und in München die Maschinenfabrik Maffei gründete. Schwanthaler indes konnte sich mit dieser modernen Welt der Dampfmaschinen und Stahlrösser nur sehr widerstrebend abfinden, lieber war ihm da schon die Ausflucht in ein zurechtphantasiertes Mittelalter. Und wo die natürliche Staffage dem Traumbild nicht so ganz entsprach, da konnte man ja noch nachhelfen. Immerhin ist Schwanthaler diese Inszenierung einer Bilderbuch-Landschaft mit Burg und Isarschlucht so gut gelungen, daß ein anonymer Bewunderer sie gar nicht mehr auseinanderdividieren konnte: »Ist diese romantische Gegend wegen des Gebäudes oder dieses wegen dieser einzig schönen Gegend da?«
Einen Vorteil hat eine solche Raubritterburg aus der Retorte auf alle Fälle: Sie gaukelt eine durchlebte Vergangenheit und Geschichte nur vor, hat sie aber nicht wirklich erlitten. Und der Betrachter, der um diese Camouflage weiß, kann auch alle beklemmenden Gefühle und »wehmütigen Erinnerungen an feudalische Schreckenszeiten« ruhigen Gewissens ablegen, er weiß ja, daß alles nur Kulisse ist. Jener eben zitierte Unbekannte, der in Chlingenspergs »Malerischem Bayern« anonym über die Burg Schwaneck geschrieben hat, gibt denn auch gerne zu: »Mit ganz andern Empfindungen besteigt man solche wirklich geschichtlich restaurierte Festen und Burgen, wenn wir neben den herrlichsten Prospekten an die Schreckens- und Raub- und Mordszenen erinnert werden, deren Schauplatz diese Mauern seit Vertreibung der römischen Kolonisten und durch das spätere Mittelalter hindurch waren, zu denen wir jetzt nur dem poetischen Sinnenkitzel zu frönen, heraufgestiegen sind, und wo uns bei jedem ausgebesserten Mauerstück durch einen gefälligen Cicerone die Rohheit und Barbarei jener traurigen Tage zu Gemüt geführt wird. Auf diesen Mauern [der Burg Schwaneck, Anm. B.S.] taucht keiner jener Unholde in uns auf.«
Schwanthaler habe einen »schönen Traum mit Körper« umgeben, heißt es da noch – und so ist es wohl auch. Er hat es ja selbst so gesehen und, in Stein gemeißelt, über dem Eingang quasi als Willkommensspruch anbringen lassen:

Gebauet nicht um eitle Ehr,
Zu Trutz nicht oder Waffenwehr.
Nur früher Jugend schöner Traum
Soll steigen empor im trauten Raum.

Im Kapitel über Ammerland hatten wir ja schon von den Ritter- und Burgspielen der gemeinsamen Freunde Franz von Pocci und Ludwig von Schwanthaler gehört. Pocci war es gewesen, der den Freund immer ermuntert hatte, sich den Traum einer eigenen Burg doch zu erfüllen, er wisse auch schon einen Bauplatz, draußen im Pullacher Isartal. Denn mitten in München, nahe der Salvatorkirche, wo Schwanthaler sein Bildhaueratelier hatte, mußte man schon die Fenster gut schließen und die Vorhänge fest vorziehen, um auch ja nicht von der lauten, modernen Welt da draußen bei seinen ritterlichen Tafelrunden in der Humpenau, wie der Feierabend-Artus sein Refugium nannte, gestört zu werden.
Im Isartal bei Pullach dagegen war die Welt noch so weit in Ordnung und von den Segnungen der neuen Zeit verschont, daß man sich mit etwas Phantasie in graue Vorzeiten zurückversetzen konnte. Zum Beispiel in jene Epoche, da hier noch die Römer unterwegs waren und bei Grünwald, wie schon erwähnt, eine Isarbrücke für ihren wichtigen Handelsweg von Salzburg nach Augsburg hatten. Möglich wäre es also schon, daß hier einmal ein römischer Wachturm gestanden hat – Ludwig von Schwanthaler stellte jedenfalls seinen Wohn-Burgturm auf entsprechende ›Reste‹ einer römischen Ruine, er ließ dafür eigens ein Mauerwerk aus Bruchsteinen zusammentragen. Und weiter ging es im Potpourri der Baustile, das suggerieren sollte, die Burg wäre im Laufe der Jahrhunderte mehrfach erweitert und umgebaut worden: Das erste Obergeschoß steht für den byzantinischen Stil, zweites und drittes wurden gotisch ausgeführt, und der Turmabschluß mit Wehrgang und Zinnen entspricht dem einer gewöhnlichen mittelalterlichen Burg. Reliefs am Turm sollen die Gründungsgeschichte erzählen, die selbstverständlich weit, weit zurückliegt, als es noch Riesen und Lindwürmer gab. Die unverkennbar dem Nibelungenlied entlehnte Legende hat Schwanthaler übrigens auch als Schauspiel bearbeitet, »Burg Schwaneck oder der Lindwurm und der Riese. Historisch-romantische Originalnovelle aus dem achten Jahrhundert«.
Man sieht schon: Diese Spintisiererei um Rittertum und Mittelalter nahm den Stellenwert eines ›längeren Gedankenspieles‹ ein, wie Arno Schmidt das genannt hat. Das heißt, es wurde zu einem lebensbestimmenden Thema, alles Denken und Planen richtete sich darauf, ja genau genommen war das Erfinden und Imaginieren dieser Welt weit wichtiger als das reale Leben darin. Als die Burg schließlich fertig war, 1844, sollte Ludwig von

Schwanthaler nur mehr vier Jahre zu leben haben. Und in dieser kurzen Spanne, so scheint es, hat er seinem fertigen, zur Realität gewordenen schönen Traum aus früher Jugend auch nicht mehr allzu viel Aufmerksamkeit geschenkt. Es heißt, Schwanthaler habe letztlich eine einzige Nacht in Burg Schwaneck verbracht.

Au / Giesing

»... eine primöse Zersetzung luftähnlicher Mibrollen und Vibromen«

Für Karl Valentin war selbst das Natürlichste und Selbstverständlichste ein ewiges Rätsel. Nehmen wir als Beispiel nur einmal das Wasser, von dem es ja heißt, aus ihm sei alles Leben hervorgegangen und ohne es kein organisches Existieren denkbar. Schon diese Grundtatsache ist bei Karl Valentins »Gründung der Isar« ins gerade Gegenteil verdreht: Am Anfang ist schon alles Leben da – die Münchner Bürgerschaft, Herzog Jakob der Wässrige, Bürgermeister A. Bcdef –, dann erst kommt die Isar! Der lebensspendende Fluß wird also erst ins Leben gerufen von jenen, die doch sein Wasser als wichtigste Existenzgrundlage schon vorher gebraucht hätten. »Liebe Mitbürger, wir können nicht umhin, uns selbst den herzlichsten Dank auszusprechen, denn gerade ich und wir waren es, welche uns am meisten ins Zeug gelegt hatten zur Errichtung einer Isar in der Stadt München.«
Schon in seiner Konsistenz ist Wasser für Valentin nicht begreifbar. Zwar nennt er es »von der Natur so wunderbar eingerichtet«, daß das Wasser im Aquarium nicht davonlaufen kann, wohingegen es bei seinem Versuch, den Vogelkäfig damit aufzufüllen, immer »neben dem Draht« herausrinnt. Aber so ganz einverstanden ist er mit dieser Gesetzmäßigkeit dann doch nicht. Als er nämlich einmal zuviel Wasser ins Aquarium nachfüllt, plaudert er als Vortragender in seinem Monolog »Das Aquarium«, steht es über den Rand heraus, als sei es eine feste Masse. Auch mit dem unüberbrückbaren Gegensatz, daß Lungenatmer nicht unter Wasser und Kiemenatmer nicht an der Luft leben können, will er sich nicht abfinden. Er tut den Kanarienvogel ins Wasser und den Goldfisch in den Vogelkäfig. Der rutscht aber immer vom Stangerl runter – Thomas Bernhard würde hier hinzufügen: »naturgemäß«. Kurzzeitig blitzt der ›gesunde‹ Menschenverstand auf, und Valentin gibt zu, daß es eine »Dummheit« war, die natürliche Ordnung zu stören. Vogel und Fisch kommen wieder dahin, »wo 's hingehören«. Und dennoch: Die Dummheit rumort weiter herum im Hirn, gewinnt, wie immer bei Valentin, letztlich die Oberhand. Im

Schlußsatz seines Monologs »Das Aquarium« gesteht er, den auf den Boden gefallenen Fisch in der Isar ertränkt zu haben, »daß er nicht so lange leiden muß«.
»Was Hochwasser bedeutet, wissen wir alle noch von der Sündflut her, die vielen unvergeßlich bleiben wird.« Ich vermute, dem Valentin ist eher unvergeßlich geblieben, welche Sintfluten die Isar anrichten konnte. Sein Respekt vor der Reißenden, vor ungebändigtem Wasser überhaupt, muß beträchtlich gewesen sein. Er wuchs ja in ständiger Sicht- und Hörweite der Isar auf. Damals in der Entenbach- jetzt Zeppelinstraße, ungefähr auf der Höhe des Deutschen Museums, war das Rauschen des Flusses wohl unablässiges Hintergrundgeräusch im Wohnhaus der Familie Fey. Und was da herübergerauscht kam, war sicher nicht nur das romantische Plätschern der sanften, grünen Isarwellen. »Die übermütige Isar schäumte gelb vor Wut«, nachdem sie endlich losgelassen... so heißt es wenigstens im »Gründungs«-Text. Valentin wird die Isar noch so erlebt haben, als die Unberechenbare. Als er sieben Jahre alt war, 1899, wütete eine der schlimmsten Hochwasserkatastrophen der Geschichte in München. Daß die Keller an der Entenbachstraße, also auch in seinem Elternhaus, unter Wasser standen, dürfte dabei nicht einmal das Schlimmste gewesen sein. Die Fluten nach tagelangen Wolkenbrüchen im Oberland waren so gewaltig, daß die Bogenhausener und die Prinzregentenbrücke einstürzten – wie durch ein Wunder ohne ein einziges Todesopfer zu verursachen. Valentins nähere Umgebung, sein Kindheitsrefugium, gehörte überhaupt zu den am stärksten vom Hochwasser bedrohten Stadtteilen. Die Flut von 1807 riß ein Achtel des Grund und Bodens der Au weg.
Obwohl also Valentin diese bedrohliche Seite der Naturgewalt Isar kannte, scheint er dennoch nicht zu den Fortschrittsgläubigen zu gehören, die meinen, man könne sie durch menschliche Berechnung und Technik in den Griff bekommen. Im Grunde ist der Text »Die Gründung der Isar« (ursprünglich trug er den Titel »Hochwasser«!) die Entlarvung dieses Machbarkeitsdenkens, dieses demiurgenhaften Wahns, Gestalter, ja Schöpfer der Natur sein zu wollen. Valentin scheint überhaupt wenig von den Erfolgen der Naturwissenschaften und ihrer untergeordneten Exekutivdisziplinen zu halten. Über die Parodie des wissenschaftlichen Sprachgebrauchs hinaus, ist ja der Anfang seines »Regen«-Vortrages auch die Decouvrierung pseudowissenschaftlichen Treibens, das die Dürftigkeit seiner Ergebnisse hinter Wortungetümen versteckt: »Der Regen ist

eine primöse Zersetzung luftähnlicher Mibrollen und Vibromen, deren Ursache bis heute nicht stixiert wurde. Schon in früheren Jahrhunderten wurden Versuche gemacht, Regenwasser durch Glydensäure zu zersetzen, um binocke Minilien zu erzeugen. Doch nur an der Nublition scheiterte der Versuch.«

»Ob dieses Experiment eine Tragweite für die Zukunft bedeutet, wird uns die Zukunft beweisen. Jedenfalls ersieht man daraus das fortwährende wissenschaftliche Tasten nach Problemen«, heißt es im Text »Neues vom Starnberger See«, der allerdings kaum neue Erkenntnisse über das Wesen des Wässrigen zu präsentieren vermag – außer daß man nun fachmännisch genau berechnet hat, daß der See »tief, seicht, lang, kurz, schmal und breit zu gleicher Zeit« ist. Mit diesem empirischen Zugriff – dem fortwährenden wissenschaftlichen Tasten nach Problemen – läßt Valentin seine ›saudumme‹ Philosophie konkurrieren, zum Beispiel im »Gespräch am Springbrunnen«. Dieser materialisiert sich erst im aufstrebenden, ›springenden‹ Wasserstrahl. Kommt der berühmte Springbrunnenaufdreher und stellt das Wasser wieder ab, verschwindet damit auch der Springbrunnen. »Wenn er net springen würde, wär 's ja kein Springbrunnen.«

Ähnlich verhält es sich mit der Isar. Ein zwangsregulierter, in meterhohe Uferbefestigungen eingesperrter Wildwasserfluß ist ein Widerspruch in sich. Wenn sie nicht reißend wär, wär sie nicht die Isar, könnte man mit Valentin schlußfolgern. Nimmt man dem Fluß seinen Charakter, nimmt man ihm auch seine Geschichte. Zwar die G'schicht mit den dauernden Überschwemmungen meinend und dennoch doppeldeutig aufs Allgemeinere verweisend, heißt es im »Gründungs«-Text«: »Sie bauten Kaimauern in München, und zwar so hoch, daß die Isar niemals mehr über die Ufer fließen kann, und die Geschichte war für immer erledigt.«

Von Lehm- und Schottermenschen

So eine schwer überwindbare Barriere, wie sie ein Fluß naturgemäß darstellt, hat natürlich auch ihr Gutes. Mit Hilfe der Isar ließ sich problemlos in Arm und Reich trennen, in freie Bürger und bittstellende Habenichtse. Die Wohlstandsgrenze überqueren konnte man nur dort, wo eine Brücke war. Am anderen, linken Isarufer angelangt, stand man erst einmal vor den Mauern der Stadt. Am Isartor hatten sie dann anzuklopfen, all die Maurer, Ziegelweiber, Zimmerer, Taglöhner, Kleinhändler, Quacksalber,

Botengänger, Dienstleute, Bettler und wer da sonst noch Einlaß erbat. Am Abend dann stamperte man sie wieder alle hinaus zur Stadt, und es schien beim Nachhausegehen, so ein Chronist zu Ende des 18. Jahrhunderts, als sei »die ganze Au in der Stadt gewesen«.
Ende des 16. Jahrhunderts hatte die Au, die im Überschwemmungs- und Sumpfgebiet der Isar lag, noch den Charakter eines Müller- und Fischerdorfes. Mit der Zeit wurde sie mehr und mehr zur Schlafstadt, in der jene dienstbaren Geister hausten, die das Leben in der linksisarischen Bürgerstadt am Laufen hielten. Es war wirklich mehr ein Hausen und Dahinvegetieren als ein anständiges Wohnen und Leben – auch wenn es der Biedermeiersinn des 19. Jahrhunderts gern anders sah, nämlich so, wie es auf einigen idyllisierenden Gemälden aus der Zeit dargestellt ist. (Ein zuverlässigerer Chronist ist da schon der Stadtfotograf Georg Pettendorfer, aus dessen Fundus von Aufnahmen aus den Jahren 1895-1935 ein aufschlußreicher Bildband »Links und rechts der Isar« zusammengestellt wurde.) Man lebte in den charakteristischen Herbergshäusern der Au, das waren meist erbärmliche, planlos zusammengemörtelte oder zusammengezimmerte Bruchbuden, in denen sich eine vielköpfige Proletarierfamilie ein eigenes Stockwerk kaufen konnte – also so ein Zwischending zwischen Sozial- und Eigentumswohnung. Da jeder Wohnungsbesitzer möglichst seinen eigenen Aufgang haben wollte, wurden an den Außenfassaden dieser Herbergen abenteuerlich zusammengezimmerte Holztreppen angebracht – ein Gestaltungselement, das das »Pittoreske« des Auer Erscheinungsbildes noch unterstrich. Sechs bis sieben Quadratmeter Wohnfläche pro Nase – so sah die Wohnraumversorgung noch zu Anfang unseres Jahrhunderts aus! Daß bei diesem gedrängten Zusammenwohnen – und bei den üblichen Etagenaborts gleich für mehrere Parteien! – die hygienischen Verhältnisse im argen lagen, ist nicht weiter verwunderlich. Auf dreißig Bewohner der Au kam, statistisch gesehen, ein Bad! Doch dies alles konnte man immer noch, wie auf einer Postkartenserie »Alt-München« geschehen, als das besonders malerische Elend einer halt dörflich gebliebenen Großstadt verkaufen.
Auch wer nicht tagtäglich über die Isar sich verdingen ging, arbeitete doch meist zum Wohle der am anderen Ufer gelegenen Bürgerstadt. Selbst Lorenz Westenrieder mußte 1782 einräumen, daß die Au »ein sehr gewerbiger, und munterer Ort [ist], dessen Industrie der Stadt wohl zu statten kömmt«. Nimmt man die Ziegeleien Giesings noch dazu, so kann

man sagen, daß einiges von dem, was die Haupt- und Residenzstadt notwendig zur eigenen Expansion und Versorgung brauchte, am rechten Isarufer bereitgestellt wurde: Baumaterial, Werkzeuge aus den Hammerschmieden der Au, Kleidung und Papier, Mehl aus den Getreidemühlen und nicht zuletzt das Bier, das an den steilen Hängen des rechten Isarufers in tiefen Kellern lagerte. Daß man bei all der Maloche für die ›fürnehmen Herrschaften‹ auf der anderen Seite des Flusses dennoch ein quietschvergnügtes Leben führen konnte, würde uns gern jenes volkstümliche Paar weismachen, von dem jeder Münchner mindestens einen Witz zu erzählen weiß: da Lucki und da Karre.

Die hervorstechendste Charaktereigenschaft der beiden Münchner Volkshelden ist ihre Faulheit. Ein ganz besonders Gescheiter unter denen, die über München geforscht und geschrieben haben, würde jetzt sagen: Ist ja auch kein Wunder, wo sie doch Lehmmenschen sind. Daß soll gerade nicht heißen, daß sie wie alle anderen Geschöpflein Gottes auch auf die aus Lehm geformten Adam und Eva zurückgehen, denn bei unserem gestrengen Kulturbiologen Raoul Francé, so heißt der Mann, gibt es daneben noch Schotter- und Moosmenschen. Und die haben alle ihre unverrückbaren Eigenschaften: Der Moostyp zum Beispiel ist untersetzt, von starkem Wuchs, dabei vierschrötig, breitnackig, ungeschlacht und überhaupts auffallend häßlich. Das Münchner Schottermensch dagegen ist anmutig, feinprofiliert, rassig und ein durchaus »molleter« Frauentyp!

Wenn sich nun der geneigte Leser fragt, was dieser ganze Schotter eigentlich soll, so sei ihm gesagt, daß jener Raoul Francé nichts Geringeres zu unternehmen trachtete, als die kulturbiologische Weltformel zu finden. Und die erhoffte er, über den Umweg einer Münchenformel zu enträtseln. Wenn es ihm gelänge nachzuweisen, »warum München so ist, wie es nun einmal ist«, dann hätte er mit seiner exemplarischen Untersuchung »München. Die Lebensgesetze einer Stadt« so nebenbei gleich eine ganz neue Wissenschaft begründet. Eine solche, von den biologischen Lebensgesetzen abgeleitete Kulturwissenschaft würde nicht mehr nur feststellen, sondern verstehen und einfach alles erklären. Zum Beispiel auch, warum die Menschen so sind, wie sie sind. Ganz einfach! Auch sie sind dem »großen Gesetz des Lebens« unterworfen: »Seine Abhängigkeit von den Gesetzen der Erde gilt für den Menschen genau so, wie es für die kleinen Tiere und Pflänzchen des Erdbodens, die bescheidenen Waldblumen und die gewaltigen, ernsten Geschlechter der Waldbäume galt.« Auch der Mensch hängt vom Boden ab, wurzelt in der Scholle. »Es gibt nicht nur [...] eine Lehmflora, sondern auch einen Lehmmenschen.«

Schuld an allem ist die Isar. Sie hat schließlich jene Moränenlandschaft südlich von München gebildet, der Raoul Francé den Moränenmenschen zuordnet, den »rasseechten Vertreter des Homo alpinus«, ein gelenkiger, heitrer, geradezu zierlicher Menschenschlag, einfach »echt brachykephal«. Sie, die Isar, hat jene am rechten Ufer sich ausbreitende Kiesebene herangeschafft, auf der sich der Altmünchner Schottermensch niederließ. »Er siedelte stets genau auf seinem natürlichen Lebensgebiet! Im Mittelpunkt des Schotterdreiecks, zwischen Schwabing und Sendling, am Petersbergl erbaute er seine ersten Siedlungen, und nie haben sie sich über das Schotterdreieck hinausgewagt.«

Wie kommt es dann, daß sich geldige Schottermenschen schon im 16. Jahrhundert in der lehmbödigen Au einkauften (da gehörte sie noch zum Pfleggericht Wolfratshausen) und sich dort etwas größere Schrebergärten errichten ließen? Und wieso hat sich das Oberschotterhaupt Herzog Wilhelm V. im rechtsisarischen Neudeck ein Lustschlößlein erbaut? Es stimmt schon und frappiert natürlich, daß die Stadtgrenzen lange Zeit mit geologischen Grenzen zusammenfielen. Noch im Jahr 1846 erstreckte sich das Gebiet des Münchner Burgfriedens nur auf der linken Uferseite, ohne Schwabing und Sendling. Alles rechts der Isar kam ja erst 1854 oder noch später zu München. Ob das allerdings alles eine Frage der Böden war und ob Schotter- und Lehmmensch von Natur aus einfach getrennt gehören, das ist die Frage. Oder ob hier nicht ganz andere Lebensgesetze eine Rolle spielten, warum man in München drin ganz froh war, wenn die Auer weiterhin ohne Münchner Bürgerrecht blieben. Handwerkszünfte jedenfalls hielten sich so lästige Konkurrenz vom Hals, Bettler, Landstreicher und Kriminelle, von denen es in der Au und in Giesing schon ein paar gab, blieben außerhalb des Burgfriedens.

Doch solche Gesetze der Soziologie oder des Herrschaftsinteresses waren Raoul Francé anscheinend eher fremd. Er wollte ja nur die Idee einer Kulturbiologie entwerfen, »die als einigendes Band von den Sternen des Weltalls zum Erdball, von seiner Geschichte zu dem Fleck Erde leitete, dessen Gesetz wir so beharrlich erkennen wollten, und die nun in buntem Reigen die geologischen Gesetze als Vorbedingungen des Biologischen erkennen ließ«. Daß er mit dieser Überzeugung, alles leite sich von den Gesetzen der Scholle ab, fatale Vorarbeit leistete für Blut-und-Boden-Ideologen, die schon bald nach ihm kommen sollten, das hat der Direktor des Biologischen Instituts in München 1920 mit seiner verquasten kulturbiologischen Philosophiererei natürlich nicht gewollt.

Ludwigsbrücke / Praterinsel

»Gegen 200 Menschen stürzten in die tobenden Wellen«

Am Anfang war die Brücke: Symbol des Verbindenden, Voraussetzung für Handel und Wandel, aber auch immer wieder Anlaß für kriegerische Auseinandersetzungen. Denn die Möglichkeit einer Flußquerung bedeutete, den Brückenkopf über ein Macht- und Herrschaftsgebiet in der Hand zu haben. Wer Gewalt über eine Brücke hat, kontrolliert damit auch das umliegende Land. Das kann man bei der Gründung Landshuts verfolgen, als Ludwig der Kelheimer Brücke und Straßburg des Regensburger Bischofs bei Altheim zerstörte und ein Stück weiter isaraufwärts einen neuen Übergang errichtete, und das wurde auch immer bei der Gründungsgeschichte Münchens angeführt: Am Anfang war die Brücke. Beziehungsweise der Streit um das Vorrecht auf sie. Das alles kann man dem »Augsburger Schiedsspruch« von 1158 entnehmen, in dem erstmals der Name »Munichen« auftaucht und in dem von einer Auseinandersetzung zwischen dem Freisinger Bischof Otto und dem Welfenherzog Heinrich dem Löwen um Brückenzoll und Salzhandel, um das Aufstellen von Zöllnern und die Anteilsverteilung der Münze die Rede ist. Nichts verlautet jedoch in diesem Dokument von einer gewaltsamen Brückenzerstörung, vielmehr hat man den Eindruck, daß der Stauferkaiser Friedrich Barbarossa, zugleich Neffe des Bischofs Otto und Vetter des Herzogs Heinrich, endlich einmal ein Machtwort gesprochen hat in diesem quasi Familienstreit, der »über den Markt zu Föhring und Munichen hin- und hergeht«. Daß bei der ganzen Angelegenheit Herzog Heinrich der ›böse Bube‹ sein soll und wir die Gründung Münchens seiner frevelhaften Gewalttat zu verdanken haben, diese Interpretation der Historie gründet sich auf eine zweite Urkunde, die 22 Jahre später in Regensburg aufgesetzt wurde. In ihr heißt es nun auf einmal, Heinrich habe die bischöfliche Brücke bei Föhring zerstört und gewaltsam an jene Stelle verlegt, die mit »Munichen« bezeichnet wurde.

Seltsam: Obwohl sich Barbarossa in dieser Urkunde von 1180 ganz entrüstet zeigt von dem Überfall seines Vetters auf die Freisinger Brücke, ist

davon in der älteren Urkunde mit keinem Wort die Rede. Hat er also entgegen landläufiger Meinung gar nicht um 1158 oder davor, sondern erst später, zwischen 1158 und 1180, stattgefunden? Oder ist er gar eine böswillige Unterstellung? Sinn machen würde es schon, warum man ausgerechnet 1180 versucht, Heinrich den Löwen als einen skrupellosen Gewaltmenschen hinzustellen, der unzuverlässig und heimtückisch nur seinem eigenen Vorteil hinterherjagt. Gerade zur selben Zeit nämlich wird Pfalzgraf Otto als erster Wittelsbacher von Barbarossa mit dem Herzogtum Baiern belehnt – gewissermaßen als Belohnung für seine Nibelungentreue. Otto war nämlich dem kaiserlichen Heerzug gegen die lombardischen Städte 1157 treulich gefolgt, während Heinrich der Löwe eine Waffenbruderschaft abgelehnt hatte beziehungsweise an Bedingungen geknüpft, denen Barbarossa nicht nachkommen wollte. (Diese für bairische Geschichte wichtige Weichenstellung ist übrigens auf einem großen Historiengemälde im Maximilianeum festgehalten: »Kaiser Friedrich Barbarossa und Herzog Heinrich der Löwe in Chiavenna«. Und auf der Burg Trausnitz über Landshut gibt es einen ganzen Zyklus von kostbaren Gobelins darüber.) Nicht zuletzt weil ihm die Waffenhilfe Heinrichs des Löwen fehlte, unterlag Friedrich Barbarossa auf seinem italienischen Feldzug. Folgte nun also die machtpolitische Retourkutsche? Unter die Regensburger Urkunde, die die Bestrafung und Demütigung Heinrichs des Löwen besiegelte, setzte jedenfalls Pfalzgraf Otto als einer von sieben Zeugen seine Unterschrift. Er war fortan der neue Herr in Baiern.
Die Anfänge Münchens also mit jener verworrenen Brückengeschichte in Verbindung zu bringen, scheint nach neuestem Forschungsstand immer weniger haltbar. Überdies ist man sich sowieso schon seit längerem darüber einig, daß es sich 1158 um keine Stadtgründung gehandelt hat, sondern allenfalls um die Erhebung zum Fernhandelsmarkt und daß die Ursprünge Münchens eh viel weiter zurückreichen. Es muß wohl schon in den Tagen Heinrichs des Löwen hier eine Ansiedlung gegeben haben, die über eine rein mönchische Niederlassung hinausging. Lorenz Meier, der 1989 interessante Überlegungen zur Frühgeschichte Münchens angestellt hat, deutet den Umstand, daß in der durchwegs lateinisch verfaßten Urkunde von 1158 das deutschsprachige Wort »Munichen« auftaucht, so: »Da handelt es sich offenbar bereits um eine zum Ortsnamen geronnene Bezeichnung; es ging nicht mehr darum, eine Siedlung ›apud monachos‹ (also bei persönlich dort anwesenden Mönchen) zu beschreiben.«

Anzunehmen ist auch, daß schon vor Heinrich dem Löwen jene Urmünchner eine Möglichkeit gefunden hatten, wie man die Isar überqueren konnte, selbst wenn noch keine brückenähnlichen Bauten bestanden haben sollten. Aus dem stark verästelten Flußlauf ragten immer wieder Kiesbänke hervor, eine relativ große Geröllinsel hat es anscheinend schon immer auf der Höhe der heutigen Museumsinsel gegeben. Diesen Stützpunkt im Flußlauf ausnützend, hat Heinrich der Löwe hier die erste Brücke über die Isar geschlagen. Das war wahrscheinlich noch ein etwas breiterer Holzsteg, gebaut nach dem Beispiel, das die Römer, die ersten großen Brückenbaumeister, vorgemacht hatten: eine Konstruktion aus Baumstämmen, die in das Flußbett gerammt werden, verbunden mit Balken und Bohlen und aufgeschüttet mit Kies. Die Römer waren es auch, die zu Beginn unserer Zeitrechnung die wohl erste Brücke über die Isar überhaupt errichteten. Wie bereits erwähnt, geschah dies wahrscheinlich etwas südlich von Grünwald, wo man zu Ende des vorigen Jahrhunderts römische Funde gemacht hat. Diese Römerbrücke (beziehungsweise ihre Nachfolgerinnen) muß bis ins Mittelalter hinein bestanden haben und wurde dann von einer Fähre abgelöst, die sogar noch Anfang unseres Jahrhunderts zwischen Höllriegelskreuth und Grünwald verkehrte.
Dann aber war die Brücke Heinrichs des Löwen lange Zeit die einzige an der ganzen mittleren Isar. Es war natürlich nicht immer ein und dieselbe Brücke; die in früheren Zeiten noch wirklich reißende Isar, die bei Hochwasser ganze Baumstämme als Rammböcke gegen die hölzernen Tragpfeiler einsetzte, riß die Brücke beinahe alle Jahre weg oder beschädigte sie zumindest. Wie die Chroniken überliefern, gab es wirklich Zeiten, da war es schier zum Verzweifeln: Im 15. Jahrhundert zum Beispiel ist in drei aufeinanderfolgenden Jahren davon die Rede, daß die Brücke immer wieder neu errichtet werden mußte. Erst 1760 versuchte man zum ersten Mal, dieser Naturgewalt mittels eines steinernen Bauwerkes zu trotzen, »ganz aus dem Grund von gebacknen Steinen« gebaut, wie es Lorenz Westenrieder beschreibt. Das half aber auch wenig. Am 13. September 1813 – immer wieder waren es die September-Hochwasser, die man so fürchtete – geschah das Unvorstellbare: »Die Isar war zu einer fürchterlichen Höhe gestiegen und brauste, Alles mit sich fortreißend, dahin. Auf der Brücke standen eine große Menge Menschen dicht gedrängt und glaubten den Einsturz des sogenannten Kaiserwirthshauses erwarten zu können, dessen Grundmauern das wilde Wasser bereits zu unterwühlen

begann. Da fuhr ein Bräuwagen hinüber, dessen Fuhrknecht die Leute warnte, indem er versicherte, das Wanken der Brücke bemerkt zu haben, allein, man achtete nicht darauf! Welch Schreck! – plötzlich stürzte ein Joch ein, da – ein zweites und drittes! gegen 200 Menschen stürzten in die tobenden Wellen. Über 100 Personen fanden den Tod, und die übrigen wurden mehr oder minder beschädigt, doch gerettet.«
Selbst an der Schwelle zu unserem Jahrhundert war die Isar noch von Mamor, Stein und Eisen brechender Gewalt. 1899, wieder im September, wieder am dreizehnten, wieder um sechs Uhr abends, mußten gleich zwei Bauwerke dran glauben, die aus Granitsockeln und rotem Sandstein erbaute Luitpoldbrücke (heute Prinzregentenbrücke) und die Eisenfachwerkbrücke in Bogenhausen. Das Hochwasser muß wirklich gigantisch gewesen sein, es gibt aus dieser Zeit bereits Fotoaufnahmen, auf einer sieht man das Maximilianeum regelrecht im Wasser schwimmen. Und ein grausig schönes Spektakel muß es auch gewesen sein. Da brauchte es kein Reality-TV, da kam die Sensationsgier auch so zu ihrem Recht. »Tausende und aber Tausende wogten trotz des Kothes der Straßen längs der Isarufer auf und ab, dazwischen Herrenreiter, Offiziere, Droschken und elegante Fuhrwerke, um die Schäden und die noch immer wild tobende Flut zu besichtigen«, schreibt der Chronist.
Mit der Erwähnung der beiden letztgenannten Brücken nähern wir uns jenem Zeitabschnitt, in dem Brückenköpfe an den Isarufern wie Pilze aus dem Boden schossen. An diesem kleinen Beispiel sieht man einmal, in welchem schwindelerregenden Tempo innerhalb weniger Jahrzehnte um 1900 Mobilität und Verkehrsaufkommen zugenommen haben. Rund 700 Jahre lang kam München mit einer einzigen Brücke aus, mit jener nämlich, die auf Heinrich den Löwen zurückgeht. (Sieht man von dem Steg ab, der schon zu Zeiten des Dreißigjährigen Krieges die paar Isarinseln auf der Höhe der heutigen Maximiliansbrücke verband.) Erst gegen Ende des vorigen, Anfang unseres Jahrhunderts kamen die meisten der heute 25 Brücken des Münchner Stadtgebietes dazu: für den Eisenbahnverkehr die Großhesseloherbrücke, bei ihrer Erbauung 1851-57 die höchste Brücke der Welt; die Braunauer Brücke (1868) und die Föhringer Eisenbahnbrücke (1907, der Neubau 1940); für den anfänglich Fuhrwerk- und Fußgänger-, später Automobil- aber auch Straßenbahnverkehr: die Grünwalder Brücke (1904/05); die Thalkirchner Brücke (1903/04); die Brudermühlbrücke (1903 als Eisenfachwerkbau von der Kapuziner- zur

Brudermühlstraße versetzt, 1944 von Fliegerangriffen zerstört und 1953 neu errichtet); die Wittelsbacherbrücke (1904/05); die Reichenbachbrükke (eine aus Holz errichtete Vorläuferin gab es schon ab 1832, die heutige Brücke stammt ebenfalls aus der großen Bauzeit nach 1900); die Corneliusbrücke (1902/03); die Maximiliansbrücke (eine erste Brücke an dieser Stelle wurde 1858-63 aus dreierlei, unterschiedlich gefärbten Gesteinssorten errichtet, 1903-05 umfangreicher Umbau zur heutigen Maximiliansbrücke); die Luitpold-, heute Prinzregentenbrücke (nach dem Einsturz 1899 neu errichtet); die Max-Joseph-Brücke (hölzerne Vorläuferinnen gab es schon 1804 und 1811/12, nach diversen Flick- und Notlösungen ab 1876 ein Eisenfachwerk, das 1899 von dem besagten Hochwasser weggerissen wurde; Neubau 1901/02); die John-F.-Kennedy-Brücke (1961/62); die Herzog-Heinrich-Brücke (1959/60) und schließlich die Leinthalerbrücke, die 1902/03 mit 750jähriger Verspätung dafür sorgte, daß Föhring nach den Vorkommnissen, in die Heinrich der Löwe verstrickt war, wieder eine Brücke bekam.
Es gäbe noch etliche nur Fußgängern vorbehaltene Stege aufzuzählen, die Marienklausenbrücke in der Nähe der Floßlände und den Flauchersteg, die Dr.-Bosch-Brücke beim Deutschen Museum und den Wehrsteg am ehemaligen »Abrecher«. Mal sind diese Stege – was sich auch über manche Brücken sagen ließe – reichlich nüchtern und kahl, wie etwa die Praterwehrbrücke, mal versuchen sie sich in einer landschaftsgestalterischen Rolle wie die ganz aus Holz gebaute Emmeramsbrücke bei Oberföhring. Nicht immer können diese Bauwerke eine geglückt zu nennende Beziehung zu ihrer Umgebung herstellen, nur in den selteneren Fällen bilden sie zusammen mit der Isar ein so harmonisches Ensemble wie die Prinzregentenbrücke mit dem Friedensengel im Hintergrund. Daß die älteste Überquerung der Isar bei München mit keinem einzigen gestalterischen Detail und auch nicht mit dem Namen daran erinnert, wie alles anfing, ist schon wieder symptomatisch. Irgendwie hat diese Stadt immer neben der Isar gelebt, nie mit ihr. Christoph Hackelsberger, der ein ganzes Buch über Münchens Isarbrücken geschrieben hat, kommt denn auch zu dem Schluß: »An den Brückenköpfen zeigt sich wenig Leben. Kein Restaurant blickt mehr auf die Isar, keine attraktive Uferpromenade, die mehr wäre als ein Spaziergang im Grünen, umrahmt den Fluß. Der Isar wurde der Beitrag zur städtischen Unverwechselbarkeit verwehrt. München steht ungeschickt mit dem Rücken zu seinem Fluß. Stadt voll-

zieht sich nur abseits des Flusses, kaum an den Brücken, alles hinter sich lassend, was mit dem Fluß zu tun hat.«

Krokodile an der Isar

Man wird es kaum glauben, aber an den Ufern der Isar lebte noch Ende des vorigen Jahrhunderts ein Krokodil! Nicht, daß es sich hier um die bayerische Spielart des Ungeheuers von Loch Ness handeln würde, um ein urtümliches Reptil aus der Zeit, als um die Isar herum noch subtropische Urwälder standen, bevölkert von Riesenschildkröten, Giraffen, Zitzenzahn-Elefanten und Säbelzahn-Tigern. Jenes Krokodil, das hier gemeint ist, hielt sich auch nicht in irgendeinem Pfuhl am Isarufer auf, sondern abwechselnd in verschiedenen Bierschwemmen der Stadt. »Das Krokodil« war eine Vereinigung Münchner Literaten, die sich, unter dem Signum eines gipsernen Krokodils, »am Teich«, wie sie ihren Stammtisch nannten, trafen.

Die alte, berühmte Flößerwirtschaft »Zum grünen Baum«, die sich bis 1887 zwischen Ludwigsbrücke und Praterinsel am linken Isarufer befand, war unter anderem für eine Zeitlang Treffpunkt der »Krokodile«. Michael Georg Conrad hat in seinem mehrbändigen München-Roman »Was die Isar rauscht« dem »Grünen Baum« als Inbegriff Altmünchner Wirtshauskultur eine stimmungsvolle Schilderung gewidmet: »Trotz des demokratischen Lustgefühls, das alle vor dem Maßkrug gleich erscheinen ließ, kannte doch auch die alte Wirtschaft zum ›grünen Baum‹ die menschlichen Standesunterschiede. Nicht nur in den gemütlichen Stübchen des oberen Stocks gab 's ›abonnierte‹ Abende [...] – eine Zeitlang waren diese Räume der exklusive Sammelpunkt der Brüder in Apoll vom ›Krokodil‹ [...] –, sondern auch im Garten [...] gab 's reservierte Plätze, auf denen die Privilegierten und ›Gewappeten‹ sich 's bequem machen durften.«

Privilegiert und g'wappet waren die zirka 20 Mitglieder des »Münchner Dichterkreises«, wie die »Krokodile« auch genannt wurden, in den Augen vieler Münchner allerdings. Waren doch die Geibels und Heyses, die Dingelstedts und Carrières mit den süßesten Verlockungen und nicht zu widerstehenden Versprechungen nach München geködert worden. Maximilian II., der dem über die Lola-Montez-Affäre gestrauchelten Ludwig I. auf den bayerischen Königsthron folgte, ließ schon bald nach Regierungsantritt erkennen, wie er sein Amt zu gestalten gedenke: als das eines

Mäzens und Förderers, als eines Schirmherrn für alle Künstler und Gelehrten. »Sein großer Lebensplan stand dahin: das bairische Volk durch freie Bildung höher zu heben und in jenes Gemeinbewußtsein zurückzuführen, welches ihm seit der Reformationszeit theilweise abhanden gekommen war«, schrieb der mit Max II. bestens vertraute Wilhelm Heinrich Riehl. Bayern sollte, neben Preußen, zu einem Zentrum von Wissenschaft und Kunst werden. Daß dies nicht ohne eine gewisse intellektuelle ›Frischzellenkur‹ zu bewerkstelligen war, schien die feste Überzeugung Max' II. zu sein. Teilweise gegen den erbitterten Widerstand konservativer und alteingesessener Kreise holte Max II. von überall her die Gelehrten nach München: unter anderem den Chemiker Liebig, den Zoologen Siebold, den Agrarhistoriker Fraas, den Hygieniker Pettenkofer.

Da der König, der selbst Gedichte schrieb, eine besondere Liebe für die Poesie hegte, war es naheliegend, daß er sich auch mit den exponiertesten Autoren des damaligen Deutschlands schmücken wollte. Nichts war ihm zu teuer, um ihnen einen Aufenthalt in München schmackhaft zu machen. Emanuel Geibel, dem klassizistischen Erfolgslyriker des liberalen Bürgertums, sicherte er 1000 Gulden jährlich für eine Honorarprofessur an der Münchner Universität zu. Als Gegenleistung wurden nicht etwa Vorlesungen von Geibel erwartet, er hatte lediglich an den wöchentlich stattfindenden Symposien teilzunehmen, zu denen Max II. in das Prunkzimmer der Residenz einlud. Diese Gespräche in Art eines »Runden Tisches« dienten dem freimütigen Austausch und der Beratung des Königs durch Spezialisten aller Wissensgebiete.

Daß all diese Begleitumstände nicht gerade dazu angetan waren, daß die Zugereisten bei den Einheimischen freundlich aufgenommen wurden, läßt sich denken. Das wöchentliche Berater-Gremium des Königs war überwiegend mit Nordlichtern besetzt, und die sorgten auch noch dafür, daß ihre Spezln nachrücken konnten: Auf Empfehlung Geibels hin lud Max II. den erst 24jährigen Paul Heyse nach München ein, er könne hier schreiben, was er wolle, außer dem Symposium hätte er keinerlei Verpflichtungen.

Heyse war es denn auch, der die Idee eines Münchner Dichterkreises in die Tat umsetzte. Der aus Berlin Kommende hatte dort die Gelehrten-Vereinigung »Tunnel über der Spree« kennengelernt und hatte ähnliches mit den »Krokodilen« in München vor: zwanglose Zusammenkünfte ohne irgendwelche Vereinsstatuten, bei denen das geistreiche, aber auch

kritische Gespräch über die eigene literarische Arbeit gepflegt werden sollte. Nicht zuletzt aber hatte Heyse mit seinem Dichterkreis auch die Aussöhnung mit den »Autochthonen« im Sinn, wie man die Einheimischen seinerzeit nannte. Die hatten natürlich voller Argwohn den Zuzug der Nordlichter und ihre Bevorzugung durch Max II. beobachtet. Obwohl abwartend bis kritisch eingestellt, versuchte man dennoch aufeinander zuzugehen. Zur Begrüßung Emanuel Geibels in München veranstaltete die Vereinigung der »Zwanglosen« ein »Männer Fest-Diner« – wie man sieht, gab es natürlich schon vor den »Krokodilen« Münchner Dichterkreise wie etwa »Alt-England« oder den »Poetenverein an der Isar«. In die wollte man also die Neuankömmlinge einführen und aufnehmen – halt ganz auf altbayrische Art und Weise. Emanuel Geibel hieß man bei besagtem Fest-Diner gleich mit ein paar frotzelnden Begrüßungsversen willkommen, doch der nachgoetheanische Heros deutscher Lyrik wär doch beinahe ernsthaft beleidigt gewesen, hätte man ihn nicht mit vereinten Kräften davon überzeugt, daß das durchaus nicht ernst gemeint war.
Solche Verstimmungen kamen immer wieder vor. Zum endgültigen Bruch zwischen »Altmünchen« und »Neumünchen« kam es anläßlich eines Versöhnungs-Banketts, das auf Drängen Max' II. veranstaltet wurde. August Becker, ein zwar aus der Rheinpfalz stammender, aber ganz dem autochthonen Lager zugehöriger Schriftsteller und Journalist, trug ein grobianisches Spottgedicht vor, das vor allem die Zugereisten beleidigte. Es kam zum Eklat und zur Trennung in die beiden Lager. Bei den »Krokodilen«, eigentlich als Sammelpunkt für alle gedacht, blieben die Auswärtigen fortan weitgehend unter sich, Franz von Kobell als Erzbayer machte da eine der wenigen Ausnahmen.
Allzu unglücklich wird man darüber bei den »Krokodilen« nicht gewesen sein. Denn zahlreich sind die zeitgenössischen Stimmen, die davon sprechen, daß sich die auswärtigen Günstlinge des Königs »mit kühler Geringschätzung, ja zum Teil mit herausfordernder Anmaßung« gegenüber den Einheimischen benommen hätten. So blieb man also ganz unter sich mit seinem klassisch-antiken Kunstideal. Das war nämlich auch einer der Reibungspunkte gewesen, daß man der Selbststilisierung zum über allen Erdendingen schwebenden Klassizisten, wie sie Geibel und die anderen betrieben, im sinnenfrohen München eher spöttisch begegnete.
»Allzeit fromm und tugendhaft, / Ohne unanständ'ge Wallung, ohne blinde Leidenschaft«, so hatte man Geibel bei jenem Begrüßungs-Fest-Diner

in spöttischen Versen porträtiert. Doch Geibels, Heyses und der anderen Ästhetizismus wurde nun bei den »Krokodilen« zum Programm erhoben. Felix Dahn, ein Mitschwimmer im »Heiligen Teich«, formulierte es einmal so: »Das Gemeinsame war ein gewisser ›Idealismus‹, sofern man hierunter die sorgfältigste Pflege der Form-Reinheit, die Vorliebe für den hohen Stil, die Schulung durch die Antike und die übrigen Classiker der Weltliteratur versteht und eine Neigung zu dem Vornehmen, sowohl in der Wahl als in der Behandlung der Stoffe.«

Im Grunde ist auch das Wappentier des Clubs der erhabenen Dichter in diesem Sinne zu verstehen. Das Krokodil, wie es Emanuel Geibel oder auch Hermann Lingg bedichtet hatten, war Sinnbild eines weltabgewandten, kaltblütigen, aber auch majestätischen Tieres, das sich vom übrigen weltlichen Treiben ganz unbeeindruckt zeigt. Eine geradezu fernöstliche Weisheit strahlt das Reptil bei Lingg aus, wie es da im »heil'gen Teich zu Singapur liegt« und auf einem »Lotosstiel« kaut, dem Symbol für Schönheit und Erleuchtung.

Das alles überstrahlende Vorbild des Dichterkreises war Goethe – und natürlich nicht der stürmisch drängende Goethe des »Götz'« oder des »Werthers«, sondern der spätere Klassizist der »Iphigenie« oder des »West-östlichen Diwans«. Das Revolutionsjahr 1848 war noch nicht allzulang vergangen, die der sozialen Wirklichkeit zugewandte Bewegung des »Jungen Deutschlands« war schon ins öffentliche Bewußtsein gedrungen, doch in München, dem angeblichen Isar-Athen, gab man sich ganz entrückt, lebte man eher in der Antike als in der Realität des 19. Jahrhunderts. Was hat sich auch das dickhäutige Reptil darum zu scheren, was um es herum passiert! »Wir hofften«, schreibt Paul Heyse in Anspielung auf Linggs lotuskauendes Krokodil, »in unserem Münchener ›heiligen Teich‹ dermaleinst ebenso gegen die schnöde prosaische Welt gepanzert zu sein, wie jener uralte Weise, der nur noch für den Wechsel der Temperatur empfindlich war.«

Daß eine solche Haltung Spott und Kritik hervorrufen würde, war klar. Der bereits erwähnte August Becker hat dies am ausführlichsten getan, in einem heute ganz und gar vergessenen epischen Großgemälde, das man, kennt man die Namen, geradezu als Schlüsselroman jener Zeit lesen kann. »Vervehmt. Roman aus der Gegenwart«, so lautet der Titel des 1868 erschienenen vierbändigen Werkes, im Grunde der Vorläufer aller später folgenden Münchner Sittengemälde, sei es Conrads »Was die Isar rauscht«, Feuchtwangers »Erfolg« oder Dietls »Kir royal«. Nur wird man darüber kaum etwas in irgendwelchen München-Anthologien oder bayerischen Literaturgeschichten finden. Becker ereilte das Schicksal, das er mit seinem Buchtitel bereits vorausgeahnt hatte: Er wurde regelrecht »vervehmt«, unter anderem auch weil er die Intrigen am Hof Ludwigs II. in seinem Roman ausplauderte.

Daneben griff Becker wie schon in seinem Spottgedicht die alten Zwistigkeiten zwischen den Zugezogenen und den Einheimischen auf, wobei er die Auswärtigen mit soviel Spott und Hohn bedachte, daß Michael Doeberl in seiner »Entwicklungsgeschichte Bayerns« vermerken konnte: »Die altbayerische Reaktion gegen die norddeutschen Berufenen drang selbst in die schöne Literatur ein, am schärfsten wurde sie gegeißelt von einem Mann, der zwar der Abstammung nach Pfälzer war, in München sich aber ganz den Altbayern angeschlossen hatte, von August Becker in seinem Roman ›Vervehmt‹.« Am Beispiel des Philosophen, Universitätsprofessors und Gründungsmitglieds der »Krokodile«, Moritz Carrière, zeigt Becker, welche mitunter lächerliche Figur die Goetheepigonen mit ihrer schöngeistigen Noblesse gerade in München, der Hauptstadt des Bauches, machten: »Mit ›Ich und Goethe‹ fing er gewöhnlich an und hörte mit dem Walten der sittlichen Weltordnung auf. Dazu trank er Bock und aß Rettich. Eine seiner gewöhnlichsten Wendungen in Schrift und Wort war: Goethe ist hierin ganz mit mir einverstanden! Wobei der bescheidene Mann annahm, daß ihm Goethe nur zufälligerweise mit seinen Gedanken um 60 Jahre zuvor gekommen war.«

Man könnte nun meinen, daß die »Krokodile« bei so viel Anfeindung von außen zu einem eingeschworenen Freundesbund zusammengeschweißt wurden. Doch wie man im nachhinein aus Briefen, Tagebüchern und Memoiren erfahren hat, war dem keineswegs so. Johannes Mahr, Herausgeber einer umfangreichen Sammlung von Texten und Dokumenten der »Krokodile« im Reclam Verlag, zeigt sich »ausgesprochen unangenehm berührt« über den Ton, der hinterrücks gegeneinander gepflegt wurde: »Etwa wenn Bodenstedt sich die Wut über den ›Hanswurst‹ Geibel von der Seele schreibt, der demnächst unweigerlich verrückt würde; wenn Heyse Gedichte Schacks ›abgestandene Herzensergießungen unseres guten Freundes von der traurigen Gestalt‹ nennt; wenn Heyse Leuthold bestätigt, daß dieser ›für seine Poesie keinen tieferen seelischen Gehalt in sich hatte‹ und ähnliches mehr.«

Für die meisten der »Krokodile« war die Schriftstellerei auch Broterwerb, eine gewisse Rivalität aus wohlverstandenem Eigeninteresse ist also anzunehmen. Gleichzeitig versuchte einer dem anderen sein poetisches Ideal aufzuzwingen. Das wird bei den regelmäßigen Zusammenkünften so gewesen sein, wo sich Geibel zum Beispiel den Beinamen »der Donnerer« erwarb, aber auch bei der ersten gemeinsamen Buchveröffentlichung, die 1863 erschienen ist. Das erste »Münchner Dichterbuch« wurde noch von Emanuel Geibel herausgegeben, für das zweite war er als Herausgeber schon nicht mehr zu gewinnen. Wieder und wieder hatte er für die erste gemeinsame Anthologie die eingereichten Texte verbessern und überarbeiten müssen, bis sie endlich seinem klassizistischen Poesieverständnis entsprachen. Nachdem wiederholt das Erscheinen verschoben worden war, konnte man schließlich, als das Buch 1863 herauskam, eine »Sammlung mit Versdichtungen von beeindruckender Geschlossenheit« bestaunen – man könnte aber auch sagen, daß Emanuel Geibel solange geschliffen und gefeilt hatte, bis jede stilistische Individualität der einzelnen Autoren getilgt war.
Als dann fast 20 Jahre später eine zweite Anthologie, diesmal von Paul Heyse herausgegeben, erschien, hatte sich die Vereinigung der »Krokodile« grundlegend gewandelt. Mit dem Wechsel auf dem Königsthron nach dem Tod von Max II. war die wohlwollende Förderung durch den Monarchen weggefallen. Nicht nur daß sein Nachfolger Ludwig II. sein mäzenatisches Füllhorn viel lieber über dem Musiktheater und insbesondere über seinem Liebling Richard Wagner ausgoß, er mißbilligte auch aufs schärfste Geibels Parteinahme für den Preußenkönig und entzog ihm seinen Ehrensold. Nicht nur Geibel, sondern auch Bodenstedt, Grosse und andere verließen schließlich München wieder. Die »Krokodile« indes unter dem mittlerweile alleinigen Führungsanspruch Paul Heyses wurden mehr und mehr zu einem geselligen Stammtischtreffen, die kritische Diskussion neu entstehender Werke trat immer mehr in den Hintergrund. Dies läßt sich auch deutlich am zweiten »Münchner Dichterbuch« ablesen, daß unter Heyses Herausgeberschaft zu einem Potpourri der unterschiedlichsten Stile und Stimmen wurde. Es waren sogar oberbayerische, pfälzische und Straßburger Dialektgedichte vertreten. Eine ›neue Beliebigkeit‹, wie sie Emanuel Geibel niemals geduldet hätte!
Ob es an diesem Sammelsurium unterschiedlicher Töne lag, daß das Buch ein regelrechter Flop wurde? Jedenfalls meldete der Verleger über den

Absatz des »Neuen Münchner Dichterbuches« an Paul Heyse, dies sei »die größte Enttäuschung meines Verlegerlebens« gewesen. Es könnte aber auch sein, daß das Münchner und oberbayerische Publikum noch immer nicht warm geworden war mit diesen Nordlichtern, die ja mittlerweile auch schon für viele Jahre zu Wahlmünchnern geworden waren. Daß sich die Einheimischen mit den Fremden schwertaten, hatte schon Franz Dingelstedt festgestellt, der 1851, von Max II. gerufen, nach München kam und 1857 die Residenzstadt schon wieder verlassen hatte. Er schrieb: »Wenn ich mich jetzt aufs Gewissen frage, wer oder was die traurige Kluft zwischen Altmünchen und Neumünchen verschuldet hat, so kann ich keinen Teil unbedingt anklagen, keinen unbedingt freisprechen. Mich selbst eingeschlossen. Gastfreundschaft gegen Fremde, entgegenkommende Höflichkeit im geselligen Verkehr, freiwillige Teilnahme an wissenschaftlichen oder künstlerischen Bestrebungen, Versuchen, Neuerungen, alle diese Eigenschaften liegen bekanntlich nicht im angeborenen Stammcharakter des Altbayern.«

Steinsdorfstraße / Isaranlagen / Haidhausen

»Wir müssen uns der Isar bemächtigen«

»An unserer Isar wird eine Entscheidungsschlacht geschlagen werden: wer in München als der Stärkere die nächsten Generationen beherrscht – der Kunstsinn oder der Kapitalismus, Geist oder Geldsack.« Diese programmatischen Sätze sind nicht etwa aus einer kämpferischen Broschüre rot-grüner Stadtverbesserer zitiert, verteilt im letzten Kommunalwahlkampf. Nein, sie stammen aus einem Buch, das über hundert Jahre alt ist, dem hier schon mehrfach erwähnten Roman-Zyklus »Was die Isar rauscht« von Michael Georg Conrad. Das Erstaunliche an diesen insgesamt sechs Bänden ist, daß sie sich mitunter wie ein Gesellschaftsroman über das heutige München lesen. Was wir in bayrisch Amigoland für ›Errungenschaften‹ der letzten zwanzig Jahren halten, nämlich Spekulantentum, politische Bestechung und Schieberei, wurde, hier können wir 's nachlesen, schon im ach so griabigen München des vorigen Jahrhunderts eifrig praktiziert. Im Grunde ist dieser knapp 2000seitige Romanreigen ein früher Vorläufer von München-Satiren à la »Kir royal« im Fernsehen oder »München leuchtet«, dem Erfolgsstück von Gerhard Polt, Hanns-Christian Müller und Dieter Hildebrandt 1983 in den Kammerspielen.
So spielt etwa auch in »Was die Isar rauscht« die sensationslüsterne »Kir royal«-Presse keine unwichtige Rolle, und die Machenschaften der Geldigen wurden bereits von Conrad bissig angeprangert. Der vor ein, zwei Jahren noch regelmäßig Schlagzeilen produzierende Zwist um die Praterinsel, ob sie nun Künstlerateliers, ein Museum oder Luxusappartements beherbergen soll, all das hat seine erstaunliche Entsprechung im Ausgangskonflikt des Conradschen Romans. Auch hier geht es nämlich um Bebauungsvorhaben an der Isar. Und auch hier konkurrieren knallhartes Profitdenken mit künstlerisch hochfliegenden Visionen. Der Uferstreifen, den die heutige Steinsdorfstraße ausmacht, stand seinerzeit in den 80er Jahren des vorigen Jahrhunderts zur Disposition. Die Untere Floßlände hatte hier jahrhundertelang ihren Platz gehabt und das baulich kaum genutzte Isarufer lediglich als Warenlager belegt: riesige Holzstapel

türmten sich hier. Daß die Isarufer bis dato die am wenigsten bebauten Stellen im ganzen Stadtgebiet waren, hing mit der Isar selbst zusammen, die als reißender Gebirgsfluß regelmäßig für Überschwemmungen sorgte. Folglich hatten sich Bauherren noch nicht so recht herangewagt in die unmittelbare Nähe des Flusses. Die Isarufer waren also ein städtebauliches Vakuum, ein nach Mörtel, Ziegelsteinen und Beton schreiender Freiraum. Wegen der geplanten Kunstgewerbeausstellung 1887 und einer projektierten Wohnstraßenbebauung an dieser Stelle wurde die Untere Lände aufgelassen. Conrad läßt in seinem Roman um diesen neu entstandenen Bauplatz einen Planungswettbewerb stattfinden. Einer der zahlreich auftretenden Spekulanten schwelgt schon in den kühnsten Zukunftsträumen: »Die Isar ist der Geldstrom für das neue München. Wir müssen uns der Isar bemächtigen, das heißt: ihrer Wasserkräfte, ihrer Ufer und ihrer Inseln. Was für Baugründe, was für Villenviertel, was für pompöse Zukunftsstraßen! Nichts spricht deutlicher für die wirtschaftliche Beschränktheit der Altmünchener, als daß sie für ihre Stadt jahrhundertelang nichts aus der Isar zu machen wußten.«
Da haben wir ihn also erstmals literarisch eingefangen, den Neumünchner, der uns mit seiner Umgestaltungswut, mit seiner Baugier seitdem das Leben in München verleidet. (Damit mir niemand vorwirft, hier einen Klischeegegensatz zwischen neuerungssüchtigen Zugereisten und bewahrenden Einheimischen zu konstruieren, füge ich gleich an, daß dieser wehmütige Abgesang auf das untergehende Altmünchen natürlich von einem Auswärtigen geschrieben wurde: Michael Georg Conrad stammte – auch das noch, werden Altbayern stöhnen – aus dem unterfränkischen Gnodstadt.) Neben den Typus des Bankiers, korrupten Politikers und geldgierigen Spekulanten stellt Conrad den idealistischen Künstler, den rebellierenden Freigeist, den Träumer, der sich für die wahre Kunststadt München einsetzt. Der Journalist Dr. Erwin Hammer gehört zu dieser Gruppe, aber auch die Malerin Flora Kuglmeier und der Architekt Joseph Zwerger. Letzterer, der wohl nur so heißt, weil er als idealistischer Zwerg gegen die Baubosse nichts ausrichten kann, legt eigene visionäre Pläne für eine Isarufer-Bebauung vor, die Museen, Galerien, Anlagen und Brunnen vorsehen – Lothar-Günther Buchheim und sein nie realisiertes Expressionisten-Museum auf der Praterinsel lassen grüßen.
Doch Zwerger ist in dieser Stadt des »barbarischen Mammonismus«, wie sie Conrad nennt, mit Ausnahme weniger Freunde ohne Rückendeckung.

Während eines sommerlichen Kegelabends (auch so ein altmünchnerisches Relikt) unterhalten sich zwei Kunstakademiestudenten über die Chancen, daß Zwergers Entwürfe tatsächlich zur Ausführung kommen: »›Ja, eine Märchendichtung an der Isar, ein genialer Künstlertraum an rauschenden Wassern – das werden seine Entwürfe ewig bleiben.‹ ›Sie meinen, daß er der Konkurrenz unterliegen wird?‹ ›Ob Konkurrenz oder nicht, er ist ein einsamer Mann, und das heißt in München ein verfehmter Mann, ein verlorener Mann. Denken sie doch an das Schicksal des Königs.‹«
Ludwig II., über den Conrad später noch einen eigenen »Königs-Roman« geschrieben hat, steht für ihn in einer langen Reihe von Regenten, die die Haupt- und Residenzstadt, im Grunde gegen den Widerstand der Urmünchner, zur strahlenden Kunststadt gemacht haben. »Nur durch das unverdiente Glück, so außerordentlich hochsinnige, weitblickende Fürsten wie die Könige Ludwig I. und Max II. als Landesväter zu haben, wurden die Münchener zu dem Range moderner Kunststädter erhoben.« Und sie merkten es nicht einmal! Stets in der »geistigen Beschränktheit« verharrend, die »so lieblich die köstlichen Kalbsbraten und Bockwürste und Radi verdauen« half, ist ihnen auch in diesem Fall der Isarbebauung die Zukunft der Stadt herzlich gleichgültig. Die verdienten Männer des Isar-Baukonsortiums, allesamt Bankiers, Politiker und Geschäftsleute, werden es schon richtig machen. Auch haben die nicht so g'spinnerte Vorstellungen wie dieser Zwerger, bleiben vielmehr beim Altbewährten: »›Altdeutsch, das ist ein sicherer Stil. Die Gotik geht auch noch. Unser neues Rathaus, zum Beispiel, nicht wahr? A bißerl finster, ja, aber das paßt zu den Köpfen.‹«
Was die Gedanken dieser finsteren Köpfe letztlich allein beherrscht, ist die Frage nach dem ›Diridari‹, dem Geld. Mit in die Neubebauung des linken Isarufers zwischen Ludwigsbrücke und Praterinsel wird gleich das halbe Lehel miteinbezogen, aus dem einstigen Armeleutebezirk wird ein Luxusviertel gemacht. Auch wenn es oft erbärmliche Hütten waren, die sich da so nah an die mit Hochwassern drohende Isar herangedrückt hatten, kleine Heimaten waren sie für ihre Bewohner allemal. Die Wehklage vertriebener Mieter, die Conrad an einer Stelle von Betroffenen vortragen läßt, sie könnte sich so in den sechziger und siebziger Jahren in Schwabing und vor kurzem in Haidhausen wiederholt haben. »›Luxuriöse Herrschaftswohnungen herzustellen, das verspricht diesen Herren vom Raub-

bauwesen ein besseres Geschäft, als das Erbauen von zweckmäßigen Wohnungen für Arbeiter, kleine Beamte und andere Angehörige unserer weißen Kultursklaverei. Was brauchen diese armen Schlucker überhaupt zu wohnen und Familienwohnungsbedürfnisse zu entwickeln?‹«

Zwerger räumt schließlich resigniert den Kampfplatz. Die Entscheidungsschlacht zwischen Geist und Geldsack hat der Kapitalismus gewonnen. Die Folgen dieser Niederlage sind im Grunde noch heute zu besichtigen. Denn was findet man schon an den Ufern des Flusses, von dem die Stadt seit jeher ihren Nimbus ableitet, ein Athen an der Isar zu sein: ein Heizkraftwerk, mehrspurige, unpassierbare Rennstrecken für den Pkw-Verkehr, eine Kulturvollzugsanstalt, die in ihrer Häßlichkeit symptomatisch ist, und vor allem prächtige Häuserzeilen voller sündteurer Gewerbeflächen, die urbanes Treiben nur innerhalb geregelter Öffnungszeiten vorgaukeln. Und hier spielt sich dann jenes gekünstelte Schicki-Micki-Pseudo-Leben ab, das sich offenbar schon vor über hundert Jahren abzuzeichnen begann: »›Daß ich's in München nicht mehr aushalte? Das stimmt. München ist nicht die Welt und nicht das Leben. Und was man uns in München als das Leben verkauft, ist nur ein schales, miserables Surrogat, Kunst-Leben wie Kunst-Kaffee oder Kunst-Wein – und die Menschen hier sind nachgemachte Menschen, Kunst-Menschen, und die Stadt selbst, na ja, sie ist halt eine Kunst-Stadt.‹«

Eine Jugend an der Isar

»Es waren die Wellen der Isar, die gegen meine Seufzer nur mit dumpfen Tönen brausend antwortete.« Die fragenden Seufzer, die der Münchner Bub Fritz Rosenthal ausstieß und auf die der Fluß auch keine rechte Antwort wußte, entsprangen Momente des Selbstzweifels. Wohin gehörte man eigentlich? Gegenüber dem Friedensengel, in den Isaranlagen, »wo im Schatten einer Christophorus-Statue ein Wasserfall rauschte«, las der junge Fritz Theodor Herzls Programmschrift »Der Judenstaat« und ihm wurde mehr und mehr klar, wohin es ihn zog. Hin zu seiner jüdischen Identität, hin schließlich zum Staate Israel. Als Schalom Ben-Chorin verließ er 1935 die Heimat seiner Jugend und ging nach Jerusalem.

Vorausgegangen war die schmerzliche Bewußtwerdung, daß man eben doch nicht »wie alle bayerischen Kinder« war, obwohl vor allem unter den bürgerlich-liberalen Juden Münchens die Assimilation schon so weit fortgeschritten war, daß deren Kinder ohne jegliches Bewußtsein für eine angebliche Andersartigkeit mit ihren christlichen Spielkameraden aufwuchsen: »Wir suchten auch zu Ostern buntgefärbte Eier im Garten, und zu Nikolaus fehlten weder Nikolaus noch Knecht Ruprecht. [...] Wir sprachen zu Hause und auf der Straße dasselbe bayerisch gefärbte Deutsch wie unsere Umwelt. Wir gingen in dieselbe Schule wie unsere christlichen Altersgenossen und spielten mit ihnen auf dem Hirschanger im Englischen Garten und turnten zusammen im Turnverein Jahn.« Ja, die Assimilation ging so weit, daß ein jüdisches Kind voller Erstaunen ausrufen konnte: »Mutti, die Christen haben auch einen Christbaum!«

Aber auch die Erwachsenen hatten sich längst an ein bayrisch-barockes Leben gewöhnt, so daß es zu einer kuriosen Melange aus Jüdischem und Münchnerischem kam. Wie Ben-Chorin erzählt, war selbst für den frömmsten Juden das schlimmste an der Passah-Fastenwoche, daß es dann sieben Tage lang kein Bier gab, und nachdem das überstanden war, ging man als erstes ins Wirtshaus. Und auch am »Ausgang des tiefernsten Versöhnungstages, dem Bußtag im Herbst, an dem man von Abend zu Abend gefastet hatte«, schreibt Ben-Chorin, »ging ich oft noch auf die Theresienwiese, wo im Schatten der Bavaria der Zaubergarten irdischer Vergnügungen, das Oktoberfest, den eben geläuterten Büßer aufnahm.« Wenn das kein barock-katholisch inspiriertes Lebensgefühl ist, wo man ja auch, aus dem Beichtstuhl heraustretend, gebüßt und gereinigt, wieder den alten Verfehlungen hinterherjagen darf.

»Vom Judentum erfuhr ich so gut wie nichts. Weder zu Hause noch in der Schule«, bekennt auch Grete Weil, die große jüdische Dichterin bayrischer Herkunft, die – wie sie selbst sagt – »ihre Stadt innig liebende Münchnerin«. »Ein Mensch, der durch die Augen lebt, kann mit einer Religion nichts anfangen, die das Bild verwirft.« Grete Weil sah sich selbst als ein dem süddeutschen Barock zugetaner Augenmensch. »Noch sagte ich ohne zu zögern: Bayern, meine Heimat!« Doch dann kamen jene braunen Herrenmenschen, die plötzlich einem ganzen Volk ein Brandzeichen aufdrückten, es mit einer Identität konfrontierten, von der, wie uns Ben-Chorin und Grete Weil lehren, zumal junge Juden überhaupt keine Ahnung hatten. Man war plötzlich mit dem Tod bedroht für etwas, was einem angeblich wie ein Kainsmal auf der Stirne geschrieben stand, von dem man aber bisher nicht das geringste Bewußtsein hatte und von dem auch die Umwelt, so schien es, kaum Notiz nahm. »Ich wußte jetzt, daß ich Jüdin war. Nur Jüdin. Tag und Nacht, Nacht und Tag. Eine zu Vernichtende, damit beschäftigt zu überleben.« Eben noch war man, wie die meisten Christen auch, nur ein »Dreitagejude« gewesen, der die hohen Feiertage im Herbst, an Neujahr und das Versöhnungsfest feierte. Ansonsten saß man mit seinen christlichen Freunden im Wirtshaus, tummelte sich auf der Wies'n, am Chinesischen Turm. Wie konnte das plötzlich alles vergessen, ausgelöscht sein? »Es waren Schreck und Verwunderung gleichermaßen, die mich befielen«, schreibt Ben-Chorin. »Was ging in dieser Stadt vor sich, in der ich geboren war, in der meine Eltern und Großeltern lebten? Ein Teil unserer Mitbürger hatte sich aufgemacht – um uns zu erschlagen.«

Und das eben nicht erst nach '33 oder nach der Reichspogromnacht, sondern schon viel früher. Bereits 1923 wurde eine jüdische Familie in einer Münchner Trambahn grundlos von Anhängern Hitlers niedergeschlagen. Zwar war die Empörung in einem Teil der Münchner Blätter groß, auf der anderen Seite darf man annehmen, daß es vielen gleichgültig war, wenn sie nicht gar dem Ganzen Beifall klatschend – auch das ist nichts Neues – zustimmten. Jedenfalls berichteten die »Münchner Neuesten Nachrichten«, daß wenn Hitler in einer seiner Bierhallen-Reden über Juden herzog, der »übervolle Saal minutenlang tobte«. Auch wenn es mancher nicht wahrhaben mag, es ist nun mal so: Das gemütliche, kunstsinnige, scheinbar tolerante München war der ideale Nährboden für einen Hetzer wie Hitler.

Es war es deshalb, weil der aus einem Wiener Obdachlosenheim kommende »Kunstmaler« hier von Anfang an Spezl und Gönner fand, die ihn systematisch aufbauten, förderten, nach vorne schubsten. Diese Spezln saßen in der Regierung, im Polizeiministerium und in rechtsradikalen Geheimbünden wie der Thule-Gesellschaft. Es hätte genügend Handhabe gegeben, sich schon lang vor 1933 von Hitler zu entledigen. Man erwog die Abschiebung des Ausländers, doch das Bayerische Innenministerium ließ in einem seltenen Gnadenakt die Ausweisung bleiben. Und nach dem Putsch 1923 war man wieder äußerst milde gestimmt; der Jurist und Lokalhistoriker Otto Gritscheneder hat darauf hingewiesen, daß auf diesen Akt des Hochverrates eigentlich die Todesstrafe hätte stehen müssen.

Gerade im Falle Hitlers ist die Historie voller absurder Zufälle. Nach dem fehlgeschlagenen Marsch auf die Feldherrnhalle versteckte sich Hitler in einem Haus am Staffelsee, und als die Festnahme kurz bevorstand, wollte

er sich erschießen. Die couragierte Hausherrin entwaffnete ihn in einem kurzen Handgemenge. Oder noch früher: Was wenige wissen, Hitler hat eine Zeitlang mit den Rotarmisten der Münchner Räterepublik konspiriert. Schon Ernst Toller hat in seinem Memoirenband »Eine Jugend in Deutschland« darauf hingewiesen, Hitler habe sich 1919 in Münchner Kasernen als Sozialdemokrat erklärt. In der »Korrektur einer Biographie« von Anton Joachimsthaler kann man sogar nachlesen, daß Hitler im Februar und März 1919 als Rotarmist Wache am Hauptbahnhof schob. Warum konnte Hitler nicht dasselbe Schicksal wie so viele andere ›Bolschewisten‹ ereilen, die von den Weißen Truppen und Freikorps wahllos über den Haufen geschossen wurden – bei der sogenannten ›Befreiung Münchens vom roten Gesindel‹?
War Hitler also politisch eigentlich völlig indifferent, ein »umherirrender Hund auf der Suche nach seinem Herrn«, wie es der Leiter der »Aufklärungsabteilung« des Reichswehrgruppenkommandos 4, Karl Mayr, ausdrückte? Der war es gewesen, der Hitler als V-Mann zu einer Versammlung der »Deutschen Arbeiter-Partei« schickte – Hitlers Auftrag bei ähnlichen Observationen war es, eventuell wieder aufkeimende Umsturzgedanken, die im November 1918 zur Revolution geführt hatten, sofort auszumachen. Das Treffen der »Deutschen Arbeiter-Partei« fand – nur wenige Meter von der Isar entfernt – im Tal am Isartor statt. Es sollte zur Geburtsstunde der NSDAP und ihres Führers, GröFaZ Hitler, werden. Durch einen kurzen Redebeitrag beeindruckte der Gefreite den Vorsitzenden Anton Drexler so sehr, daß der kurzerhand Hitler eine Postkarte schickte, er sei in die »Deutsche Arbeiter-Partei« aufgenommen, wogegen sich der überrumpelte erst einmal sträubte. Der Führer ›wurde‹ also seiner Partei beigetreten, von einer heroischen, Geschichte machenden Parteigründung, wie man es später nicht nur auf der Wandinschrift im Nebenzimmer des Sterneckerbräus darstellte, kann keine Rede sein. »In dieser Ecke gründete am 24. Februar 1920 unser Volkskanzler Adolf Hitler die N.S.D.A.P. Die ersten sieben wackeren Kämpen legten hier den Grundstein zur deutschen Freiheitsbewegung.« Am 24. Februar 1920 ist ein »Herr Adolf Hittler« laut Ausweis der »Deutschen Arbeiter-Partei« lediglich Mitglied 555 (wobei Anton Drexler, falsche Zahlen vortäuschend, die Zählung erst mit 501 begann), an diesem Tag wurde keine NSDAP gegründet (der einer sudetendeutschen Partei nachgebildete Name kam erst später), sondern Hitler hielt lediglich eine seiner ersten Großver-

antstaltungen ab, auf der er das Parteiprogramm der immer noch auf »Deutsche Arbeiter-Partei« lautenden Vereinigung verlas. Es kam schon bei dieser Rede zu scharfen Ausfällen gegen die Juden, ein Polizeibeobachter stenographierte: »Erst die Schuldigen, die Juden hinaus, dann reinigen wir uns selber. (Lebhafter Beifall.) Bei den Verbrechen der Schieber und Wucherer haben Geldstrafen keinen Wert. (Prügelstrafe! Aufhängen!) Wie schützen wir unsere Mitmenschen vor dieser Blutegelbande! (Aufhängen!)«

Bei dieser Rede forderte Hitler auch, den Juden kein Weizenmehl mehr für ihr Passahbrot zuzuweisen. Das war im Februar 1920. In jenem Jahr suchte der Bub Fritz Rosenthal noch Ostereier und feierte Weihnachten mit Christbaum. Erst 1928 vollzog er den radikalen Schnitt, verließ er als Fünfzehnjähriger sein Elternhaus mit dem Vorsatz, diese bis zur Selbstaufgabe und Selbstverleugnung gehende Assimilation nicht mehr länger mitzumachen. »Mühselig hatte ich mich zurückgetastet zu der ursprünglichen jüdischen Existenz: zu Herkunft und Zukunft, zu Tradition und Zion. Leider haben Ältere und Erfahrenere die Zeichen der Zeit weniger verstanden. Der junge Mensch sieht viel klarer.« Er sah, daß das nahezu völlige Ablegen alles Jüdischen den Juden nichts helfen würde. Daß man es ihnen nicht anrechnen würde, daß sie zum Beispiel als Freiwillige im Ersten Weltkrieg ihr, wie sie es sahen, Vaterland verteidigt hatten. Für alle am Völkermord Beteiligten blieb Jude einfach Jude. Nachdem Schalom Ben-Chorin, wie sich Fritz Rosenthal ab 1931 nannte, mehrfach verhaftet und ihm einmal von einem das Verhör führenden Beamten gesagt worden war, »Judenblut ist bei uns nicht so wichtig«, sah der 22jährige klar genug. 1935 verließ Ben-Chorin München, nachdem er noch an Pfingsten unter Beisein christlicher Freunde wie zum Beispiel Wilhelm Hausenstein in der Synagoge an der Herzog-Rudolf-Straße geheiratet hatte. »Dieser Tag unserer Hochzeit war nun auch tatsächlich der Tag des Abschieds nicht nur von München, sondern von Deutschland, von der Welt unserer Kindheit und Jugend.« Über Zwischenstationen kam das Paar schließlich nach Jerusalem, wo es einen Neuanfang machte.

In Jerusalem hat Schalom Ben-Chorin, der als Dichter und theologischer Denker zu einem der wichtigsten Vermittler zwischen Juden und Christen wurde, auch seine Erinnerungen, »Jugend an der Isar«, geschrieben – in deutscher Sprache. Neu beheimatet am Jordan, gedachte er der Isar und stellte fest, daß er eigentlich in einem geistigen »Zweistromland« lebe. So hatte auch ein Buch von Franz Rosenzweig, das 1926 erschienen war, geheißen, in dem der jüdische Theologe zeigte, daß abendländisches und hebräisches Erbe im Grunde wie zwei Flüsse ineinandermünden. »So gesehen war auch das Land meiner Jugend ein Zweistromland«, schreibt Ben-Chorin. »Es ist wohl das Schicksal meiner Generation, Bürger dieses Zweistromlandes zu bleiben. Isar und Jordan sind weit voneinander entfernt, doch sie münden in ein Herz. So seltsam spielen Geographie und Anthropologie ineinander.«

Zur Miete in der Einöde: der Bayerische Landtag

Der Bayerische Landtag, das Maximilianeum, Herrschersitz derer, die über die Geschicke Bayerns bestimmen, auch er liegt natürlich an der Isar, genauer gesagt über dem Fluß, am rechten Hochufer, verbunden mit der Stadt durch einen der schöneren unter den 25 Isarübergängen, durch die Maximiliansbrücke. Doch was wahrscheinlich die wenigsten wissen dürften: Landtag und Senat befinden sich nur zur Miete in diesem stattlichen Gebäude. Eigentlich untersteht es der Universität München – aber das können nicht einmal die Juristen so genau klären. Jedenfalls hat König Max II. in seinem Testament gewünscht, daß wenn einmal die Herrschaft der Wittelsbacher in Bayern aufhöre, »Protectorat und Schutzherrlichkeit« seines Maximilianeums auf die Universität übergehe. Und es ist wirklich sein Maximilianeum. Schon als er Kronprinz war, hatte er davon geträumt, dereinst für die Begabtesten seines Königreichs, die später einmal in den Staatsdienst eintreten wollen, eine Art Eliteschule, ein »Athenäum«, zu schaffen. Wie es oft bei großartigen Ideen ist: Da kommen dann Kleingeister und mäkeln daran herum, was das Geld koste und überhaupt sei das Projekt nicht ausgereift und »Athenäum« dürfe es schon gleich gar nicht heißen, denn die Athener wären letzten Endes ein politisch und moralisch denkbar schlechtes Beispiel. Dem König wurden schließlich die Gutachten und Gegengutachten zu dumm, er finanzierte die Eliteschule einfach aus der eigenen Tasche, und dann war es nur recht und billig, sie »Maximilianeum« und nicht »Athenäum« zu nennen. In den Anfangsjahren war sie in einem Mietshaus in der Amalienstraße untergebracht.

1875 wurde schließlich von Maximilians Sohn, Ludwig II., der Grundstein gelegt zu dieser über der Isar schwebenden Wolkenkuckucks-Universität, die für die talentvollsten Jünglinge, die das Land hervorbringen würde, zur Verfügung stehen sollte. Bei freier Kost und Logis und mit eigener Bibliothek (damit man in der Uni nicht Schlange stehen muß) soll hier «die Erreichung jener Stufe wissenschaftlicher und geistiger Ausbildung« erleichtert werden, »welche zur Lösung der höheren Aufgaben des Staatsdienstes erforderlich ist«. So manche später berühmte Persönlichkeit genoß diese Begabtenförderung, etwa Werner Heisenberg oder der Münchner Stadtschulrat Anton Fingerle. Mancher fand sogar wirklich den Weg in den Staatsdienst, wie es der Gründer eigentlich vorgesehen hatte, so etwa der Sohn eines Schwabinger Metzgermeisters, Franz Josef Strauß. Bei ihm heißt es zwar in den Annalen des Maximilianeums, «hat nicht im Hause gewohnt«, aber er kam ja dann später noch einmal zurück in diese »Einöde«, die der Landtag laut Bayerischem Hundesteuergesetz nämlich ist, zählt doch das Anwesen keine 300 Bewohner (die Höchstzahl an Stipendiaten ist 26) und liegt mehr als 100 Meter vom nächsten Wohngebäude entfernt.

Apropos Einöde: In den letzten Jahrzehnten konnte einem der Landtag ja eher als Erbhof vorkommen denn als ein Parlament, das sich stets neu demokratisch legitimieren muß. Ungestört konnte ein CSU-Ministerpräsident den nächsten beerben. Das ist nicht unbedingt schmeichelhaft für diesen... nein, nicht obrigkeitshörigen, sondern obrigkeitswurstigen Stamm. Und trotzdem wäre es voreilig, sich sein Bayernbild aufgrund dieser Momentaufnahme zurechtzulegen. Lohnender, weil vielleicht einen allzu eng segmentierten Blickwinkel auf bayerische Verhältnisse erweiternd, ist unter Umständen der Rekurs darauf, wer und was eigentlich am Anfang dieses Freistaates und seiner derzeitigen Verfassung stand.

Daß die Bayern sich rühmen können, in einem Freistaat zu leben, haben sie, wie so vieles andere auch, mal wieder einem Zugereisten zu verdanken. Es war der Berliner Journalist und Unabhängige Sozialist Kurt Eisner, der am 8. November 1918 nach der ersten unblutigen Revolution auf deutschem Boden über die »Münchner Neuesten Nachrichten« proklamieren ließ: »Bayern ist fortan ein Freistaat«. Warum man ihm das eigentlich nie verziehen hat im späteren offiziösen Bayern, weiß ich auch nicht genau; jedenfalls stellt Carl Amery unter Hinweis auf die in dieser Hinsicht viel weitherzigeren Franzosen, die sowohl ihre monarchistische als auch ihre republikanische Tradition hochhalten, mit vollem Recht fest: »Es gehört zu den Merkwürdigkeiten Bayerns« [...], daß dieser Geburtstag eines Staatsnamens, dessen sich die weißblauen Regierenden bis zum absoluten Überdruß bedienen, niemals festlich begangen wurde – und wohl auch nie begangen werden wird. […] Wir werden es nie erleben, daß etwa auf einem Kurt-Eisner-Platz ein König-Ludwig-Denkmal, steht – oder umgekehrt.« Nein, das werden wir wirklich nie erleben. Dafür konnte man aber 1989 anläßlich des siebzigsten Jahrestages der Ermordung von Kurt Eisner einem wahrlich lächerlichen Provinz-Possenspiel beiwohnen, als es darum ging, die Inschrift für eine Gedenkstätte am Ort des Attentats in der Kardinal-Faulhaber-Straße festzulegen. Da wurde im Bauausschuß der Stadt hin- und hergerangelt, ob Eisner den »Volksstaat« oder die »Republik« Bayern ausgerufen habe oder ob er nicht doch der erste Ministerpräsident des »Freistaates« war. Olle Kamellen wurden aufgetischt, wie die, daß Eisner eigentlich Kommunist gewesen sei und die für München so furchtbare Räterepublik ausgerufen habe – beides stimmt natürlich nicht. Eisner war Führer der Unabhängigen Sozialisten, und zur Räterepublik kam es erst durch die dramatische Zuspitzung im Landtag, seinerzeit noch in der Prannerstraße, im Anschluß an die Ermordung von Eisner.

Nein, es ist schon so: Man mag sich einfach nicht auseinandersetzen mit diesem sowieso nur kurzen Kapitel bayerischer Geschichte, und den Namen Eisner würde man am liebsten tilgen. »Es gibt doch so viele reizende Tiere und Vögel, wir haben so viele Berge und Seen oder die Städte im deutschen Osten, nach denen wir unsere Straßen benennen können«, meinte schon 1969 ein CSU-Stadtrat. Und selbst über die unbestreitbaren Verdienste und Reformen, die Eisner und seine Novemberrevolutionäre initiierten, geht man geflissentlich hinweg. In einer vor noch nicht allzu langer Zeit erschienenen Verfassungsgeschichte Bayerns zum Beispiel vermißt man den expliziten Hinweis darauf, daß es immerhin Eisner war, der in seinem »Staatsgrundgesetz der Republik Bayern« erstmals festschrieb, daß auch Frauen das aktive und passive Wahlrecht ausüben können.

Daß man Eisner so gar nicht leiden mag in weißblau eingetrübten Kreisen, liegt wahrscheinlich auch daran, daß er Jude war. Noch Mitte der achtziger Jahre entblödete sich ein Landtagsabgeordneter nicht, vom »marxistischen Journalisten Eisner-Kosmanowski« zu reden – die frei erfundene Namens-Verunglimpfung, die an galizisches Ostjudentum denken lassen sollte, erinnert an ähnliche Wortschöpfungen in Ludwig Thomas Hetzartikeln. Man hat es ihnen immer wieder in aller Deutlich-

keit gezeigt, ob sie nun »Bayern mit jener totalen Liebe umarmt [haben], die wahrscheinlich nur notorisch Zugereiste aufbringen« (Amery über Eisner) oder ob sie wie Schalom Ben-Chorin von Geburt an hier heimisch waren: Ihr gehört nicht hierher! Das trifft im Grunde auch auf einen urbayerischen Charakter wie den Eisenbahnersohn Wilhelm Hoegner zu, der aus der Nähe von Burghausen stammte. Auch bei ihm ließ sich der Vorwurf des ›vaterlandslosen Gesellen‹ vernehmen, weil er zwischen 1933 und 1945 sich außerhalb Bayerns aufhielt. Wie auch anders, wo er doch Hitler schon zu einer Zeit bekämpft hatte, wo er noch zu bekämpfen gewesen war. Auf Wilhelm Hoegners Antrag hin wurde 1924 im Bayerischen Landtag ein Untersuchungsausschuß über Hitlers Marsch auf die Feldherrnhalle eingesetzt, »in diesem Ausschuß habe ich als Mitberichterstatter nicht nur die Geldquellen Hitlers, sondern auch seine gesamten Umtriebe und die gesamte Tätigkeit der Reaktion in Bayern seit dem 13. März 1920 enthüllen können« (W. Hoegner). Und 1930 bei seiner Jungfernrede als neugewählter sozialdemokratischer Abgeordneter des Reichstages war er mutig gegen die Nationalsozialisten aufgetreten. »Warten Sie nur, bis sie wieder nach München kommen, da werden Sie gekillt!« rief man ihm damals während seiner Rede zu. Hoegner war klug genug, nicht zu warten, sich bereits 1933 ins Exil abzusetzen und dort in untrüglicher Vorausahnung, daß das tausendjährige Reich wahrscheinlich etwas kürzer währen würde, seine Vorbereitungen zu treffen. So beriet er sich unter anderem mit dem Münchner Staatsrechtler Hans Nawiasky über den Entwurf zu einer bayerischen Verfassung.
In einem Jeep der US-Army kehrte Hoegner schließlich wieder in seine Heimat zurück. An der Isar kam er sich vor, als stünde er auf den Trümmern Karthagos, »das ausgegrabene Pompeji schien mir im Vergleich zu München gut erhalten zu sein«. Der von den Amerikanern gleich nach Kriegsende zum vorläufigen Bayerischen Ministerpräsidenten ernannte Fritz Schäffer begrüßte ihn mit den Worten: »Wir haben Sie wie eine Stecknadel gesucht.« Solche wie Hoegner brauchte man nämlich jetzt – doch von seinem Schlage gab es nicht viele. In ein Studentenzimmer an der Ludwigstraße einquartiert und von der amerikanischen Besatzungsmacht mit der Weisung versehen, so »zu arbeiten, als ob ich in einem Amt wäre«, mußte er nicht lange auf seine Berufung im doppelten Sinn des Wortes warten. Nachdem Fritz Schäffer in der Frage der Entnazifizierung recht zögerlich vorgegangen war und die Auffassung vertreten hatte,

ohne Einbeziehung früherer Nazi-Mitläufer sei die bayerische Verwaltung nicht wieder aufzubauen, soll Eisenhower beträchtlich in Rage geraten sein: »I 'll throw him in jail«, prophezeite er Schäffer. Schließlich wurde seine Ablösung als Rücktritt hingebogen, und am 28. September 1945 wurde Wilhelm Hoegner, der Antifaschist reinsten Wassers, zum neuen Bayerische Ministerpräsidenten ernannt. Ein paar Monate später beauftragten ihn die Amerikaner mit der Bildung eines »Vorbereitenden Verfassungsausschusses«.

Auch wenn es manchem nicht schmeckt, es gehört nun mal zur historischen Wahrheit, daß ein ›Sozi‹ maßgeblich am Zustandekommen der noch heute gültigen bayerischen Verfassung beteiligt war. Das sieht man ihr auch an, finde ich, dieser »Verfassung des Freistaates Bayern«, die im Grunde unübertroffen wäre, wenn sie nur angewandt würde. Daß »der Allgemeinheit die Zugänge zu Bergen, Seen, Flüssen und sonstigen landschaftlichen Schönheiten freizuhalten« (Art. 141, Abs. 3) ist, mag dabei noch eher zu den belächelten Kuriosa dieser Verfassung gehören wie zum Beispiel auch das eigens festgelegte Recht, daß »die Aneignung wildwachsender Waldfrüchte im ortsüblichen Umfang jedermann gestattet« (ebenda) sei. Der Hoegner hat halt an seine Kleinhäusler gedacht, für die er einen Freistaat errichten wollte, in dem sich »auch der ärmste bayerische Arbeiter und Bauer [...] heimisch fühlen kann«. Schon weiter in Richtung kryptosozialistisches Weltverbesserungsprogramm begeben sich natürlich solche Grundsätze wie »Eigentumsordnung und Eigentumsgebrauch haben dem Gemeinwohl zu dienen« (Art. 103, Abs. 2) oder »die Erbschaftssteuer dient auch dem Zwecke, die Ansammlung von Riesenvermögen in den Händen Einzelner zu verhindern« (Art. 123, Abs. 3). Oder gar die in Artikel 160, Absatz 2, versteckte Möglichkeit, in Bayern einen planwirtschaftlichen Sozialismus zu errichten: »Für die Allgemeinheit lebenswichtige Produktionsmittel, Großbanken und Versicherungsunternehmungen können in Gemeineigentum übergeführt werden, wenn die Rücksicht auf die Gesamtheit es erfordert.«

Es würde uns ja schon freuen, wenn wenigstens ein paar Essentials, die jedermann und -frau betreffen, etwas ernster genommen würden. Zum Beispiel, daß laut Verfassung »jeder Bewohner Bayerns [...] Anspruch auf eine angemessene Wohnung« hat (Art. 106, Abs. 1). Oder: »Gesunde Kinder sind das köstlichste Gut eines Volkes. Jede Mutter hat Anspruch auf den Schutz und die Fürsorge des Staates.« (Art. 125, Abs. 1). Man könnte wirklich ins Träumen geraten, wenn man in diesem Märchenbuch... pardon, in dieser Verfassung liest. Was könnte Bayern doch für ein friedliches Land sein (»Rassen- und Völkerhaß zu entfachen ist verboten und strafbar«), ein Gärtlein für lauter wohlgeratene, herzens- und verstandesgebildete Kinder (»die Schulen sollen nicht nur Wissen und Können vermitteln, sondern auch Herz und Charakter bilden«), ein Sonnenstaat gedeihender Künste und Wissenschaften («Kunst und Wissenschaft sind von Staat und Gemeinde zu fördern. Sie haben insbesondere Mittel zur Unterstützung schöpferischer Künstler, Gelehrter und Schriftsteller bereitzustellen«), und auch die Politiker – »sie dürfen nicht Mitglied des Aufsichtsrats oder Vorstands einer privaten Erwerbsgemeinschaft sein« – würden allein dem Wohl der Allgemeinheit dienen. Doch Wilhelm Hoegner selbst hat schon geahnt, wie weit Anspruch und Wirklichkeit auseinanderklaffen: »Diese meine Absichten haben in der bayerischen Verfassung zum großen Teil ihren Niederschlag gefunden, aber nicht alle fortschrittlichen Bestimmungen sind bisher verwirklicht worden.«

Englischer Garten/ Freimann

Harmlos wandeln und nackert sonnen

Das waren halt noch goldene Zeiten, wo man Nutzungsordnungen für Parkanlagen nicht einfach auf ein Taferl hinaufgeschrieben, sondern eigens einen Bildhauer damit beauftragt hat, es den Münchner doch auf die liebreizendste Art beizubringen, wie sie den Aufenthalt im Englischen Garten zu verstehen haben. Franz Schwanthaler, der Vater vom Ludwig, hat sich dafür einen adonischen, fast nackten Jüngling ausgesucht, der sich auf eine schwere, steinerne Gesetzestafel stützt, auf der geschrieben steht: »Harmlos wandelt hier, dann kehret neu gestaerkt zu jeder Pflicht zurük.« Wenn man sich allerdings so die nackerten Sonnenanbeter am Eisbach anschaut, die mancher Zeitgenosse gar nicht mehr harmlos findet, oder die stillen Trinker am Chinesischen Turm, die einen nach der dritten Maß nur mehr ganz verklärt anblicken, dann können einem schon Zweifel kommen, ob da noch irgend jemand neu gestärkt zu irgendeiner Pflicht zurückkehrt.
Der Englische Garten ist ein gutes Beispiel dafür, wie eigentlich ganz vernünftige und grundgescheite Ideen von Leuten, die es immer nur gut meinen mit dem ›gemeinen Volk‹, irgendwie zum Rohrkrepierer werden. Apropos Rohrkrepierer: Eigentlich war ja der Englische Garten gedacht als ABM-Maßnahme für bairische Soldaten, die »in Friedenszeiten nicht beschäftigungslos herumlungern« sollten. Und da es auch, neben der Hygiene, mit der Verpflegung nicht zum besten bestellt war, hoffte man, auf diese Art und Weise auch gleich noch das Heer mit selbstgezogenem Obst und Gemüse versorgen zu können. Auf solche Ideen kommt natürlich kein normaler Mensch, höchstens ein gewisser Benjamin Thompson aus Woburn in Massachusetts. Der hat damals nicht nur eine resozialisierende Art von Armenhaus in München aufgebaut, wo es gegen Arbeit seine berühmte Rumfordsupp'n gab, die er auf einem beispielhaft energiesparenden Rumfordsupp'n-Herd zubereiten ließ, nein, dem fiel sogar noch ein, aus Soldaten Bauern zu machen, wo man es doch jahrhundertelang immer umgekehrt gemacht hatte.

Die ganze Idee mit diesen Militärgärten, die natürlich aus Mannheim vom ungeliebten pfalzbairischen Karl Theodor kam, behagte den Münchnern nicht recht. Schuld daran war unter anderem das Vorgehen einer eigens gebildeten Sonderkommission, bei der sich so manche heutigen Grundstücksspekulanten Anregungen holen könnten. Unter Androhung von Enteignungsverfahren kaufte man Grundstücke nördlich des Schwabinger Tors zusammen, um Areal für den geplanten Park zu haben. Tatsächlich hat man die begehrten, weil hochwassersicheren Bauplätze dann an Privatpersonen abgegeben, es entstand westlich der heutigen Königinstraße die noble Gartenvorstadt »auf dem Schönfeld«. Der Militärgarten entstand etwas weiter östlich, näher zur Isar hin. Während man auf dem Schönfeld allzeit trockene Füße behielt, wurde der Englische Garten regelmäßig von Isarhochwassern heimgesucht, bis dann die Regulierungsmaßnahmen dem wilden Fluß seine Kapriolen austrieben.

»Hier wo ihr wallet, da war sonst Wald nur und Sumpf«, so steht es auf der großen, halbkreisförmigen Marmorbank, nicht weit vom Monopteros entfernt. Doch nicht nur Wald und Sumpf war dort, wo sich jetzt der Englische Garten erstreckt, sondern auch das beliebte Jagdrevier der Wittelsbacher. Die brauchten nur zur Haustür ihrer Residenz heraustreten und standen in der schönsten Auenwildnis. Durchzogen von Schwabinger Bach und Eisbach sowie kleineren Isarabzweigungen, breitete sich hier eine subalpine Flora aus, deren Samen die Isar einst aus dem Karwendelgebirge mitgebracht hatte.

Wenn man heute von Überpopulationen an Dam- und Rotwild redet, die, unseren Hobbyjägern zuliebe, Wald und Flur kaputtäsen, so kennt man die Wittelsbacher nicht. Tausend Hirsche, so heißt es, hat sich schon Herzog Albrecht V. Mitte des 16. Jahrhunderts in der Hirschau gehalten. Der noch näher zur Residenz hin gelegene Hirschanger bot neben der Jagdfreude noch anderes Pläsier: Hier inszenierte man rauschende Feste, so etwa zur Geburt des lang ersehnten Stammhalters Max Emanuel 1662. Mehrere Tage lang schwelgte man in einer kaum vorstellbaren Sinnenlust, Theateraufführungen wechselten mit einem musikalischen Turnierspiel ab, das Finale bildete ein Feuerwerk, das man von einer Bühne aus abfeuerte, die auf der Isar schwamm. Daß zu all diesen Lustbarkeiten, die auf dem Gebiet des kurfürstlichen Jagdreviers stattfanden, für Normalsterbliche der Zutritt untersagt war, versteht sich von selbst.

Unter dem Eindruck der Französischen Revolution allerdings und dank der nicht mehr länger zu verdrängenden Einsicht, daß die Münchner in ihrer an heißen Tagen wohl mehr einer Kloake denn einer Residenz ähnelnden Stadt kaum einen Baum, keinen einzigen Spazierweg hatten, beschloß Karl Theodor, »den hiesigen Hirsch-Anger zur allgemeinen Ergötzung für dero Residenz-Stadt München herstellen zu lassen und diese schönste Anlage der Natur dem Publikum in ihren Erholungs-Stunden nicht länger vorzuenthalten«. Zur Erholung sollte auch beitragen, daß man hier, inmitten der Natur, einmal ganz Mensch sein durfte; der Park sollte, so sein Gestalter und Verwirklicher Friedrich Ludwig von Sckell, «zum traulichen geselligen Umgange und Annäherung aller Stände dienen«. Im angrenzenden Hofgarten hatte der Kurfürst sogar ausdrücklich verboten, sich durch die üblichen Begrüßungs- und Unterwerfungsrituale seine Standesunterschiede unter die Nase zu reiben. Da behielt selbst der kleinste Bürger vor dem Kurfürsten seinen Hut auf!
Damit sich aber alle Stände, so von Citoyen zu Citoyen, in einem täuschend ähnlich nachgemachten Landschaftspark ergehen konnten, mußten erst einmal die armen Hunde vom Militär antreten und zur Abwechslung mal nicht Schützengräben, sondern Pflanzlöcher ausgraben. Zwar soll es einige Unwillensäußerungen gegeben haben und auch vereinzelte Desertionen, schließlich aber bemühte man sich, es den schuftenden Soldaten so angenehm wie möglich zu machen: Militärkapellen spielten auf zum fröhlichen Schaufeln, und Münchner Bürger stifteten Freibier. Ob es dieses Butterbrot oder doch eher der manchmal als Peitsche eingesetzte Korporalsstock war, jedenfalls wurde der »Karl-Theodor-Park«, wie er zu Anfang noch hieß, in rasantem Tempo aus dem Boden gestampft: Ab dem Frühjahr 1792 stand er dem »Publikum« aller Stände offen. Und das konnte nun also bewundern, was sich Kurfürst Karl Theodor als Stifter, der mittlerweile zum Reichsgrafen erhobene Sir Benjamin von Thompson als Ideengeber und Hofgärtner Friedrich Ludwig von Sckell als ausführender Gartenarchitekt so ausgedacht hatten. Es war eine Kombination mehrerer Ideen und Zielsetzungen, der »Karl-Theodor-Park« sollte sowohl die Menschen zur »Bewegung, zum Genuße der freien und gesunden Lebensluft« einladen als auch die Erkenntnisse in Ackerbau und Viehzucht vorantreiben. Man errichtete eine »Vieharzneischule zur Bekämpfung von Seuchen«, eine Baumschule sowie einen Musterbetrieb für Viehzucht. Auch die vielen Bauwerke und Staffagen,

die den Englischen Garten so unverwechselbar machen, dienten einem volkserzieherischen Gedanken. Man wollte die verzopften, allem Fremden erst einmal reserviert gegenüberstehenden Münchner mit anderer Lebensart vertraut machen. So stellte man ihnen etwa einen Chinesischen Turm in ihren Park, und in einem »Amphitheater« genannten Rondell plante man Darstellungen des »chinesischen Lebens und Treibens«. Als der griechenbegeisterte Ludwig I. noch Kronprinz war, wollte er den Bayern ihre ruhmreiche Geschichte mit seinem Walhalla-Projekt in der Hirschau nahebringen – bekanntlich steht der Ruhmestempel heute ja an der Donau und nicht an der Isar. Immerhin aber reichte es zu dem eigentlichen Wahrzeichen des Englischen Gartens, dem Monopteros, verglichen mit der Walhalla ein weitaus liebenswürdigerer Musentempel. Bezeichnenderweise wird die Ruhmeshalle bei Kelheim auch mehr von Geistesheroen und Feldherren bevölkert, der Monopteros dagegen von Gammlern und Hippies, von Straßenmusikern und Liebespaaren...
Entgegen allen volksaufklärerischen und volkspädagogischen Überlegungen nutzen die Münchner ihren Englischen Park so, wie sie wollen. Am Chinesischen Turm wird man eher bajuwarisches Leben und Treiben vorfinden, man pflegt hier, trotz Japanischem Teehaus, doch lieber die mindestens genauso alten Bierrituale. Harmlos wandeln wird zwar der eine oder andere schon, dafür gibt es auch welche, die lieber schweißtreibend joggen oder dreckverschmiert Rugby spielen oder gemütlich ihren Zamperl ausführen oder auch ganz einfach liederlich rumgammeln. »Da Harmlos«, wie die Münchner Schwanthalers Parkwächter im Adamskostüm getauft haben, wird 's hoffentlich zufrieden sein.

Die Isar wird 's schon richten

»Ganz rein ist kein Wasser, wie kein Mensch ohne Sünde«, schreibt Max von Pettenkofer. Demnach wäre die Isar ein ganz schön sündiges Luder, denn rein ist sie schon lange nicht mehr. Daß sie aber so besudelt und verdreckt daherkommt, hängt keineswegs mit einer im Nebel grauer Urzeiten verschwindenden Erbsünde zusammen, sondern ist unter anderem Folge menschlicher Eingriffe, deren Mitinitiator Max von Pettenkofer war. Denn bei der hektischen Suche nach einer ›sauberen‹ Lösung, wie all der Kot und Dreck der immer schneller expandierenden Münchner Stadt wegzuschaffen sei, kam er auf die rettende Idee: Die Isar wird 's schon richten.

Ausgerechnet zur Industrie- und Gewerbeausstellung 1854 wurde München erneut – wie schon 18 Jahre zuvor – von einer schweren Choleraepidemie heimgesucht. Man wollte aller Welt zeigen, was der menschliche Geist so alles vermag, der Ausstellungsort selbst sollte schon Symbol dafür sein: Die Schau fand im neu eingeweihten Glaspalast im Alten Botanischen Garten statt, die 240 Meter lange, nur aus gußeisernen Trägern und Glasplatten bestehende Halle war in nicht einmal 80 Tagen hingestellt worden. Doch gerade als man solchen Erfinder- und Konstrukteurgeist unter anderem auch mit einem umfangreichen Kulturprogramm feiern wollte, zeigte die Natur, daß sie doch noch nicht ganz besiegt war. Ein eigens wegen des Rahmenprogramms aus der Schweiz angereister Theaterfreund schleppte die Cholera nach München ein, anfänglich versuchte man diese Schreckensnachricht noch zu vertuschen, als sie dennoch bekannt wurde, flohen die zahlreichen Gäste und Besucher der Industrieausstellung in Scharen aus der Stadt. »Im Glaspalast blieben fast nur noch Wärter, Bilder und Gerätschaften«, schreibt Luise von Kobell, Tochter des bekannten Mundartdichters. Die Opfer dieser Choleraepidemie waren zahlreich, auch der im obersten Stockwerk der Residenz wohnende Königliche Hof- und Leibapotheker Pettenkofer sowie seine Tochter und die Köchin wurden davon befallen. Die Hausangestellte überstand die schwere Krankheit nicht. Pettenkofer, von der Seuche genesen, machte sich sofort daran, die Ursachen dieses erneuten Aufflackerns der Cholera nach Art des kühlen Analytikers zu untersuchen. Der 1818 in Neuburg an der Donau geborene Sohn eines kleinen Grenzbeamten galt als wahres Multitalent. Eigentlich war er zu seinem Onkel nach München gekommen, um Apotheker zu werden. Nebenbei studierte er aber auch noch Medizin, und nachdem er auf diesem Gebiet anschließend keine Anstellung fand, bewarb er sich am Münchner Münzamt! Hier entwickelte der mit der Chemie bestens vertraute Pettenkofer unter anderem ein Verfahren zur Trennung von Gold und Platin. Beide Metalle gewann man aus geschmolzenen Münzen. Wegen seiner ungewöhnlichen Fähigkeiten berief man Pettenkofer schließlich zum außerordentlichen Professor für pathologisch-chemische Untersuchungen. Und so kam man nun mit allen ›pathologischen‹ Fällen zu ihm: Wenn der Zement nicht wasserbeständig genug war, entwickelte er eine neue Mischung; wenn die Gemäldesammlung des Königs plötzlich seltsame Grauschleier aufwies, erfand er ein Verfahren zur Aufhellung des Firnisses.

Simon Warnberger (1769-1847):
Das Isartal bei Pullach. 1832, Öl auf Holz, 43 x 54 cm,
Fürst Thurn und Taxis Kunstsammlungen, Regensburg.

Thomas Fearnley (1802-1842):
München nach dem Gewitter. 1831, Öl auf Leinwand, 111,5 x 84 cm,
Städtische Galerie im Lenbachhaus, München.

Otto Strützel (1855-1930):
Floßlände an der Ludwigsbrücke und Kohleninsel. 1899, Öl auf Leinwand, 150 x 200 cm,
Deutsches Museum, München.

Wilhelm Scheuchzer (1803-1866):
Die Au bei München. 1839, Öl auf Leinwand, 32,5 x 42,8 cm,
Sammlung Georg Schäfer, Schweinfurt.

Charles Vetter:
Die äußere Ludwigsbrücke und die Museumsinsel. 1905, Öl auf Leinwand, 74 x 57,5 cm,
Münchner Stadtmuseum.

Johann Georg von Dillis (1759-1841):
Auf der Praterinsel. Um 1817, Öl auf Papier, 18,5 x 22 cm,
Privatbesitz.

Johann Baptist Dreyrer (1738-1789):
Freising von der Isarbrücke aus gesehen. Um 1772, Öl auf Leinwand, 83 x 169 cm,
Bayerische Verwaltung der staatlichen Schlösser, Gärten und Seen, München.

Willi Geiger (1878-1971):
Landshut von Westen. 1949, Öl auf Leinwand, 35 x 55 cm,
Stadt- und Kreismuseum, Landshut.

Max von Pettenkofer, der Mann für alle Fälle... so hat es fast den Anschein. Jedenfalls war er es auch, der glaubte, die Ursache für die immer wieder auftretende Cholera gefunden zu haben. Systematisch und empirisch war er vorgegangen, hatte die Haushalte von Choleraerkrankten besucht, die sanitären Zustände dort geprüft und schließlich all seine Daten in einen Stadtplan eingezeichnet. So konnte er feststellen, daß überall dort, wo das Grundwasser ziemlich nah an die Erdoberfläche kam, Choleraerkrankungen besonders häufig auftraten. Seine Beobachtungen waren richtig, die Schlüsse, die er daraus zog, falsch. Er glaubte an giftige »Miasmen«, Dämpfe also, die dem verunreinigten Grundwasser entsteigen. Selbst als Robert Koch etliche Jahre später den Cholerabazillus entdeckte, glaubte Pettenkofer immer noch nicht daran, daß diese unsichtbaren Erreger allein für die Krankheit verantwortlich seien. Es gibt die schöne Anekdote, daß er, um seine These zu untermauern, sich im Hörsaal vor seine Studenten stellte und sagte: »Der Streit läßt sich kurz entscheiden. Ich bin 74 Jahre alt, zuckerkrank, zahnlos, also ein menschliches Wrack, ein geeignetes Versuchsobjekt.« Sprach 's und stürzte ein Glas mit einer Kultur von Cholerabazillen hinunter. Wie der Königliche Hof- und Leibmedizinmann es angestellt hat, diesen Selbstversuch zu überleben, bleibt sein Geheimnis.
Richtige Beobachtungen, falsche Schlüsse... und dann doch wieder die richtige Konsequenzen daraus, so kann wissenschaftliches Tasten nach Problemen manchmal auch aussehen. Pettenkofer tat nämlich das Richtige, als er forderte, ganz München müsse kanalisiert werden und eine neue Trinkwasserversorgung bekommen. Was das Trinkwasser anlangt, meinte der nicht gerade wie ein Asket aussehende Hygieneprofessor, daß es »nicht nur Nahrungs- sondern auch Genussmittel sein soll, für jeden menschlichen Wohnort [...] viel wichtiger, als gutes Bier und guter Wein«. Ob sich allerdings die Münchner ab 1883 mehr an den Wasserhahn, aus dem nun frisches Hochquellwasser aus dem Mangfalltal kam, denn an den Bierhahn hielten, darf eher bezweifelt werden.
Was seine zweite Forderung betraf, die Schwemmkanalisation, so mußte nun die arme Isar dran glauben. Die Versitzgruben im Stadtgebiet, vor allem auch die der zahlreichen Schlachthöfe und Metzgereien, wurden geschlossen, über ein Kanalsystem und über die bereits seit dem 13. Jahrhundert bestehenden Stadtbäche sollte aller Unrat und Kot der Isar zugeführt werden. Pettenkofer schien sich dabei an den alten Grundsatz zu

erinnern, ›nach mir die Sintflut‹, beziehungsweise ›nach mir die verdreckten Isarfluten‹. »Daß es aber doch für die Isar bedenklich wäre, wenn das alle an der Isar gelegenen Orte thun wollten«, glaubte er schon auch, da aber »die Einleitung unterhalb München erfolgt«, bekam wenigstens die Haupt- und Residenzstadt davon nichts mehr mit. Dafür aber um so mehr die weiter isarabwärts gelegenen Städte Freising, Moosburg, Landshut, Dingolfing, Landau und Plattling. Die wehrten sich vehement gegen Pettenkofers Pläne. Es hob eine Gutachten- und Gegengutachten-Schlacht an, Pettenkofer selbst meldete sich mit einer 50seitigen Schrift, »Die Verunreinigung der Isar durch das Schwemmsystem von München«, zu Wort. Darin rechnete er seinen Gegnern grammweise vor, was ein erwachsener Mensch im Laufe eines Jahres so z'sammsch… von sich gibt, dividierte es durch die Kubikmeter Wasser, die die Isar selbst bei niedrigstem Wasserstand noch mit sich führt, und kam dann auf eine Verunreinigung von »7 Millionstel« Festteile aus Harn und Kot.
Außerdem setzte Pettenkofer hoffnungsvoll auf die Selbstreinigungskräfte der Isar. Der Fluß würde schon, selbst wenn München noch um einiges wüchse, alles schlucken und verdauen. Schon in Freising könne man von den Münchner Exkrementen nichts mehr wahrnehmen. Da Pettenkofer wohl wußte, daß man den Altbayern mit reiner Theorie so leicht nicht kommen kann, beschrieb er auch gleich noch, was er mit eigenen Augen auf Höhe der Bogenhausener Brücke gesehen hatte: »An der Ausflussstelle [des vom Englischen Garten herkommenden Sieles, Anm. B.S.] erscheint das Isarwasser auf der linken Uferseite bis einige Meter in den Fluß hinein sehr trüb und schmutzig, fliesst aber mit der bekannten Geschwindigkeit von mehr als 1 Meter in der Sekunde weiter. […] Bald folgt in gewissen Abständen eine Anzahl Querbuhnen, die in den Fluss eingebaut wurden, damit er sein Bett nicht immer tiefer ausgrabe. Ueber diese Buhnen stürzt das Wasser schäumend hinab. Der Schaum von der rechten Seite ist glänzend weiss, auf der linken bei den ersten Buhnen, die nach dem Sieleinlaufe kommen, nicht, aber er wird bei den folgenden immer weisser. Bis man nur gegenüber der Maffei'schen Maschinenfabrik in die Hirschau kommt, kann man keinen Unterschied zwischen der rechten und linken Uferseite mehr wahrnehmen. Die Isar scheint wieder so klar, wie oberhalb des Sieleinlaufes.«
Leider scheint sie es eben nur zu sein. Die früher einmal in der Isar vorgekommenen Edelfische, wie zum Beispiel die Äschen, wissen es besser. Sie

haben sich aus der Isar zurückgezogen... man kann auch sagen, sie sind ausgestorben. Dafür gedeihen die Karpfen, die sich selbst in der größten Dreckbrühe noch wohl fühlen, in den Fischteichen entlang des Mittleren Isarkanals bestens. Sie bekommen ihr vorgereinigtes Wasser, das sie biologisch endreinigen sollen, von der Münchner Kläranlage, die zusammen mit dem Mittleren Isarkanal 1918 in Bau ging. Bis dahin wurden alle Abwässer Münchens getreu dem Pettenkoferschen Vorschlag einfach in die Isar eingeleitet.

Siddharta am Flusse

»Zärtlich blickte er in das strömende Wasser, in das durchsichtige Grün, in die kristallenen Linien seiner geheimnisreichen Zeichnung. [...] Wie liebte er dies Wasser, wie entzückte es ihn, wie war er ihm dankbar. [...] Wer dies Wasser und seine Geheimnisse verstünde, so schien ihm, der würde auch viel anderes verstehen, viele Geheimnisse, alle Geheimnisse.« So steht es in Hermann Hesses »Siddharta«. Diese und manch andere indische Weisheit verdankte der Sohn eines baltendeutschen Missionars einem Manne, der just hier in Freimann, am Ufer der Isar, als »Kohlrabi-Apostel« und »nackerter Kerl«, wie der »Münchner Merkur« spöttisch schrieb, seinen Lebensabend verbrachte. Er lebte in spartanischer Einfachheit in einer Art Hütte, umgeben von Kräutern und Blumen – gerade so wie Siddharta, der auch »am Flusse«, wie eines der Romankapitel bei Hesse heißt, seine Erleuchtung erfährt. Aber nicht nur für die literarische Gestalt des indischen Weisen stand der spätere Eremit aus Freimann Pate, sondern auch für die Figur des Demian in der gleichnamigen Erzählung. Seine Gedanken, seine ganze Lebensphilosophie floß ein in Texte von Hesse wie »Der Weltverbesserer« oder »Zarathustras Wiederkehr«. Wir wissen all dies aufgrund der Arbeit eines kriminalistischen Germanisten: Hermann Müller hat in seinem Buch »Der Dichter und sein Guru« offengelegt, was Hermann Hesse selbst zu einem großen Geheimnis gemacht hat. Von Dankbarkeit gegenüber dem großen Lehr- ja Lebensmeister keine Spur. »Den Namen Gräser erwähnt er niemals und nirgendwo in seinen Werken und Briefen.« (H. Müller)
Dabei war Gustav Arthur Gräser, der sich selbst kurz »Gusto« nannte, durchaus einmal eine berühmte Person. Er »brachte es fertig, selbst in der Schwabinger Welt aufzufallen, in der nichts und niemand auffiel«, schreibt die Zeitzeugin Annie Francé-Harrar. Er war der radikalste und

konsequenteste unter den Naturaposteln in dieser an Exzentrikern und Kosmikern, Propheten und Enormen nicht gerade raren Zeit. Und nicht nur in München kannte man ihn. 1879 in Kronstadt/Siebenbürgen geboren, also noch als österreichischer Bürger des großen k.u.k-Reiches, begab sich der 18jährige auf eine Wanderschaft, die ihn durch halb Europa führte. Als er 1906 in Gaienhofen am Bodensee vorbeikam, schloß sich ihm Hermann Hesse an. Man wanderte gemeinsam zum Monte Verità bei Ascona, dem absoluten In-Treff aller Lebensreformer und Kuttenphilosophen. Man lebte gemeinsam eine Zeitlang in einer Höhle bei Arcegno, Gusto Gräser erzog Hesse zum strengsten Vegetarier und Freiluftphilosophen, dessen oberste Maxime zu sein hatte: »nur kein Zwang«.
Das war Gräsers Erkennungszeichen: »O.Z.«, ohne Zwang. So hatte eine erste Kommune geheißen, die er mit seinem Bruder in Galizien gegründet hatte, mit diesem Kürzel signierte er seine dichterischen Werke. Es muß ein ungeheures Konvolut an Papieren sein, Hermann Müller hat es für die Münchner Monacensia Bibliothek versucht zu ordnen. Je nach Thema schrieb Gräser seine Gedichte auf rote, gelbe oder grüne Zettel in einer eigens von ihm kalligraphisch gestalteten Schrift, teilweise mit handspannenlangen Buchstaben. Es sind Texte voller Pathos und – ich fürchte – unfreiwilliger Komik. Besonders geliebt hat er neben kuriosen Wortneuschöpfungen anscheinend den Stabreim, den man sonst eher in germanischen Heldensagen und in Richard Wagners Libretti findet.

Hah – wo du waltest, Wirklichwundermann,
löst sich der Mensch aus:Menschlings Puppenbann,
freit er sich los von Kratenkrötenquaal, dem schlammig schlimmen
Satzungsschlemmermahl, frißt nimmer in sich, was er soll, nur soll,
son Vorsatzschmarrn, son faden Vorschriftkohl.

Vorschriftkohl konnte Gräser nicht leiden. Um jeglicher Reglementierung und Befehlsgewalt zu entkommen, ging er, wenn es sein mußte, sogar ins Gefängnis. Ja, einmal war er sogar schon zum Tode verurteilt, weil er als Totalverweigerer es strikt ablehnte, der österreichischen Armee zu dienen. Nachdem er drei Tage lang in einer Zelle auf seine Füsilierung gewartet hatte, ließ man ihn dann doch laufen; wahrscheinlich hielt man ihn für verrückt. Dieser bedingungslose Pazifismus beeindruckte nicht nur Hermann Hesse mächtig. In seinem »Weltverbesserer« schrieb er, daß auf dem Grunde von Gräsers Lehre »ganz von selbst ein neues paradiesisches Menschendasein erblühen werde«. Doch Gräser wollte alles andere sein als ein Messias oder Prophet. (Gegenüber Behörden gab er als Berufsbezeichnung »Diener« an.) Er blieb lediglich sich selbst treu. Während Hermann Hesse irgendwann aus diesem antibürgerlichen Leben ohne Zwang wieder ausstieg und sich im Tessin in Montagnola häuslich niederließ, zog Gusto Gräser weiter durch die Lande. Er verzichtete auf das Erbe seines Bruders, immerhin zwei Häuser und 14000 Quadratmeter Grund in Ascona, lebte abwechselnd in einem von Pferden gezogenen Planwagen, in einem Hausboot auf der Spree in Berlin oder eben zuletzt in seiner Freimanner Hütte an der Isar. Dort starb Gräser, der von sich selbst sagte, er hätte seiner Mitwelt noch »manch heilheitere Wahrheit« zu sagen gehabt, einsam und vergessen am 27. Oktober 1958.

Oberföhring / Garching / Hallbergmoos

Ausgesaugt bis zum letzten Tropfen

Vierundzwanzig Kraftwerke lassen sich entlang der Isar und ihren Abzweigungen auflisten, und das bei einer Gesamtlänge des Flusses von nur 283 Kilometern: Statistisch betrachtet, mutet man der Isar also zirka alle 12 Kilometer einen Aderlaß zu. Wie die Kurpfuscher in Molières Komödie »Der eingebildete Kranke« stehen die Kraftwerksbetreiber um das Flußbett des armen Patienten herum, und ein ums andere Mal verordnen sie: schröpfen, zur Ader lassen! Das geht schon rund 5 Kilometer unterhalb von Mittenwald los, mit dem Krüner Wehr. (Wer es noch genauer haben will: Schon ungefähr hundert Meter, nachdem sich Rinnsale aus dem westlichen Abhang des Überschalljochs zu einem Bächlein vereinigt haben, wird damit ein Dynamo angetrieben, der den Hütten am Halleranger Strom liefert.) Aber das ist ja nur der Auftakt. Nachdem sich die Isar einigermaßen erholt hat und dank der vielen kleinen Bächlein zwischen Vorderriß und Bad Tölz wieder zu Wassern gekommen ist, gibt ihr bei Wolfratshausen sogar die Loisach die am Krüner Wehr abgezwackten Hektoliter zurück. Nach wenigen Kilometern jedoch heißt es, das Wasser hergeben für einen Werkkanal, an dem das Mühltal-Kraftwerk hängt. Auf der Höhe von Baierbrunn dann darf die Isar tatsächlich einmal ein paar Meter all ihre Fluten selbst behalten – ehe bei Buchenhain schon wieder ein Kanal abzweigt. An ihm haben sich gleich vier Kraftwerke festgesaugt.

Nachdem die Landeshauptstadt passiert ist, wartet ein weiterer trutziger Wehrbau in Oberföhring auf die Isar, um ihr erneut den Flußlauf zu verrenken. Sie wird abgedrängt in einen künstlichen Kanal – eigentlich in ein System von Känalen, Pumpwerken und Ausgleichsbecken –, an dem gleich mehrere Kraftwerke aufgereiht sind. An dieser Fertigungsstraße für Strom muß die Isar im Akkord arbeiten. Ein Ausruhen gibt es nicht. In wasserarmen Zeiten sperrt das Oberföhringer Wehr dem alten, natürlichen Flußbett auch noch den letzten Tropfen ab. Die Stromturbinen haben Vorrang.

Schon vor dem Ersten Weltkrieg machte man sich Gedanken darüber, wie man dem rapide steigenden Strombedarf nachkommen könne. Dampfmaschinen wurden zunehmend von Elektromotoren abgelöst, die allgemeine Versorgung der Haushalte mit Strom setzte auch schon vor der Jahrhundertwende ein. Oskar von Miller war der Hauptinitiator der Elektrifizierung in Bayern, von ihm stammen auch die Pläne, die Wasserkraft der Isar hierfür auszunutzen. Für die mittlere Isar spielte man zwei Optionen durch: Direkt neben dem Fluß zwischen München und Moosburg einen Kanal zu bauen oder aber die Isarwasser mittels einer künstlichen Wasserstraße durch das Erdinger Moos umzuleiten und die natürlichen Gefälle am Rand der Altmoränen auszunutzen. Gigantische Erdbewegungen waren dafür notwendig. Doch nach Ende des Ersten Weltkrieges kam ein solches Projekt gerade recht, die Tausenden von Arbeitslosen zu beschäftigen. 1923 werkelten entlang des entstehenden Kanals 8100 Arbeiter! Die erste Baustufe sollte lediglich bis zum Sempt-Flutkanal führen, der das Wasser wieder zum alten Isarflußbett zurückbringen sollte. Doch die anhaltende Arbeitslosigkeit im Winter 1925/26 ließ die Verantwortlichen den Entschluß fassen, früher als geplant die zweite Baustufe umzusetzen und den Kanal bis Moosburg fortzuführen. Sieben Turbinenhäuser sind entlang dieser 65 Kilometer künstlicher Isar erbaut worden.

»Kraftwerkstreppe Mittlere Isar« nennen diejenigen das, die auch noch stolz darauf sind, daß alles, was an einen lebendigen Fluß erinnern könnte, verschwunden ist – sowohl aus dem Namen wie aus dem Erscheinungsbild. Jakob Metz, ein volkstümlicher Autor mit bewegtem Leben als passionierter Zeitungsmacher unter anderem in Tölz, Freising und Moosburg, hat während seiner Zeit als alleiniger Redakteur der »Moosburger Zeitung« den Kanalbau aus nächster Nähe miterlebt. Vor allem was an »Schönheit des Mooses«, an »Naturkostbarkeiten« durch den katastrophalen Eingriff verlorenging, beschreibt er in seiner Autobiographie »Isar auf – Isar ab«. Da ist von Störchen und Kranichen die Rede, von Rohrdommeln, Reihern und Bekassinen, von Wasserotter und Feuersalamander, Bläuling und Libelle. »Immer war ein heimliches Leben im Moos«, schreibt Metz. Mit dem Mittleren Isarkanal und der durch ihn verursachten Absenkung des Grundwassers um stellenweise bis zu acht, neun Metern hat man das Erdinger Moos nicht bloß trockengelegt, sondern das heimliche Leben in ihm ausgelöscht. Darüber können auch die ausgedehnten Vogelkolonien an den künstlich angelegten Speicherseen nicht hinwegtäuschen. Wie nachhaltig das ökologische Gleichgewicht noch nach Jahrzehnten gestört ist, zeigen die plötzlich auftretenden toxischen Verseuchungen aufgrund eines Überhandnehmens der Mikroorganismen in den Abwasserteichen. »Tausende von Wasservögeln sterben dann innerhalb von Stunden«, wie Carmen Rohrbach in ihrem 1988 erschienenen »Isar«-Buch berichtet.

Noch einmal sei es wiederholt: Alle 12 Kilometer ein ekliger, prall gefüllter Blutegel, der sich festgesaugt hat an der einstigen Hauptschlagader bairischen Lebens. Daß man aus der ehemals Reißenden streckenweise beinahe alles Leben herausgesaugt hat, ist manchen Verantwortlichen lediglich Anlaß zum Zynimus. Als im Sommer 1992 der Freisinger Naturschutzverein »Isar aufwärts« die Bayernwerke wegen der enormen Wasserentnahme am Oberföhringer Wehr anschrieb, hieß es aus dem Stromerzeugungsunternehmen: »Wasser ist zu kostbar für die Isar.« Welches Verständnis über den Umgang mit der Natur offenbart sich eigentlich hinter einer solchen Einstellung? Wasser viel zu schade für den Fluß? Nutzholz, sprich Bäume, viel zu schade für den Wald? Agrarisch nicht zu nutzende Flußauen mit all diesem Unkraut – welch ein Luxus! Drum sind es wahrscheinlich auch exorbitante ganze drei Prozent des gesamten unter Naturschutz gestellten Kernbereichs im Mündungsdelta der Isar, die von jeglicher Nutzung ausgeschlossen sind.

Der Fluß hat zu funktionieren. Er soll uns das nie mehr löschbare promethische Feuer in den Kernkraftwerken kühlen. Er soll uns die stromerzeugenden Turbinen antreiben. Und er soll uns unseren Dreck wegschaffen – daß er das doch spielend schafft, hat uns schon Max von Pettenkofer vorgerechnet. Seltsam ist dabei nur, daß die Baumeister einer schöneren neuen Welt, die immer alles ganz genau auszurechnen wissen, die unabsehbaren Folgeschäden leider nie mit einkalkulieren können. Daß die vielfältigen Baumaßnahmen wie Uferbefestigungen, Rückhaltebecken und Stauwehre, die das Wasser der Isar bändigen und für eine technische Nutzung gefügig machen sollten, auch zu einer Absenkung des Grundwasserspiegels führen würden, wer konnte das schon vorausahnen? »Dies hätte nicht passieren dürfen«, heißt es dann bloß lapidar, etwa bei Umweltminister Gauweiler, als er im Dezember 1992 mit den Folgen der Stützkraftstufe Pielweichs bei Plattling konfrontiert wurde. Hier sind es ausgetrocknete Altwässer, abgestorbene Auenwälder und

Tausende von verendeten Muscheln und Fischen, die sogenannte Flußregulierungsmaßnahmen zurückließen.
Aber was geht da eigentlich schon drauf dabei? Ein paar Ulmen im Englischen Garten zum Beispiel, die im Gefolge der Grundwasserabsenkung durch den Sylvensteinspeicher eingegangen sind. Was aufgrund solcher Imponderabilien lautlos verschwindet, die seltenen Pflanzen und Tiere, hat doch sowieso keine Lobby. Und dort wo die subtilen, kybernetisch sich auswirkenden ›Säuberungsmaßnahmen‹ keinen Erfolg zeigen, kann man ja immer noch brachial mit dem Bulldozer nachhelfen. Naturschützer wiesen schon vor Jahren darauf hin, wie etwa Altwässer und stillgelegte Seitenarme in den Isarauen einfach mit Müll und Bauschutt aufgefüllt wurden, eine Schicht Humus drüber, plattplaniert und eine alles vertuschende Fichtenschonung drauf. Trockenbiotope entlang der Kiesablagerung mit den seltensten Orchideenarten findet man über Nacht umgeackert etwa zu Maisfeldern.
Wir werden uns daran gewöhnen müssen: Am Anfang erhielt jegliche Kreatur ihren Namen, damit sie fortan in ihrer Unverwechselbarkeit existiere. Für uns wird Tag um Tag wieder einer dieser Rufnamen sinnlos, weil es nichts mehr gibt, was auf diesen Namen hört. Sumpfohreule und Brandknabenkraut, Schwarzstirnwürger und Hummelragwurz, Bienenfresser und Zwergrohrkolben – die wehmütigsten Naturgedichte schreibt mittlerweile, wer die Listen aussterbender Arten zusammenstellt.

In der Lederhos'n zur Atomreaktor-Einweihung

Rechtzeitig zur 800-Jahr-Feier der Erhebung Münchens zum Markt durch Heinrich den Löwen wurde er fertig, der Versuchs-Atomreaktor bei Garching. Das macht sie ja überhaupt gerne, die weitaus größere Haupt- und Metropolstadt, daß sie die weitaus älteren Siedlungen ringsum einfach schluckt, sich einverleibt und ihnen ein neues, futuristisches Äußeres gibt. Fröttmaning zum Beispiel, die alte keltische Siedlung, ist mittlerweile umringt und umschlossen von Müllgebirgen, Kläranlagen und Autobahntrassen, mittendrin und kaum mehr zugänglich das Fröttmaninger Kircherl aus dem 14. Jahrhundert. Auch Garching ist siedlungsgeschichtlich uralter Boden, im Jahre 915 taucht der Ort erstmals urkundlich auf. Doch was spielt das alles noch für eine Rolle, wenn man erst einmal im Windschatten einer Metropole wie München liegt und zum Vorort degradiert wird. Man glaubte, dem alten Krautbauerndorf etwas besonders

Gutes zu tun, als man ihm den Atomreaktor hinstellte – unverwechselbar ist die Gemeinde auf diese zweifelhafte Art jedenfalls geworden. Sie konnte sich rühmen, das erste Atomdorf Deutschlands zu sein.
Anfangs scheinen die Garchinger gar nicht so begeistert gewesen zu sein von dem neumodischen ›Atomzeig'l‹. Mit ihrem intuitiven Bauernverstand hatten sie erst einmal Angst um ihre Krautköpfe. Doch seinerzeit, da die Nutzung der Atomenergie noch in den Kinderschuhen steckte und man noch keine größeren Störfall-Erfahrungen gemacht hatte, war es relativ einfach, die Gemeindeväter umzustimmen. Man hat dem Bürgermeister von Garching einfach eine ähnliche Anlage in der Schweiz vorgeführt, die bereits in Betrieb war. Die sah eigentlich ganz sauber und friedlich aus, und daß natürlich auch das Garchinger Atomei mit den zuverlässigsten Sicherheitsvorkehrungen ausgestattet sein würde, das verstand sich ja von selbst. Daß das Max-Planck-Institut und die Technische Hochschule unter dieser aluminiumüberzogenen eiförmigen Kuppel die »Geisterzustände« (Heisenberg) im Innern des Atomkerns erforschen und sich mit den Folgen der Atomspaltung beschäftigen würden, von denen schon ihr Entdecker Otto Hahn sagte, »das kann doch Gott nicht wollen«, ob das jedoch den Garchingern wirklich in aller Deutlichkeit bewußt war?
Jedenfalls wurde die Einweihung des Atomreaktors mit einer Art Volksfest gefeiert, »an dem auch die Einwohnerschaft Garchings voll beteiligt war, und an dem die bayerischen Nationalgerichte zu den Klängen einer mit Lederhose und Gamsbart ausgeführten Musik verzehrt wurden«. So jedenfalls hat es Werner Heisenberg in einer mit festlichem Anzug ausgeführten Rede geschildert, zu der er anläßlich der 800-Jahr-Feier gebeten worden war. Zwar frägt sich Heisenberg anfänglich selbst, wieso man ausgerechnet einen Naturwissenschaftler angesprochen habe, doch dann findet er es eigentlich ganz stimmig. Denn der Jubilar sei ja noch recht jung – was sind schon 800 Jahre für eine Stadt? –, und da sei es vielleicht angebrachter auf Gegenwart und Zukunft zu blicken, denn auf die Vergangenheit.
Und da erblickt Heisenberg die erstaunlichsten Dinge, wenn er so auf das neue Erscheinungsbild seiner Wahlheimatstadt blickt. Dank des technisches Fleißes seiner Bevölkerung liegt München nicht mehr länger an der Isar, sondern der Verkehr ist 's, der »wie ein reißender Gebirgsstrom durch die Straßen braust«. Und überall diese herrlichen »Stahlfachwerkbauten« und Verwaltungsgebäude mit breiten Glasflächen, »sie scheinen sagen zu

wollen, daß wir in einer hellen, wachen und offenen Zeit leben«. Was Heisenberg bei all diesen Neuerungen und diesem Modernitätsstreben aber an München besonders gefällt, daß es trotzdem noch das ›Griabige‹ bewahrt, das Künstlerische, rein Ästhetische, die heitere Lebensart. Da hält sein früherer Lehrer Sommerfeld schon mal seine physikalischen Kolloquien im Hofgarten bei Kaffee und Kuchen ab, da forscht man die Woche über an der Bändigung eines promethischen Feuers, das uns noch Jahrtausende mit strahlenden Altlasten beglücken wird, und am Wochenende dann stürzt man sich ins Altmünchner Faschingstreiben und in den Skihüttenzauber am Sudelfeld. Dieses Mit- und Nebeneinander von Biergarten-Gemütlichkeit und Atomkraftwerken, von Schwabinger Boheme und Fusionsreaktoren, es läßt Heisenberg regelrecht frohlocken. »Die konservative und fromme Stadt wird weiterhin allem Neuen aufgeschlossen bleiben, sie wird die Früchte der Toleranz ernten, die immer eine ihrer Haupttugenden gewesen ist; und wenn sich das neue Bild auch immer wieder wandeln kann, wenn Naturwissenschaft und Technik das Leben in ihr umgestalten, so wird doch in anderer Weise auch alles beim Alten bleiben.« Wenn er doch nur recht hätte!
Heisenbergs Rede, die Einweihung des Garchinger Atomreaktors, die 800-Jahr-Feier, all das hat höchst Symptomatisches an sich. Es verrät etwas vom bayerischen Selbstverständnis jener Jahre, in denen entscheidende Weichenstellungen vorgenommen wurden. Während man mit volkstümlicher ›Maschkara‹ noch immer das Herkommen vom alten Bauernstand und Bauerland demonstrierte, war man längst auf dem Weg hin zu einem High-tech-land mit lauter Silikon-Valleys. Atomreaktoren in ausgeführten Lederhos'n einzuweihen, das findet man in Ordnung in ›modern bavaria‹. Den vor den Nazis ins amerikanische Exil geflüchteten Oskar Maria Graf, der mit seinem Roman »Das Leben meiner Mutter« den Bayern im Grunde ihr Nationalepos geschenkt hat, anläßlich der 800-Jahr-Feier in der kurzen Wichs im Cuvilliés-Theater lesen zu lassen, dagegen jedoch liefen die Offiziellen Sturm.

»Seyd umschlungen, ihr Millionen!«

Ungefähr auf der Höhe von Neufahrn, auf der rechten Uferseite liegt die Ortschaft Hallbergmoos. Wahrscheinlich sogar den meisten Münchnern dürfte diese Ansiedlung vormals unbekannt gewesen sein, ehe sie zum Zentrum des Bürgerwiderstandes gegen den Großflughafen München II wurde. Was es mit diesem Ort auf sich hat, woher er seinen Namen ableitet, die wenigsten werden es wissen. Vor 180 Jahren war an dieser Stelle noch ein Niedermoor, entstanden durch die mäandernde Isar. Es war ein aus dem Niederländischen stammender Freiherr, der dieses Moor trokkenlegte und so – unbeabsichtigt – überhaupt erst die Voraussetzung schuf für den gigantischen Bau des neuen Flughafens. Bayern- wenn nicht gar europaweit bekannt war der reiselustige Freiherr mit seinem Beinamen »Eremit von Gauting«, der Familienname hingegen verewigte sich in jener Ortschaft im Erdinger Moos.

Nur seines »verschrobenen, gewissenlosen Kopfes« wegen müsse das arme Dorf in der Nähe von Freising noch immer diesen Namen tragen: Hallbergmoos. So jedenfalls liest man es in Mayers Nachschlagewerk zur Geschichte Freisings.

Den Zeitgenossen waren die Ideen und Projekte des Freiherrn von Hallberg-Broich größtenteils äußerst suspekt. Ein geltungssüchtiger Exzentriker war er für sie, und so mancher wollte es ihm durchaus nicht zugute halten, daß er 1824 König Max von Bayern den Vorschlag gemacht hatte, das Erdinger Moos nach niederländischem Vorbild trockenzulegen und in eine blühende Kolonie zu verwandeln.

Nun hatten auch besitz- und grundlose Taglöhner die Möglichkeit, sich auf dem neu entstandenen Ackerboden eine eigene bescheidene Ökonomie aufzubauen. 20 000 Gulden hatte der Freiherr aus eigener Tasche bezahlt, um die Moorlandschaft zwischen Freising und Erding urbar zu machen. Daß sich in der Kolonie Hallbergmoos später nicht alles zum besten entwickelte, wollten einige allein Hallberg anlasten. Der zeitweilige Seelsorger der Kolonie, Georg Schnell, sah sich veranlaßt, das »unabsehbare Unheil einzig und allein auf die Rechnung des Freiherrn von Hallberg zu setzen«: Nur seinetwegen konnte die Kolonie zu einem »Asyl für solche werden, die man anderswo zum Gesindel rechnet«.

Noch heute ist das Schloß Birkeneck am Rande von Hallbergmoos zu besichtigen, das sich der Eremit von Gauting 1826 kaufte. Damals war das Anwesen noch ein in unwegsamer Moorlandschaft stehendes Jagdschloß der Wittelsbacher – heute dient es als Lehrlingsfortbildungsstätte. Der ohrenbetäubende Popmusiklärm der Jugendlichen würde den Freiherrn, der die Abgeschiedenheit liebte, heute ebenso schockieren wie der nur wenige hundert Meter entfernte Münchner Flughafen II. Fast nichts mehr erinnert hier an die Anfänge, als der ehrgeizige Freiherr einer skeptischen bayerischen Beamtenschaft demonstieren wollte, daß dieses Projekt durchaus machbar ist: »Dereinst wird es heißen: das große Hallbergmoos und das kleine Freising.«

Auf diese für bayerische Landratten so abwegig anmutende Idee einer Moorkultivierung konnte auch nur einer kommen, der niederländisches Blut in den Adern hatte. Karl Theodor Freiherr von Hallberg-Broich wurde 1768 als erstes Kind einer alten niederländischen Familie in Jülich geboren, das seinerzeit churbairisches Herzogtum war. Schon von Vater Peter Tillmann hieß es, er sei ein »überaus wunderlicher Mann« gewesen – doch was Skurrilität und Exzentrik betraf, wurde er von seinem Sprößling noch weit übertroffen. »Ein Leben wie dieses ist im 20. Jahrhundert nicht mehr denkbar«, meint lapidar August Alckens in seinem Buch »Landkreis Freising«.

Bereits mit 10 Jahren büxte er vom Kölner Gymnasium aus, wohin die Eltern den ›Schwererziehbaren‹ geschickt hatten, und heuerte auf einem Rheinschiff an. Bis nach Triest verschlug es ihn, wo sich der Halbwüchsige beinahe bei der österreichischen Armee hätte anwerben lassen. Schließlich kehrte er aber doch wieder reumütig nach Hause zurück, und der verlorene Sohn wurde denn auch freudig aufgenommen. Nach einigen Jahren im churbairischen Militärdienst wurde Karl Theodor nach dem Tod des Vaters neuer Schloßherr auf dem Stammsitz in Broich und konnte nun ungehindert seine sowohl egozentrischen als auch philanthropischen Neigungen ausleben.

Es hatte nämlich in der Tat sowohl etwas mit Selbstdarstellungssucht als auch mit, heute würde man sagen ›sozialem Engagement‹ zu tun, wenn Hallberg die Bauern der Umgebung zu opulenten Festen einlud, auf denen er alle freihielt. Er selbst trat in den kuriosesten Verkleidungen auf. »Bald mit orientalischer Pracht gekleidet, bald in Lumpen gehüllt wie ein Landstreicher, ging der Schloßherr unter seinen Gästen umher, doch nicht ohne alle Löcher seines Flauses mit Siegellack zu verpappen und sein Adelswappen darauf zu drücken.« Für die Zeitgenossen war dieser aus allen Ständeschranken fallende Individualismus des adeligen Hallberg völlig unverständlich, und sein Biograph und langjähriger Freund Johan-

nes Gistel nennt diese Eskapaden gar »an Narretey und Wahnsinn grenzende Schnurren und Ränke«.
An Narretei grenzte auch Hallbergs Versuch, sich ganz allein gegen den seiner Meinung nach Kriegsverbrecher und Massenmörder Napoleon zu werfen, der sich anschickte, ganz Mitteleuropa zu unterjochen. Erst wiegelte er die Bauern in seiner Umgebung auf, dann reiste er sogar zum Kaiser Franz II. nach Wien, um für eine »Nationalbewaffnung« gegen den tyrannischen Franzosen zu werben. Indes, er stieß auf taube Ohren: »In Wien haben mich die Allerdümmsten in den Narrenturm gesperrt, da ich die Audienz bei Kaiser Franz II. nicht beendigen wollte und immer wieder von der Notwendigkeit eines gewaltsamen Widerstandes gegen den meiner Ansicht nach nur scheinbar unbesiegbaren Napoleon zu reden anfing, obwohl der Kaiser nichts wissen wollte.« Aus dem Narrenturm entlassen, reiste Hallberg in den Mittelmeerraum weiter, um dort Waffengenossen zu finden. Erst ein resoluter Rückzugsbefehl der Mutter ließ ihn nach Broich zurückkehren. Dort wurde er auch gleich von der Frau Mama an eine erst 15jährige Adelige aus dem Hause Birkt bei Brabant verheiratet, um nun hoffentlich etwas seßhafter zu werden. Ganz im Gegenteil mußte jedoch die junge Ehefrau schon bald darauf den wegen antifranzösischer Umtriebe verhafteten Hallberg durch einen Kniefall bei Napoleon wieder freibetteln.
Hallbergs Kampf gegen Napoleon hat wirklich etwas von dem donquichottesken Ritt gegen die Windmühlen an sich. Nach all diesen Lehren trommelte er nämlich 1813/14 nochmals einen Landsturm von 30 000 Mann zusammen, um dem bei der Völkerschlacht von Leipzig geschlagenen Napoleon noch bis nach Frankreich hinein nachzusetzen. Hallberg hatte sich von all diesen patriotischen Diensten auch eine entsprechende Anerkennung seitens des Preußenkönigs Friedrich Wilhelm III. vorgestellt: Mit einer Schenkung des Herzogtums Jülich wäre er schon ganz zufrieden gewesen. Als ihm der Preußenkönig allerdings nur einen »billigen« Adlerorden dritter Klasse anbot, den er überdies schon früher bonapartischen Beamten im Rheingau verliehen hatte, schwörte Hallberg auf Rache. In seinem zweibändigen Werk »Das politische Kochbuch« rechnete er auf satirisch-polemische Art mit dem Preußenkönig ab – und handelte sich prompt einen Haftbefehl wegen Majestätsbeleidigung ein. In seiner Not erinnerte sich Hallberg, wem das churbairische Herzogtum Jülich letztendlich unterstand. Als politischer Asylant reiste er deshalb

1819 nach München und fuhr gleich bei der Residenz vor. »An diesem schönen Morgen erhielt Hallberg bei Vater Maximilian, König von Bayern, Schutz und gastliche Aufnahme im Bayernlande, einem immer noch äußerst glücklichen Königreich«, jubelt Hallberg-Biograph Gistel.
Im glücklichen Bayern angekommen, kaufte sich Hallberg das Schlößchen Fußberg bei Gauting, das heute noch, idyllisch in einer Würmschleife gelegen, zu besichtigen ist. Diesem Wohnsitz für die kommenden sieben Jahre verdankt Hallberg auch seinen Beinamen, der ihm, eher aus Spott, von den umliegenden Bauern angeheftet wurde: Eremit von Gauting. Sein an einen russischen Popen erinnernder Aufzug mit pelzverbrämtem Rock, daran allerlei Orden und Ehrenabzeichen, und riesiger Pelzmütze war wohl der Grund dafür. Hallberg jedenfalls nahm diesen Namen gerne an und machte ihn fortan zu seinem Autorenpseudonym, unter dem er zahllose Zeitungsartikel und seine Reisebeschreibungen in Buchform veröffentlichte.
Eremitisch jedoch war sein Leben durchaus nicht. Keineswegs lebte er abgeschieden vom Weltengetümmel in einer Waldklause, sondern suchte immer wieder die Abenteuer auf seinen zahlreichen Expeditionen, die oft mehrere Jahre dauerten. »Nur Reisen ist Leben«, schrieb er in einem Brief. Schon vor den Gautinger Jahren war er weit herumgekommen. Der erst 25jährige war zu einer die ganze ›alte‹ Welt umfassenden Rundreise aufgebrochen über Skandinavien zum Baltikum, über Polen, Galizien, Ungarn nach Serbien und Kroatien. Über Konstantinopel ging es dann weiter nach Anatolien, Syrien, Cypern und über Griechenland und Italien nach Spanien, um von dort die Heimreise anzutreten. Doch immer wieder zog es ihn auch nach Bayern zurück, wo er versuchte, das in der Fremde Gesehene und Erlebte fortzuführen. Dazu gehörten sowohl seine fremdländische Kleidung (gerne zeigte er sich auch in einem lappländischen Pelzanzug) als auch manch anderes Kuriosum, das gar nicht unbedingt in unsere Breiten passen mußte.
So versuchte Hallberg unter anderem, in Gauting eine Flußperlenzucht anzulegen. Er ließ in der Würm Katarakte bauen, deren Wasserschwälle Sauerstoff auf den Flußgrund bringen sollten. Anfänglich nur mit Bachmuscheln aus der Gegend, später mit importierten aus Sachsen, Böhmen, Franken, Schweden und Lappland unternahm er seine Versuche, mit Fremdkörpern infizierte Muscheln zur Perlenproduktion anzureizen. Aus dem ganzen Projekt wurde nicht sonderlich viel – wie aus manch anderer

›weitsichtigen‹ Idee auch. So hat Hallberg bereits 1831 in einer kleinen Schrift leidenschaftlich dafür geworben, einen »Rhein-Donau-Kanal« zu bauen, um so an den alten Handelsweg nach Indien anzuschließen.

Ab 1826 lebte Hallberg dann also in Birkeneck, nahe der nach und nach entstehenden Kolonie Hallbergmoos. Hier entwickelte sich seine exzentrische Lebensweise ›zur vollen Blüte‹, zahlreich sind die Anekdoten und zweifelhaften Überlieferungen, was seinen Lebensstil betraf: »Die einzige Bequemlichkeit, die er seiner Familie erlaubte, waren Betten. Er selber schlief auf einer am Boden liegenden Matratze und bedeckte sich mit einem weißen Bärenfell. Tische und Stühle waren unpoliert, nur die Wände des Empfangszimmers verrieten einigen Luxus: er hatte sie eigenhändig mit Theaterzetteln, Festungsplänen, Todesanzeigen, Landkarten, Visitenkarten, landschaftlichen Bildern ohne jede Symmetrie tapeziert.« Der mangelnde Komfort war noch das wenigste, was Hallberg seiner Frau abverlangte. Angeblich soll er sie gezwungen haben, als Beweis ihrer Liebe und Treue aus dem ersten Stock des Birkenecker Schlosses zu springen, was die zeitlebens widerspruchslos gehorchende Caroline auch tat. Einige Wochen später starb sie.

Die Wahrheit dieser Geschichte ist genauso wenig nachprüfbar, wie manch andere Anschuldigung an den Freiherrn. Unbestritten dagegen sind seine Anflüge von alles umarmender Menschenliebe und grenzenloser Spendierlaune. Zum Jahrestag der Völkerschlacht bei Leipzig ließ er alljährlich durch Herolde im Freisinger Umland zu einem Fest einladen, das er auf Schloß Birkeneck gab. Hunderte von Bauern ließen sich die freie Verköstigung schmecken, und über allem schwebte ein Ballon mit dem Spruchband: »Seyd umschlungen, ihr Millionen!« Natürlich kann man das alles auch seiner Geltungssucht und Exzentrik zuschreiben. Ähnliches ließe sich zum Beispiel auch über sein Auftreten in München sagen: »Denn in die Hauptstadt kam er stets in seinem langen, zinnoberroten Wurstwagen, gezogen von vier bis sechs Bauernkleppern oder italienischen Eselinnen. Vor und nach dem Wagen ritten zwei Jockays in Samt und mit reichen Silbertressen. Je würdevoller und gravitätischer der Eremit im Gefährt saß, desto mehr mochte seine Auffahrt die Münchner an die lustige Zeit des Faschings erinnern.«

In München machte man sich vorwiegend lustig über den ›alten Grattler‹ – Konditoreien stellten aus Buiskuit gebackene Hallberg-Figuren in ihre Schaufenster. Doch nicht nur dieser Mißgunst wegen machte sich der hochbetagte Freiherr immer wieder auf zu neuen abenteuerlichen Reisen. 1844 kam er von seiner letzten großen zweijährigen Expedition zurück, die ihn über Rußland und den Kaukasus nach Persien geführt hatte. Bei dem nun 76jährigen machte sich eine beginnende Erblindung bemerkbar. Er befaßte sich noch einmal mit den Plänen einer endgültigen Auswanderung nach Amerika, kaufte sich dann aber doch lieber in Hörmannsdorf zwischen Straubing und Landshut ein Schloß als endgültigen Alterssitz. Umgeben von einem Gärtner, einer Haushälterin und einer Vorleserin verbrachte der Blinde, nun zur Untätigkeit und Seßhaftigkeit verdammt, noch einmal 12 Jahre in Hörmannsdorf, ehe er am 17. April 1862 dort verstarb. Begraben wurde er auf dem Friedhof zu Weng, wo man heute allerdings sein Grab vergebens sucht. Nach der Erweiterung der Kirche wurde es in den Grundriß des Bauwerks miteinbezogen. Die ufernahen Grundwasser der Isar aber mögen die Gebeine des weitgereisten Freiherrn noch immer untergründig umrauschen.

Freising / Moosburg

Der Fluß wurde von einer zur anderen Seite geworfen

München und Freising, das ist zuerst und vor allem eine uralte Rivalität. Angefangen hat es mit Heinrich dem Löwen und seiner gewaltsamen Brückenverlegung – aber das haben wir ja schon hinter uns. Fortgesetzt hat es sich in dem jahrhundertelangen Streit zwischen den geistlichen Herren, die auf dem Domberg residierten, und den weltlichen, die sich die frühgeschichtliche Siedlung »Munichen« zur Residenz ausbauten. Das heißt, ganz so einfach war die G'schicht nicht. Die vom Domberg waren nämlich nicht nur Statthalter eines jenseitigen Reiches, sondern mischten auch in der irdischen Politik kräftig mit. Das Freisinger Bistum war sogar ein regelrechter Staat im Staate, allerdings von recht bescheidener flächenmäßiger Ausdehnung. Die Siedlung rund um den Domberg gehörte dazu, Innichen, Maria Wörth, Obervellach sowie das Werdenfelser Land. Und – besonders wichtig – ein schmaler Streifen entlang der Isar bis nach Ismaning. Das ist deshalb von solcher Bedeutung, weil man die Isar dazu mißbrauchen konnte, die jeweils andere Partei ein wenig zu drangsalieren.

»Sie verbauten jede noch so kleine Rinne gleich anfangs mit sogenannten Fischerzäunen, oder kleinen Verlegen, die große Wirkung machten«, heißt es von den Ismaningern. »Sie warfen dadurch den Fluß um so leichter auf die baierische Seite, als er daselbst ohnehin niederes Land hatte. Hieraus entstanden große Zwiste; ja es kam sogar zu Thätlichkeiten.« Immer wieder mußten Gerichte zwischen den Streithähnen schlichten, alle Jahrhunderte wieder kam es zu neuen Vergleichen und Verträgen, so 1430, 1554 und 1624. Doch bei nächstbester Gelegenheit baute man wieder Dämme und Wehre und freute sich, wenn die am gegenüberliegenden Ufer nasse Füße bekamen. »So wurde der Fluß von der einen Seite auf die andere geworfen.« Endgültig beigelegt wurde der Streit eigentlich erst mit der Säkularisation, als der klerikale Ministaat des Hochstifts Freising aufhörte zu existieren.

Damit war endlich der Stachel im Fleisch des Kurfürstentums, das bald

Königreich von Napoleons Gnaden werden sollte, entfernt. Das Kuriose an dieser Konstellation war ja, daß man quasi mit einem Sonntagnachmittags-Spaziergang von dem einen Herrschaftsgebiet in das andere wechseln konnte. Und weil die jeweils eigenen Wertvorstellungen und Ideale nur halb soviel wert waren als die Gelegenheit, dem anderen eins auszuwischen, konnte es schon mal passieren, daß man im freisingischen Kirchenstaat freidenkerischer war als im übrigen Kurfürstentum, von dem man sich umzingelt wähnte. Während der Regentschaft Karl Theodors (1777–1799) war eine solche Zeit, wo man in Freising gewissermaßen über seinen eigenen gegenaufklärerischen Schatten gesprungen ist, um dem unbeliebten, aus Mannheim herbeigeeilten Wittelsbacher Erben Paroli zu bieten. Weil Karl Theodor, von dem die Bischöfe befürchteten, er beschneide ihre kirchlichen Ansprüche, dezidierter Gegner etwa der Freimaurer beziehungsweise des Illuminatenordens war, mußte man halt in Freising justament dafür sein – und somit freizügiger, als es der Papst erlaubt. Jedenfalls konnte man sich in jenen Jahren vor 1800 als Münchner Bürger den Spaß machen, und kurz einmal am Feierabend oder am Wochenende ins andere Lager hinüberschauen und etwa beim Oberföhringer Schloßwirt, also auf freisingischem Gebiet, radikale Blätter wie die »Oberdeutsche Staatszeitung« lesen. In München war die nämlich verboten.

Mit Freising fängt Literatur an

Vor einigen Jahren konnte man, wenn man im herrlichen Biergarten des Weihenstephaner Bräustüberls saß, auf den Bierfilzln den Aufdruck lesen: Mit Weihenstephan fängt Bier an! Das ist keine übertriebene Aufschneiderei, sondern allgemein anerkannte Tatsache, daß in Weihenstephan die älteste Brauerei der Welt steht, wenn auch die urkundliche Ersterwähnung von 1040 n. Chr. vor nicht allzu langer Zeit von einem Freisinger Historiker in Frage gestellt wurde. Aber ein paar Jahre hin oder her, was spielt das schon für eine Rolle bei diesem zwar nicht alttestamentarischen, aber altbairischen Schöpfungsbericht. Im übrigen wäre der noch weiterzuschreiben. Denn so wie der eine heilige Hügel Freisings, der ›Nährberg‹ der Bierbrauer, nur die halbe Wahrheit ist und durch den anderen heiligen Berg, den ›Lehrberg‹ der Bischöfe nämlich, ergänzt werden muß, so ist auch mit dieser kleinen, bierfilzlrunden Genesis nur die halbe bairische Welterschaffung beschrieben. Zum Bier nämlich gehört noch das Buch; und auf Vers 1, Mit Weihenstephan fängt Bier an, muß Vers 2 folgen: Mit Freising fängt Literatur an!

Ja, es ist schon so. Man befindet sich, wie es ein Poststempel der Stadt einmal urbi et orbi kundtat, im »Herzen Altbayerns«, steht man auf Freisinger Boden. Und nicht nur das. Man steht auch an der Wiege deutscher Literatur: In Freising taucht das allererste geschriebene althochdeutsche Wort überhaupt auf, um zirka 765 n. Chr., und es heißt – jeden Schriftversessenen und Buchanbeter wird es nicht wundern – »dheomodi«, also demütig. Wer genau es aufgeschrieben hat, weiß man nicht; man hat ja nicht einmal das Original, sondern nur drei Abschriften davon. Bischof Arbeo, ein Südtiroler aus dem Geschlecht der Huosi, der übrigens auch bei jener vorübergehenden klösterlichen Niederlassung in Scharnitz, von der schon die Rede war, anzutreffen ist, wirkte jedenfalls im dritten Viertel des 8. Jahrhunderts auf dem Domberg und gründete dort eine berühmte Schreibschule. Auch wenn er selbst nicht mitgewirkt haben sollte, so haben doch die von ihm unterwiesenen schriftgelehrten Klosterbrüder im damals schon weithin bekannten Freisinger Skriptorium – eventuell auch im Teamwork – dieses früheste uns bekannte Schriftstück in althochdeutsch verfaßt. Es ist eine Art Glossar, ein Wörterbuch, das für lateinische Ausdrücke althochdeutsche Übertragungen sucht, manchmal noch etwas unbeholfen. Kein Wunder, wurde doch hier erstmals der Versuch unternommen, eine bis dato nur gesprochene Sprache, eine Mundart, wenn man so will, zu verschriften. Nicht mehr länger der »uncadiuti« wollte man sein, der, »der die Sprache des Volkes nicht spricht«. Und den Ort, »dar man poah pirkit«, wo man also die Bücher aufbewahrt, die »Bibliotheca« oder althochdeutsch-freisingerisch »poahfaz«, wollte man mit einem Buch bereichern, das erstmals auch die Sprache des Volkes für pergamentwürdig erklärte und nicht nur das bis dato allein gültige Latein. Da man diese Synonymenliste mit dem lateinischen Wort »abrogans« begonnen hatte, bürgerte sich schließlich der Name »Der Abrogans« für das erste Fundstück deutschsprachiger Literatur ein.

Sicher, es war nur ein erster kleiner, bescheidener Anfang. Für lange Zeit blieb das Lateinische noch die verbindliche Schriftsprache. Von Arbeo selbst, den man als den »ersten namentlich bekannten, durch ein hinreichend überliefertes Werk ausgewiesenen, biographisch fest umrissenen Autor des bayrischen Stammes« genannt hat, sind noch zwei andere Werke erhalten, die selbstredend in Latein verfaßt sind. Frommer Mann,

der er war, der Arbeo, wählte er sich zwei Heilige, den hl. Korbinian und den hl. Emmeram, um von deren Leben und Wirken zu erzählen. Man darf ja nicht vergessen, daß wir uns in der Epoche der sich mehr und mehr ausbreitenden Christianisierungswelle befinden, und da hatten solche Heiligenviten für die wenigen, die sie zu lesen bekamen, natürlich einen gewissen Vorbildcharakter.
Sicher wäre es jetzt interessant zu hören, wie der hl. Emmeram aller »carnalis voluptatibus« (was im »Abrogans« ungefähr mit »fleischlicher Lust« übersetzt hätte werden müssen) entsagte, »denn die Freude der vergänglichen Wollust schwindet in wenigen Tagen und der künftige Schaden der Seelen wird ohne Ende bestraft«. Aber es soll uns hier ausnahmsweise einmal weniger das fromme Erdenleben dieser heiligen Männer interessieren als das, was Arbeo gewissermaßen zwischen die Zeilen hineingeschmuggelt hat. In der »Vita vel passio S. Haimhrammi Martyris« findet man nämlich auch die allererste Beschreibung des Baiernlandes – wie gesagt, das Wort vom Anfang aller Literatur in Freising ist nicht übertrieben. Wie Arbeo das Land beschreibt, so aus der Überblicker-Position heraus, man sieht ihn förmlich oben am Freisinger Domberg stehen, wie er den Blick über die Isarauen schweifen läßt. In der deutschen Übertragung von Bernhard Bischoff heißt es:
»Deshalb schaute er das Land an: es war sehr gut, lieblich anzusehen, reich an Hainen, wohlversehen mit Wein. Es besaß Eisen in Fülle und Gold, Silber und Purpur im Überfluß; seine Männer waren hochgewachsen und stark, auf Nächstenliebe und Sitte gegründet. Das Erdreich war fruchtbar und brachte üppig Saaten hervor, und der Erdboden schien von Vieh und Herden aller Art fast bedeckt zu sein; Honig und Bienen waren wahrlich in reichlicher Menge vorhanden. In Seen und Flüssen gab es Fische in großer Zahl; das Land war von klaren Quellen und Bächen bewässert und besaß an Salz, soviel es bedurfte.« Und nachdem Arbeo ja auch in Scharnitz das Voralpenland kennengelernt hatte, weiß er weiter zu berichten: »Das Bergland war ergiebig an Obst und bot Weiden und saftiges Gras; das Waldgebirge war mit wilden Tieren bevölkert und das Unterholz mit Hirschen, Elchen, Auerochsen, Rehen, Steinböcken und mit Tieren und Wild aller Art.«
Wenige Zeilen nur umfaßt dieser erste Baiern-Hymnus, und dennoch: von welcher Prägnanz und Anschaulichkeit ist er! Natürlich ist diese Beschreibung noch unvollständig, und neben manch anderem fehlt auch der

Hinweis auf den besonderen musischen Charakter der Bewohner dieses Landes. Doch wir brauchen nur etwas weiter zu suchen in den Freisinger Annalen, und es werden uns weitere ›Erstlinge‹ nur so entgegenpurzeln. Von der Lust der Baiern am ›Komödi-Spieln‹ liest man ja immer wieder, den allerersten Beleg aber für diese theatralische Ader, man findet ihn wiederum in Freising. Frühesten Formen von Schauspiel begegnet man ja oft in Verbindung mit jeder Art von Liturgie, und auch die altbairischen Christianisierer scheinen sich schon früh darauf besonnen zu haben, daß man über die szenisch-theatralische Darstellung die Menschen wahrscheinlich weit eher erschüttern und bekehren kann als allein mit frommen Reden. Das geistliche Schauspiel jedenfalls entwickelte sich in enger Anlehnung an den kirchlichen Ritus; ein erstes Beispiel für ein solches die Liturgie begleitendes Mini-Drama besitzen wir mit dem »Ordo Rachelis Frisingensis« vom Ende des 11. Jahrhunderts. Dieses Spiel vom Kindermorden des Herodes, das wahrscheinlich im Zusammenhang mit den Weihnachtsfeierlichkeiten aufgeführt wurde, ist das älteste geistliche Schauspiel Baierns überhaupt. Ihm gesellt sich noch – bei dieser Fülle schon keine Sensation mehr – ein ebenfalls aus dem 11. Jahrhundert stammendes Dreikönigsspiel hinzu, das »Officium Stellae Frisingense«. Wer noch weitere Beweise braucht, daß Freising geistliches Zentrum Altbaierns war und daraus resultierend die Wiege nicht nur bairischer, sondern überhaupt deutschsprachiger Literatur, dem mag noch der Hinweis dienen, daß natürlich auch das früheste althochdeutsche Kirchenlied vom Anfang des 10. Jahrhunderts aus Freising stammt: »Unsar trohtin hat farsalt / sancte Petre giuualt, / daz er mac ginerian / ze imo dingenten man.« (Unser Herr hat dem hl. Petrus Macht verliehen, den zu retten, der auf ihn hofft.)
Das waren imposante, frühe Anfänge allemal. Doch seine wahre Blütezeit sollte Freising erst unter Bischof Otto I. im 12. Jahrhundert erleben. Als etwas über 20jähriger wurde der Sohn des Markgrafen von Österreich bereits Bischof von Freising. In Paris hatte er studiert und bei den Zisterziensermönchen in Morimond sich eine Zeitlang aufgehalten. Ein durch und durch geistiger und geistlicher Mensch scheint er gewesen zu sein, nicht sehr angetan von irdischen Dingen und dem profanen Weltenlauf. Den »mons ductus« ließ er mit einem Ost- und Westtor gegenüber dem am Fuße des Hügels gelegenen Freising abschließen, das immerhin zur Haupt- und Residenzstadt eines kleinen, aber feinen Hochstifts aufstieg.

Wahrscheinlich wollte Otto I. von weltlichem Händel und politischen Intrigen auf seinem abgeschlossenen Domberg verschont bleiben, aber wie wir ja schon aus dem Kapitel über die Brückenstreitigkeiten mit Heinrich dem Löwen erfahren haben, ließen es die Zeitumstände nicht zu, daß sich Otto ganz einem kontemplativen Leben hingab.
Dabei hätte er sich, wer weiß, vielleicht noch weitaus mehr seinen schriftstellerischen Arbeiten widmen wollen. Zwar heißt es von Otto I., er habe das Gesicht Freisings entscheidend geprägt, und er steht gewissermaßen als Bauherr und politischer Lenker des kirchlichen Fürstentums da, aber auf der anderen Seite war er mindestens genauso ein zurückgezogener Gelehrter, ein weltabgewandter Bücherwurm, ein Otto im Freisinger Gehäuse. Daß er anscheinend der Auffassung war, dieses ganze weltliche, machtpolitische Treiben sei sowieso nur eitel und müßig, beweist seine »Chronica«, eine Weltgeschichte von den Anfängen bis zu Ottos eigener Gegenwart, ein Geschichtswerk, von dem es heißt, es sei ein »Gipfelpunkt mittelalterlicher Geistigkeit«. Die Weltsicht, die dieses Hauptwerk des Schriftstellers Otto verrät, ist deutlich pessimistisch eingetrübt; Otto hatte wohl das Gefühl, allenthalben Anzeichen für ein nahes Weltenende zu sehen. Er hätte wahrscheinlich auch einiges aus seinen eigenen Erfahrungen zum Thema Machtbesessenheit und menschliche Niedertracht besteuern können, aber er erzählt in seiner »Chronica« unter anderem lieber von seinem Großvater, Kaiser Heinrich IV., der sich Angriffen seines eigenen Sohnes erwehren mußte. Solche martialischen Geschichten aus der Geschichte lassen Otto seufzen: »Sollte uns nicht ein so unerhörtes, so unmenschliches Beginnen der Welt allein schon zur Verachtung der Welt aufrufen? Täuscht nicht die Welt – oder besser mit Augustin die Unwelt – die sie Liebenden, indem sie sie durch trügerische Genüsse an sich lockt, verstrickt sie nicht die ihr Anhängenden in derartige Händel, und reißt sie sie nicht schließlich mit in ihren eigenen Untergang? Das sind nach Paulus die letzten und deshalb schlimmen Zeiten.«
Endzeitstimmung auf dem Freisinger Domberg also schon vor über 800 Jahren. Man darf annehmen, daß der immens belesene und bewundernswert geschichtskundige Carl Amery natürlich augenzwinkernd auch auf Ottos Weltchronik anspielt, wenn er seinen Endzeitroman »Das Geheimnis der Krypta« ausgerechnet in Freising spielen läßt. Amerys Buch muß einfach am Ende dieser kleinen Freisinger Literaturgeschichte stehen,

bündelt es doch wie ein Parabolspiegel noch einmal all die Geschichten, Legenden und Motive. Natürlich tritt da der Bistumsgründer Korbinian auf (und die Hauptfigur heißt sogar noch nach ihm), Bischof Otto ist ein eigenes Kapitel gewidmet, und die romanische Krypta unter dem Chor des Freisinger Doms mit ihrer rätselhaften »Bestiensäule« ist gewissermaßen der unheilvolle Genius loci des ganzen Buches. Über die Relieffiguren dieses Stützpfeilers, bewaffnete Kämpfer und drachenähnliches Ungetier, zwei Adler und ein Hund sowie eine als Seherin gedeutete Frau, haben sich schon Generationen von Kunsthistorikern den Kopf zerbrochen. Eine Art Weltenbrand oder Endzeitkampf scheint dort dargestellt zu sein – wie er ausgeht, bleibt das Geheimnis der Krypta.

Auch bei Amery geht es um einen Endzeitkampf, ausgelöst, wie vielleicht so manches weltbewegende Ereignis, durch einen schlechten Witz. Der Privatgelehrte Dr. Korbinian Irlböck, der sich in einem Geheimgewölbe des Freisinger Dombergs eingenistet hat, macht auf Anfrage einer obskuren internationalen Vereinigung, die sich der Rettung der von ökologischen Katastrophen bedrohten Menschheit verschrieben hat, einen nicht ganz ernst gemeinten Vorschlag: Entweder die Menschheit beginne mit einer radikalen Ökoperestrojka oder aber man dezimiere mit Hilfe von B-Waffen und Gen-Technologie drastisch die Weltbevölkerung, um so eine Verschnaufpause für eine ökologische Neubesinnung zu schaffen. Sehr zum Erschrecken Irlböcks geht man daran, die Version »Freising II« in die Tat umzusetzen.

Carl Amery, der es schon immer meisterhaft verstanden hat, ökologisches Engagement und Science-fiction, mahnende Prophezeiungen und sarkastische Ironie zu verbinden, behält in seinem literarischen Szenarium Freising ein trauriges Ende vor. »Der Dom stand schweigend und riesig, die große Uhr am Nordturm war stehengeblieben und zeigte nichts mehr an. Der Dom erteilte den Menschen keine Auskunft mehr, auch seine Glocken waren verstummt.« Natürlich wünscht Amery wie alle wahrhaften Propheten nicht wirklich, daß es so kommen möge. Lieber wäre ihm sicherlich, daß man in noch einmal 800 Jahren über sein Endzeitbuch genauso räsoniert wie heute über Ottos »Chronica«. Und zwar räsoniert in einem immer noch existenten und mit Leben erfüllten Freising.

Großmeister im G'stanzl-Singen

Wenn bei uns daheim die Rede auf die bucklige Verwandtschaft im Freising-Lerchenfeld kam, so kann ich mich noch erinnern, waren es immer zwei Gefühlsregungen, die den jeweiligen Erzähler bestimmten: Auf der einen Seite konnte man dem Betreffenden direkt ansehen, wie es ihn noch im Nachhinein beutelte ob des primitiven, alles andere als blitzblanken urgroßelterlichen Hauswesens da draußen in Lerchenfeld. (Eigentlich gehörte im Bewußtsein der Freisinger das Glasscherbenviertel gar nicht mehr zur ehemaligen Bischofsstadt, lag es doch schon auf der anderen Seite der Isar, Richtung Erdinger Moos, und man lebte dort gewissermaßen halb im Wasser, was die dreckverspritzten Häuser und Menschen ja auch jedem verrieten.) Auf der anderen Seite war aber auch unverkennbar ein mächtiger Stolz zu spüren, daß man irgendwo von jener urbäuerischen, altbairischen Keimzelle abstammte, die unbestreitbar in den Freisinger Isarauen zu suchen ist. An diese Melange aus pikiertem Naserümpfen und gleichzeitiger Reklamation der eigenen Bodenständigkeit mußte ich wieder denken, als ich das erste Mal erfuhr, daß der Roider Jackl, berühmter G'stanzlsänger und Urbild des bayrisch-bäurischen Menschen, sich ausgerechnet in Freising-Lerchenfeld niedergelassen hatte – als staatlicher Forstbeamter hatte er sein Revier in der nahegelegenen Savoyer Au. Wenn man sich anschaut, wie die Mächtigen aus Politik und Kultur, aus Wirtschaft und Massenmedien sich grad immer mit Fleiß von dem g'schertn niederbayerischen Lackl derblecken haben lassen, sogar – oder vielleicht grad extra – bei scheinbar feierlichen Anlässen wie etwa bei der 800-Jahr-Feier von München oder bei einer Feierstunde des Maximilianeums, so habe ich den Eindruck, sie alle, die bayerischen Würdenträger und Großkopferten, sahen in dem Roider Jackl so etwas wie die ungehobelte, grobschlächtige Verwandtschaft, deren man sich irgendwo schämt und die man doch gleichzeitig als unverfälschtes Original allzugern vorführt.

Er war also von der Mehrzahl seiner Lebensjahre her Lerchenfelder, denen man übrigens besondere Schlitzohrigkeit nachsagt, von Geburt her aber war er Niederbayer, wie es niederbayrischer gar nicht geht. In Weihmichl nördlich von Landshut ist er zur Welt gekommen, am 17. Juni 1906, am ›Prangatog‹, dem inoffiziell höchsten Feiertag in Bayern. Da geht 's nämlich immer besonders großmachtig her, bei dem feierlichen, festgeschmückten Umzug mit Böllerschüssen und Blasmusik. Wie sehr dieser schicksalshafte Zusammenstoß von Fronleichnam und eigener Geburt dem Roider Jackl gefallen hat, zeigt eine Aufzeichnung von ihm, die er für das »Roider Jackl«-Buch als Vorwort beisteuerte. Einen kurzen Lebenslauf kündigt er eigentlich dem Leser an, aber letztlich kommt er dann doch nicht über die Beschreibung seiner Geburt hinaus, die eine prächtige Schilderung des niederbayerischen ›Prangatogs‹ ist. Die Geburt selbst gibt er in den Worten seiner Mutter wieder, die den kleinen Jakob als sage und schreibe sechzehntes Kind auf die Welt brachte: »Wia alls ausn Haus gwen ist, hob i des Gröba no schnell a bissl zammagramt, aufbett, 's Werktaggwand und de dreckigen Schuah in de hinta Kammer hinteripackt, d'Stubn zammkihrt, abgspüalt, 's Grandl aufgfüllt und na hab i 's Kocha ogfangt. Und mittn unterm Knödl eilegn, grad wias beim zwoatn Evangelium 's drittemal gschossn ghabt ham, is de Sach mit dir auf aramal gehat wordn. Bald waar i nimmer in Kammer num kemma und bis i 's Gwand obabracht hab, bist scho da gwen aa.« Übrigens soll der Schußmeister eine extra Maß Freibier bekommen haben, als man am Abend den Johann Roider, der zum sechzehnten Mal Vater geworden war, hochleben ließ: Seiner besonders starken Böllerladung sei es zu verdanken, daß der Bub ausgerechnet zur Fronleichnamsprozession »losgeprellt« worden sei.

Zur Schule gegangen ist der Roider Jackl dann in die Volks- und Feiertagsschule Weihmichl, »'s Deutschschreiben« soll ihm dabei besonders hart angekommen sein. Das hat ihn aber nicht daran gehindert, als Förster und Feierabenddichter mehrere Tausend Seiten G'stanzl, Coupletts, Witzreden und sonstige Kleinigkeiten zu verfassen, die die armen Herausgeber und Zusammensteller des »Roider Jackl«-Buches alle durchsehen mußten. Vieles davon ist heute nur mehr mit Fußnoten zu verstehen, wie zum Beispiel die vielen G'stanzl, die er Jahr für Jahr bei der Salvatorprobe am Nockherberg zum besten gab. Da werden sowohl lokal- als auch weltpolitische Tagesaktualitäten glossiert und kommentiert, nicht nach der »alpenländisch weichen Welle«, wie Walter von Cube es einmal charakterisierte, sondern im »eckigen Rhythmus« der G'stanzl, geprägt durch das »Harte und Kantige der Holledauer Gegend«, die der Roider Jackl »von Jugend her aufgenommen und auf seine Art künstlerisch weitergegeben hat«. Er selbst hat sich wahrscheinlich weder als Dichter noch als Künstler gesehen, und in seiner schlitzohrigen Art hat er der versammelten Kulturschickeria anläßlich des Jubiläums »10 Jahre Bavaria-Filmstudios« in Geiselgasteig draußen erklärt, was das Erfolgsrezept eines Volkssängers, wie er einer war, ist: »Wenn die Musik, die meine Gstanzl begleitet, recht falsch spielt, da sing i no falscher drauf, und das gfallt dann dene Leut, die Kunst studiert ham, ganz besonders. Und die Zeitungen schreibn dann: ›So was Echtes haben wir schon lange nicht mehr gehört.‹«

Wein von den Isarhängen

»Vielfach als älteste bayerische Stadt nach Regensburg« hat man, laut Max Prätorius, das heute im Schatten von Landshut liegende Moosburg bezeichnet. Wie es gegründet wurde und wie es sich entwickelte in den ersten Jahrzehnten, ist ein Lehrbeispiel für jene agilolfingische Epoche des 8. Jahrhunderts, in der sich in Altbaiern so ungemein viel bewegte. 50 Klöster wurden bis zum Jahr 788 gegründet, eines davon am Zusammenfluß von Isar und Amper. Die Agilolfinger gaben zwar dem Zeitalter seinen Namen, aber sie waren durchaus nicht das einzige Herrschergeschlecht. Dort, auf der Anhöhe über Isar und Amper, residierte zum Beispiel auf der Burg Mosabyrga die bairischen Adelsfamilie der Fagana, die – ähnlich wie die Huosi im Voralpenland – an der unteren Isar durch diverse Erstbesiedlungen ihre Macht entfaltete. Um 750 n. Chr. herum scheinen die Fagana unterhalb ihrer Burg ein Benediktinerkloster gegründet zu haben – genaugenommen sogar einen Doppelkonvent, denn es soll auch Nonnen gegeben haben. Das Männerkloster wuchs rasch an, schon bald liest man in Quellen von 150 Mönchen, die das Benediktinerkloster beherbergte.

Die vielen arbeitsamen Hände brauchte man auch, denn mönchisches Leben bedeutete damals noch harte Arbeit. Die Wälder um Moosburg herum wurden von den Benediktinern gerodet, man betrieb Obst- und Gemüseanbau, pflegte die Bienenzucht. Und man legte Weinberge an, hieß es doch schon in den Ordensregeln des hl. Benedikt, Weingenuß sei keine Sünde. (Wer allerdings »dem Rebensaft entsagen könne, ist im Besitze einer besonderen Gnade Gottes«.) Nicht nur direkt bei Moosburg, zum Beispiel südlich der alten Stadtmauer, wo die Stelle heute noch »der Weingraben« heißt, sondern auch in der umliegenden Gegend wurden Weingärten angelegt, so bei Gammelsdorf und Berghofen, Weng, Ried und Wang. Aber nicht nur die Benediktiner von Moosburg begegnen uns in den Annalen als Weinbauern, auch die Freisinger scheinen, bevor sie auf dem Weihenstephaner Hügel mit dem Bierbrauen anfingen, fleißige Weintrinker gewesen zu sein. (Der Verfasser hegt sogar den Verdacht, daß seine Vorfahren, die aus der Freisinger Gegend stammen, ihren Namen vom Weinbau ableiten.) Wahrscheinlich waren es die Römer, die uns die Kelterkunst ins Land brachten. Vom Ort Winzer bei Deggendorf heißt es, er sei der älteste Weinort Baierns und römische Legionäre hätten hier die ersten Reben gepflanzt. Jedenfalls scheinen die sanften Hügelhänge entlang der unteren Isar mit ihren doch zahlreichen Weinanpflanzungen durchaus dem Gusto unserer Vorfahren entgegengekommen zu sein.

Die Rede von den dumpfen, biersaufenden Bajuwaren ist nämlich bei näherem Hinsehen auch nur eines der vielen unhaltbaren Klischees über unseren Stamm. Schon Johann Andreas Schmeller vergißt bei dem Stichwort »Wein« in seinem »Bayerischen Wörterbuch« alle philologische Zurückhaltung und donnert der nachgeplapperten Binsenweisheit vom allzeit biertrinkenden Baiern ein »aber ehmals war es anders« entgegen. Dann folgt spaltenlang eine Auflistung aller Belege für die Liebe der Baiern zum Wein, den man in früheren Zeiten eben nicht nur in Franken anbaute, sondern auch an der Donau, an der Altmühl, an der Naab und an der Isar. Schmeller nennt als Isar-Winzerorte Altdorf und Landshut, aber es waren natürlich, wie schon erwähnt, bedeutend mehr.

Wie es mit der Qualität des Rebensaftes von den Isarhängen bestellt war, darüber läßt sich nur noch mutmaßen, entsprechende Weinproben lassen sich heute ja leider nicht mehr verkosten. Der Trausnitzer Tropfen jedenfalls trug die Bezeichnung »Landshuter Legewein« und zwar deshalb, weil man sich nächtens besser mehrmals umlegte, wollte man nicht riskieren, daß einem der Wein ein Loch in den Magen fraß. Liest man Jacob Baldes Sinnspruch vom »Weinberg an der Trausnitz«, wird einem klar, wie ätzend auch er diesen Tropfen empfand, der wohl mehr essigsaure Tonerde denn Wein war. »Mons, ubi nativum vites lacrimantur acetum.« (Das ist der Berg, wo der Rebstock weint ursprünglichen Essig.) Und vom Kabinettstropfen, der an den Hängen der Donau ungefähr auf der Höhe von Isarmünd wuchs, hört man sagen, er habe den Beinamen »Dreimännerwein« gehabt. Drei Mannsbilder hätt' es dazu gebraucht: einen, der den Wein trinkt, einen zweiten, der den Trinker gut festhält, und einen dritten, der ihm den Wein hineinschüttet…

Wann und warum es letzten Endes mit dem Weinbau an der Isar zu Ende ging, weiß man nicht genau. Der Dreißigjährige Krieg soll die Weingärten ziemlich verwüstet haben, und in der Zeit danach, als man nicht einmal genug Hafer und Korn hatte, dachte niemand mehr an eine Rekultivierung. Ein Landshuter Chronist mutmaßte gar, es könnte schon damals etwas einen Einfluß ausgeübt haben, worauf doch eigentlich erst unser Jahrhundert ein Exklusivrecht hat: »Den ehemaligen Weinbau in unserer Gegend darf niemand unwahrscheinlich finden oder gar auf schlechte Beschaffenheit des Weines ziehen. Es muß ein Klimawechsel stattgefunden haben.«

»Maister Hanns, Schnitzer«

Wein in rauhen Mengen war es auch, den man sich Ostern 1514 im Moosburger Kollegiatsstift St. Kastulus schmecken ließ (ein besonders penibler Kirchendiener hat alles genau aufgeschrieben und so für eine späte Nachwelt festgehalten). Es gab ja auch ein freudiges Ereignis zu feiern: die Fertigstellung des neues Hochaltars, den Meister Hans aus Landshut für den noch frischen, wenige Jahrzehnte zuvor im spätgotischen Stil errichteten Chorraum der Münsterkirche in fast vierjähriger Arbeit geschaffen hatte. Er ist mit seinen knapp 15 Metern Höhe und über vier Metern Breite der größte Altar, den wir aus dieser Kunstepoche kennen – und er ist nicht nur von den Ausmaßen her wahrhaft groß und einzigartig. Aufgestellt wurde er in Moosburg, das schon damals, Anfang des 16. Jahrhunderts, völlig im Schatten von München, Freising und Landshut unterzugehen drohte.
Nach der Wende zum 9. Jahrhundert hatten die frommen Männer vom Moosburger Benediktinerkloster die Gebeine des heiligen Kastulus, eines römischen Märtyrers aus dem 3. Jahrhundert, vom Tiber an die Isar überführt. Schon bald entstand eine rege besuchte Wallfahrtsstätte, die auch nach der Umwandlung des Klosters in ein Kollegiatsstift mehr und mehr Zulauf erlebte. Im 12. Jahrhundert erneuerte man die Reliquienkirche, St. Kastulus bekam sein romanisches Äußeres, das noch heute in dem für Altbayern einzigartigen Turmbau und dem Stufenportal auf der Westseite bewundert werden kann. Natürlich sollte der neue Hochaltar, der in seiner Predella die Reliquien des Kirchenpatrons barg, auf die Leidensgeschichte des hl. Kastulus eingehen. Meister Hans schuf zu diesem Zwecke hölzerne Relieftafeln, die auf den Innenseiten der Altarflügel angebracht wurden. Sie zeigen in besonders plastischer, ja dramatischer Darstellung das Martyrium des frommen Mannes, seine Gefangennahme und das Verhör, die schreckliche Folter und das Verscharrtwerden bei le-

bendigem Leib. Allein dieser expressiven Reliefs wegen ist der Altar eine Meisterleistung spätgotischer Bildhauerkunst – und da sind noch nicht einmal die übrigen Plastiken der verwegen hochaufstrebenden Figurenkomposition erwähnt, die Mariendarstellung im Zentrum etwa oder die ganz oben schwebende Kreuzigungsgruppe.
Doch was half es, daß Moosburg einen so großartigen Künstler für sein Münster hatte gewinnen können. Das viel größere, potentere Landshut riß einfach das Kollegiatsstift an sich, überführte einen Großteil der Reliquien in ihre Stadtmauern und sorgte somit dafür, daß Moosburg mit seiner nun nicht mehr Stifts-, sondern nur mehr gewöhnlichen Pfarrkirche nach und nach in der Bedeutungslosigkeit versank. Selbst daß man einen der großartigsten Altäre des altbairischen Raums besaß, schien man vergessen zu haben, man stutzte ihn kurzerhand um seine Seitenflügel und verpaßte ihm gar vorübergehend im 18. Jahrhundert einen weißen Anstrich. Wie Benno Hubensteiner feststellt, war es dann erst Joachim Sighart, der in seinem »Eisenbahnbüchlein von München nach Landshut« 1859 das großartige Kunstwerk für eine breitere Öffentlichkeit erschloß. »Er wurde damit, ohne es selbst zu wissen, zum Entdecker des größten bayerischen Bildschnitzers.« (B. Hubensteiner) Plötzlich nämlich begann man fieberhaft zu forschen, wer sich hinter dem Monogramm HL verbarg, das nicht nur dem Moosburger Altar, sondern unter anderem auch der Madonnenfigur in der Landshuter St.-MartinKirche und der des Pollinger Klosters eingeschnitzt war.
Man hat trotz großer Anstrengungen nicht viel in Erfahrung gebracht über »Maister Hanns, Schnitzer«, wie es in den zeitgenössischen Quellen, so auch den Moosburger Weinrechnungen, meist lapidar und der ganz und gar uneitlen Renaissancezeit gemäß heißt. Wie sich einer mit Vornamen schreibt und was er macht mit seinen Händen, das genügt schon. Wir Heutigen wollen aber immer mehr und alles ganz genau wissen: Hans Leinberger soll er mit vollem Namen geheißen haben. Doch dann entzieht er sich uns auch schon wieder. Wo und wann er geboren wurde, ob er verheiratet war und Kinder hatte, wieviele Werke er schuf, was alles verschollen ist und auch wann er verstarb, all das verschweigen uns die eh schon dürftigen Quellen. Mit dem Moosburger Altar taucht er plötzlich auf aus dem Dunkel. Er ist sein frühest feststellbares Werk. Was er davor tat, wo er gelernt hat, was seine Gesellen- und was seine frühen Meisterstücke waren, wir wissen es nicht. Daß er nach 1514, nach seinem

Bavourstück in der St.-Kastulus-Stiftskirche schnell bekannt wurde und ein gefragter Holzschnitzer war, können wir unter anderem aus Rechnungsbelegen rekonstruieren. Für Landshut und Dingolfing, für die untere Isar also, von der er wahrscheinlich auch abstammte, aber auch für Regensburg, Innsbruck und Polling war er tätig. Dann taucht er wieder unter in überlieferungsloser Zeit, und uns bleibt nicht recht viel mehr als jene Bilder, die wir uns selbst zurechtphantasieren, wie das des Meisters Hans, der im Kollegiatsstift Moosburg zusammen mit dem Stiftsdekan »acht Maß guten Weines« trinkt und dabei noch einmal den Blick über die Arbeit der letzten vier Jahre streifen läßt, von ganz oben herab über alle Rundungen und Schnörkel, über jeden Faltenwurf und jeden Wangenknochen… und er sah, daß es gut war.

Landshut

»Er errichtete auf dem Berg ein hölzernes Häuslein«

Die Gründungsgeschichte von Landshut hat Parallelen mit der von München. Wieder spielt das Vorrecht auf eine befestigte und bewachte Überquerung der Isar eine Rolle. Wieder zerstört da einer einfach die bereits bestehende Brücke, die diesmal nicht dem Freisinger, sondern dem Regensburger Bischof untersteht, und verlegt sie ein Stück weiter isaraufwärts. Heinrich der Löwe wurde ein paar Jahrzehnte zuvor für seine Tat mit dem Entzug des Herzogtums bestraft, Pfalzgraf Otto als Nutznießer herrschte ab 1180 als erster in der langen Genealogie der Wittelsbacher über bairische Lande, die so groß allerdings zu diesem Zeitpunkt noch nicht waren. Sein Sohn Ludwig, der mit 13 Jahren bereits Herzog von Baiern war, probierte noch einmal das Hasardeurstück mit der gewaltsamen Brückenverlegung – und hatte mehr Glück. Zwar kam es zu kriegerischen Auseinandersetzungen mit dem Regensburger Bischof (die Geistlichen dieser Zeit darf man sich nicht als weltabgewandte Betbrüder vorstellen, das waren ausgefuchste Machtpolitiker und waffenstarke Feldherrn wie alle anderen auch!), aber letztlich konnte niemand Ludwig zur Rechenschaft ziehen, im Gegenteil, er schuf sich ideale Voraussetzungen für seine Macht- und Territorialausweitung. 1204 gründete er auf diese Weise Landshut, 1218 folgte Straubing und 1224 Landau. Der wichtige Handels- und Transportweg Isar war damit unter seiner Kontrolle, der Weg offen nach Osten, wo sich Ludwig durch seine Heirat mit der Witwe des Grafen von Bogen eine Anwartschaft auf die Ländereien an der Donau und im Bayerischen Wald sicherte.

Ludwig der Kelheimer, wie er später nach dem Ort seiner Ermordung genannt wurde, betrieb also als zweiter wittelsbacherischer Herrscher eine erfolgreiche Expansionspolitik, rundete das Territorium seines Herzogtums ab und schuf mit Landshut dessen erstes Zentrum. Das vergißt man nämlich gerne aufgrund der späteren Dominanz der Haupt- und Residenzstadt München: Angefangen hat alles in Landshut. Zumindest was die wittelsbacherische Herrlichkeit betrifft. Während München lediglich ein umtriebiger Marktflecken und aufstrebender Umschlagplatz für Waren aller Art war, ansonsten aber für die Wittelsbacher erst einmal nicht von Interesse, stieg das ungemein schnell wachsende Landshut zur Herrscherresidenz auf. Die muß man, was die Anfänge betrifft, wohl auf der Burg über der Isar vermuten, die erst später im 16. Jahrhundert, als unten am Fluß die Stadt »Landshut« schon längst berühmt geworden war, zur Unterscheidung Burg Trausnitz genannt wurde.

Der Landshuter Chronist und Wegbereiter einer bairischen Geschichtsschreibung Veit Arnpeck schrieb im 15. Jahrhundert auf, wie er sich die Stadtgründung und die Errichtung der Burg vorstellte: »Im Jahr Christi 1204: Herzog Ludwig in München errichtete, weil zwischen der Stadt Moosburg und der Stadt Dingolfing viele schwere Diebstähle und Räubereien vorkamen und weder ein Weg sicher noch ein Ort geschützt war, auf dem Berg, auf dem jetzt die Burg Landshut steht, ein hölzernes Häuslein, im Volksmund Kasten, und setzte dorthin vier Lehenmannen zum Straßenschutz, und hiervon hat Landshut den Namen, sozusagen Schutz des Landes.« Abgesehen davon, daß Herzog Ludwig eben nicht von München aus residierte, ist auch fraglich, ob wirklich er die allererste Befestigung schuf oder ob nicht schon vor ihm an dieser Stelle, wo sich die Isar in zwei Arme teilt und besonders leicht zu überqueren ist, eine hölzerne Wartburg errichtet worden war. Jedenfalls wurde die Burg »Landshut« unter Ludwig dem Kelheimer zum neuen Zentrum seines Herzogtums. Nicht nur, daß von hier aus Fluß, Brücke und umliegendes Land kontrolliert werden konnten, der Leiter der staatlichen Archive in Bayern, Erich Stahleder, geht sogar soweit, »Landshut schon bald nach der Gründung als ›hochmittelalterlichen Musensitz‹« zu bezeichnen – also nicht nur ein politisch-herrschaftliches Machtzentrum in ihm zu sehen, sondern auch ein kulturelles. Indizien hierfür sind ihm die Beziehungen zwischen Ludwig und Walther von der Vogelweide, der dem Wittelsbacher ein Lob- und Preisgedicht widmete, nachdem zuvor der Herzog den Minnesänger – vielleicht sogar in einem selbst gedichteten Lied – vor Kritik in Schutz genommen hatte. Und auch Neidhart von Reuenthal, der zweite große Minnelyriker des 13. Jahrhunderts neben Walther von der Vogelweide, ließ von einer Kreuzfahrt Leopolds VII. von Österreich, an der er wahrscheinlich teilgenommen hat, ausgerechnet Landshut durch einen Boten Grüße aus dem heiligen Land ausrichten: »Du sage zu Landeshuete, / wir leben alle in hohem Muote.«

War also dann das Landshut Ludwigs des Kelheimers schon früh ein mäzenatischer Herrscherhof, die Burg über der Isar eine Begegnungsstätte von Mächtigen und Künstlern? Auch wenn Spekulationen und das Sich-ausmalen solcher Szenen natürlich reizvoll sind, letzten Endes sind die Quellen und Belege zu dürftig für ein verläßliches Bild jener Zeit. Und was sich als steinerne Zeugen bis in unsere Epoche herüberretten konnte, sind allenfalls Anhaltspunkte für das einstige Aussehen. Die beiden Rundtürme des Tores zum Beispiel sowie der Wittelsbacher Turm und die Burgkapelle mit ihrer romanischen Kreuzigungsgruppe und der imposanten reliefartigen Ausstattung entlang der Empore stammen noch aus der zweiten Hälfte des 13. Jahrhunderts. Ansonsten verdankt die Burg ihr Aussehen weitgehend der gotischen Bauepoche, jener Zeit, da das Herzogtum noch in Baiern-Landshut und Baiern-München aufgeteilt war. Die drei niederbairischen Herzöge Heinrich, Ludwig und Georg, die alle drei den Beinamen »der Reiche« trugen, verwandelten ihr Herrschaftsgebiet in einen regelrechten »Rosengarten«, wie Durchreisende von dem friedlichen und blühenden Land schwärmten.

Noch einmal änderte die Burg Trausnitz ihr Gesicht unter Herzog Wilhelm V., der – wie schon sein Vater Albrecht V. – in Landshut seine ›Flegeljahre‹ verbrachte. Richtig herrschen und regieren durfte er da noch nicht, der Vater hatte ihm ausdrücklich jede politische Einflußnahme verboten, wollte nicht, daß ihm in seine herzoglichen Regierungsgeschäfte hineingefunkt wurde. Gleichzeitig aber stand dem »Kadetten« aufs Herzogamt ein ganzes Schloß samt nicht gerade kleinem Hofstaat zur Verfügung. 25 000 Gulden zahlte der Herr Papa jährlich als Taschengeld. Damit ließ sich gern ein Prinzenleben in Saus und Braus führen!

Daß Wilhelm an einem solchen verschwenderischen Lebensstil Gefallen fand, hatte schon seine Hochzeit mit Renata von Lothringen 1568 gezeigt. Man spricht immer nur von der Pracht der Landshuter Hochzeit, diese Münchner Vermählung, die 18 Tage lang dauerte, scheint ihr nicht in recht viel nachgestanden zu haben. Wie schon bei der Landshuter Hochzeit wurden eher die Häupter der Pferde gezählt als die der Gäste, um einen Eindruck von der Größe jener Jubelfeier zu geben: 2540 Rösser mußte man damals in München einstallen, »eines der glänzendsten Feste, das München je gesehen hat«, schreibt Benno Hubensteiner. Als eine der vielen Attraktionen des beinahe dreiwöchigen Festprogrammes hatte sich Erbprinz Wilhelm die Aufführung einer Commedia dell'arte ge-

wünscht – in jenen Jahren der Renaissance war alles aus Italien Kommende besonders beliebt und in Mode. Für den Hofmusicus des Vaters, Orlando di Lasso, der auch schon in Diensten des Papstes gespielt hatte, kein Problem! Er inszenierte dem Brautpaar seine Commedia; wie es heißt, soll er sogar selbst die typisierte Rolle des Pantalone, eines komischen Alten, reich und weibernarrisch, übernommen haben.
Für die Burg Trausnitz ist das deshalb alles von Belang, weil es sein könnte, daß Wilhelm von dieser Commedia-Aufführung bleibende Eindrücke nach Landshut mitgenommen hat, die schließlich zu einem ziemlich einmaligen künstlerischen Zeugnis dieser besonderen Art von komödiantischem Stegreifspiel führte. Jedenfalls war es noch zur Zeit seines Aufenthaltes auf Trausnitz, daß die Burg die berühmte Narrentreppe bekam, ein sich über mehrere Stockwerke erstreckendes Fresko, das neben anderem auch die Figuren der Commedia dell'arte lebensgroß darstellt. Im Zuge einer Art Generalrenovierung – der Innenhof bekam italienisch anmutende Laubengänge, der Gebäudekomplex auf allen Stockwerken umlaufende Arkaden, ein Lustgarten wurde angelegt – ließ Wilhelm auch den sogenannten Fürstentrakt umgestalten, ein vom Zwingergarten bis zum letzten Stockwerk reichendes Treppenhaus entstand. Auf dessen Wänden entwarf der italienische Maler und Architekt mit niederländischer Abstammung Friedrich Sustri ein komödiantisches Treiben...
Dies alles setzte Wilhelm erst gegen Ende seiner Landshuter Jahre ins Werk. Fast hat es den Anschein, als habe er mit diesem übermütigen Narrentanz, der da im Fürstentrakt treppauf tänzelt, eine Art Erinnerungsalbum seiner wilden, übermütigen Zeit auf Burg Trausnitz in Auftrag geben wollen. Was ist hier nicht gefeiert und gepraßt worden, wer gab sich hier nicht alles ein Stelldichein: italienische Gaukler und Artisten, die die Commedia dell'arte leibhaftig aufführten, französische Fechtmeister und spanische Hofschneider, aufgekocht hat ein ganzes Heer von Haute-cuisine-Meistern, man feierte ›Maschkera‹ und verulkte bereits die ritterlichen Turnierspiele. Auch Orlando di Lasso gefiel es bei dem Sohn auf Burg Trausnitz viel besser als beim Vater in München. Doch irgendwann mußte dieses übermütige und auch sündteure Leben ja ein Ende haben, spätestens als für Erbprinz Wilhelm der Ernst des Lebens begann und er das Herzogtum des verstorbenen Vaters übernehmen mußte. Als Wilhelm V. zog er nun in die Residenz nach München und führte dort bald ein ganz anderes Leben, das ihm schließlich den Beinamen »der Fromme«

einbrachte. Die Flausen seiner Jugendjahre aber bescherten der Burg Trausnitz neben manch anderem jenes einzigartige Fresko der Narrentreppe, auf dem etwas vom Übermut damaligen Lebens festgehalten ist.

»alls in ain summ zu pringen und zu erklären«

Soweit ein kurzer Abriß über die Geschichte der Burg Trausnitz, die gleichermaßen die Geschichte der Herrschenden ist. Doch was geschah währenddessen am Fuße des Burgberges, in der Bürgerstadt? Um die Keimzelle eines romanischen Vorläuferbaues der heutigen St.-Martin-Kirche scharten sich schon bald nach der ›Stadtgründung‹ im Jahre 1204 Handwerker und Krämer. Ihre Geschäfte mußten zwangsläufig florieren, hatten sie sich doch in exponierter Lage, direkt an einer Fernhandelsstraße, niedergelassen. Entlang der bildete sich auch in den folgenden Jahrzehnten jene Landshuter Altstadt aus, über deren leicht gekrümmte Straßenführung Josef Martin Bauer geschrieben hat: »Was für Augen unter was für klugen Gehirnen müssen das gewesen sein, die ihre Planung so entzückend hingeschwungen zu sehen verstanden.« 1250 hatte man sich schon bis zur Isar vorgearbeitet, auf der anderen Seite des Flusses stand die Zisterzienserabtei Seligenthal, die Herzogin Ludmilla anläßlich der Ermordung ihres Gatten, Ludwigs des Kelheimers, 1232 gegründet hatte. Zwischen diesen beiden Polen, Seligenthal und St.-Martin, vollzog sich die Stadtentwicklung.

Vor allem in den Neubau von Sankt Martin legten die vor Bürgerstolz nur so strotzenden Landshuter ihre ganze Energie. Man hat gesagt und geschrieben, daß sie mit dem allen statischen Gesetzen spottenden Turm, der die Höhe der Burg Trausnitz erreicht, den Herzögen oben auf ihrer Veste hochmütig und frech die lange Nase zeigen wollten: Mit 130 Metern Höhe ist er der höchste Turm in Ziegelbauweise auf der ganzen Welt. Ausgeführt werden sollte der gesamte Bau von dem damals schon berühmten Baumeister Hans aus Burghausen (an der Außenmauer der Kirche erinnert eine Steinbüste an ihn). Ob die Gesamtbauzeit von fast 120 Jahren auch deshalb zustande kam, weil sich die immerhin nur 8000 bis 9000 Bürger Landshuts, die diesen kühnen Dom ja durch ihre Abgaben finanzieren mußten, ein wenig übernommen hatten? Auf der anderen Seite: Hätten sie es nicht getan, wäre eines der großartigsten Bauwerke der Gotik in Altbaiern vielleicht nie zustandegekommen. Hans Bleibrunner, der unermüdliche Regionalforscher, hat in den fast vier Jahr-

zehnten als niederbayerischer Bezirksheimatpfleger einen Blick bekommen für das eklatante Mißverhältnis zwischen unserem durch und durch profanierten Jahrhundert und jenem himmelstürmerischen: »Welch unerhörter Opfersinn der paar tausend Bürger! Ein unbegreiflich hohes Werk haben sie uns geschenkt, und wir müssen uns fragen, ob wir uns auch würdig erweisen, so kostbare Erbgüter zu verwalten.«

Doch das starke Selbstbewußtsein der Patrizier führte nicht nur einmal dazu, daß man mit den Herren von der Burg Trausnitz hart aneinandergeriet. Als sich 1410 die Stadtväter beim Kaiser darüber beschwerten, daß ihnen Heinrich der Reiche ihre alten, Selbständigkeit garantierenden Stadtrechte nicht mehr bestätige, ließ sich der Herzog eine besonders hinterhältige List einfallen, um den kecken Patriziern einmal zu zeigen, wo der Wittelsbacher den Most holt. Er lud sie auf Burg Trausnitz zu einem feierlichen Gastmahl, und als alle versammelt waren, ließ er sie von der Festtafel weg verhaften und in die Verliese werfen. Zwei Jahre später, als sich noch einmal ein Bürgerrevöltchen unten in der Stadt zu regen begann, ließ Heinrich die Rädelsführer sogleich blenden oder hakte ihnen eine Hand ab.

Unter denjenigen Ratsherren, die bei dem festlichen Diner auf Burg Trausnitz so eine ›nette‹ Überraschung erlebt hatten, war auch ein gewisser Füetrer, der sich, wie andere auch, gegen »etlich tausent guldin« wieder freikaufen konnte. Aufgrund dieses Zwischenfalls scheint die Familie Füetrer in den folgenden Jahren einen schweren Stand in Landshut gehabt zu haben, denn es heißt, Sohn Ulrich sei als ein Verbannter nach München ausgewandert. Zuvor erhielt er aber noch seine Grundausbildung in Lesen, Schreiben und Latein an der Landshuter Schule und ging anschließend – aller Wahrscheinlichkeit nach – bei dem Ratsherrn und Künstler Dietrich Zeiler in eine Maler- und Freskantenlehre. So genau weiß man das alles nicht, denn ähnlich wie bei Hans Leinberger liegt auch bei Ulrich Füetrer das meiste an biographischen Daten im dunkeln. Hätte er nicht neben seinem Beruf als Maler noch diverse Bücher verfaßt, in denen er gelegentlich persönliche Anmerkungen einstreute, wüßten wir wohl noch weniger.

Durch den Umzug nach München kam Ulrich Füetrer mit jenem Kreis aus Gelehrten und Künstlern in Kontakt, den Herzog Albrecht IV. um sich versammelt hatte. »Dem niederbayerischen Raufadel erschien er wie ein ›Stubenschreiber‹ und ›Kranzlbinder‹«, schreibt Benno Hubensteiner über

Albrecht IV., der den Maler Hanns Gleismyller ebenso für sich beschäftigte, wie er den blinden Hofmusicus Conrad Paumann unterstützte, und auch der ›Münchner Meistersinger‹ Hans der Hesseloher gehörte in dieses Umfeld. Für Ulrich Füetrer wurde der kunstsinnige Wittelsbacher ebenfalls zum entscheidenden Mäzen, in seinem Auftrag und ihm gewidmet schrieb der emigrierte Landshuter seine Bücher. Der Prosaroman »Lanzelot« gehört dazu sowie das fast 6000 Strophen umfassende »Buch der Abenteuer«, eine Nachdichtung der alten Mären und Sagen wie »Parsival«, »Merlin« oder der »Trojanerkrieg«. Ebenfalls ein Auftragswerk für Albrecht war Füetrers sicherlich wichtigste Arbeit, seine »Bayerische Chronik«. Da es »seiner gnaden mainung ist, alls in ain summ zu pringen und zu erklären«, machte sich Füetrer 1473 an die Niederschrift dieser bayerischen Universalgeschichte, die vor Christi Geburt einsetzt und bis in die direkte Gegenwart des Verfassers hineinreicht.
Natürlich arbeitete Füetrer noch nicht streng geschichtswissenschaftlich und mischte in seinem Buch Historisches mit Sagenhaftem, Belegtes mit rein Literarischem. Aber dennoch bemühte er sich in Ansätzen, wie der Mediävist Horst Wenzel ausführt, der bis dato klassischen Historiographie, der es fast ausschließlich auf die Darstellung der christlichen Heilsgeschichte ankam, so etwas wie eine »bayerische Landesgeschichte« danebenzustellen. (Dies war sicherlich auch der Hintergedanke des Auftraggebers Albrecht, der seine eigene dynastische Stellung historisch untermauert haben wollte.) Immerhin ist der Landshuter Ulrich Füetrer einer der ersten, die solches unternommen haben, und andere, wie der Ravensburger Ladislaus Sundheim und Veit Arnpeck stützten sich bei Abfassung ihrer Chroniken unter anderem auch auf ihn. Selbst Aventinus, der gern zitierte ›erste‹ bayerische Historiograph, benutzte Füetrer für seine »Bayerische Chronik« als Quelle. Zu jener Zeit, da Füetrer unter anderem das Münchner Rathaus oder die Grünwalder Burg mit Fresken ausstattete und nebenher seine Bücher schrieb, unterrichtete Aventinus Albrechts Söhne in Burghausen. Das Schulmeisterliche scheint ihm gelegen zu haben. In Glossen schrieb er seinem Vorgänger in Sachen bayerischer Chronik immer wieder abfällige Bemerkungen an den Rand wie etwa: »hat das latein nit verstanden«, »lautter merl [= Märlein], ist nit war« oder »ist narrenwerk«. (Von ähnlicher Kritik wurde dann übrigens auch Aventinus eingeholt.) Horst Wenzel jedenfalls attestiert Füetrer »Bemühen um Quellensicherung, […] Bestreben nach Vollständigkeit,

nach Systematisierung und Straffung des Stoffes«. Er hat es also schon verdient, der Landshuter Universalgelehrte Ulrich Füetrer, in die Ahnengalerie der großen bayerischen Gelehrten aufgenommen zu werden.

»Fiat lux« – Licht über Bayern

Was für ein Stoff im Grunde für einen historischen Roman, wie er derzeit anscheinend so hoch in der Gunst der Leser steht. Das Eröffnungskapitel schwebt mir schon vor Augen: Man schreibt das Jahr 1800. Es ist Ende Mai, Anfang Juni. Des Effektes wegen lassen wir späte Frühjahrsschauer über Holledauer Hopfengärten und niederbairische Kornfelder peitschen; dann wieder stoßen breite, aufgefächerte Sonnenstrahlen durch hochgetürmte Wolkenbänke, die mal dunkelgrau, mal schwefelgelb übers Land ziehen. Von Ingolstadt aus bewegt sich ein Troß von Pferdegespannen über Geisenfeld, Mainburg, Weihmichl Richtung Ingolstadt. So etwas haben die niederbairischen Bauernschädel noch nie zu Gesicht bekommen: Auf den vierspännigen Fuhrwerken wird weder Dung noch die erste frische Mahd gefahren, sondern Bücher, nichts als Bücher. Ein Wagen nach dem anderen zieht vorbei mit riesigen Folianten und kleinen Oktavbänden, mit zusammengeschnürten Akten, eingerollten Plänen und Schautafeln. Dann folgen Gespanne mit den seltsamsten Gerätschaften, Glaskolben und Reagenzgläser, Apothekerwaagen und Metallkugeln. Einen der Wagen könnte man, im Roman wohlgemerkt, auf dem aufgeweichten niederbairischen Ackerboden einen kleinen Ackerrain hinunterrutschen lassen, er bekäme Schlagseite, würde umstürzen, und aus den Verpackungskisten würden herauspurzeln ganze Skelette, ausgestopfte Vögel, Glasbehältnisse, die zerspringen und aus denen seltsames Getier oder auch sezierte Gehirne herausschwappen würden.
Hier ist keine Monstrositätenschau von Jahrmarkt zu Jahrmarkt unterwegs, kein antiquarischer Trödler mit unverkäuflichen Scharteken, sondern die Summe der Gelehrsamkeit, die Baiern zu Anfang des neuen, des 19. Jahrhunderts aufbieten kann. Eine ganze Universität ist da verpackt und verladen worden, zieht um. Sie ist auf dem Weg heraus aus dem Obskurantismus, will hin zu einer neuen, lichten Stadt des freien, aufgeklärten Geistes. Landshut soll das werden! Jedenfalls nach den Plänen des neuen, gerade ein Jahr regierenden Kurfürsten Maximilian Joseph. 328 Jahre lang Universität Ingolstadt; 328 Jahre lang akademische Lehre unter der Kuratel und unter der Fuchtel der Jesuiten; 328 Jahre lang eine

Alma mater, die laut Gründungsdekret des Landshuter Herzogs Ludwig des Reichen als Kanzler den Eichstätter Bischof haben sollte. Nun ist 's genug. Der aufklärungsfreudige und reformwillige Max Joseph mit seinem Berater Graf Montgelas machte die Verlegung der Universität zur ›Chefsache‹. Jahrzehnte schon hatte man hin und her überlegt, begutachtet und gegenbegutachtet und dann doch wieder kleinlich wegen der Umzugskosten zurückgeschreckt. Kurfürst Max Joseph aber wollte auch ein deutliches Zeichen setzen: Nun beginnt eine neue Zeit der freien Forschung und Lehre. All die geschaßten und unter dem Illuminaten-Jäger Karl Theodor verfolgten Professoren und Gelehrten konnten aus ihren teils außerbairischen Zufluchtsorten wieder heimkehren, wurden von Max Joseph an die neue Landshuter Universität berufen. Bei der offiziellen Einweihungsfeier, die mit viel Pomp und allegorischem Theater abgehalten wurde, hielt eine holde Weiblichkeit, die die Aufklärung darstellen sollte, eine Art Pergamentrolle in der Hand, auf der zu lesen stand: »Fiat lux!« Es werde Licht im düster-rückständigen Baiern.

Doch die Aufklärung war »bereits müde und matt geworden«, wie Karl Bosl im Rückblick auf diese spannende Zeitenwende bemerkt, »Intelligenz und Geist [hatten] schon einen Schritt weiter getan«. Mit diesem Schritt weiter ist die Hinwendung zur Romantik gemeint. Nicht umsonst sind die Begriffe »Romantik« und »Landshut« eine siamesische Bindung eingegangen; oder wie es ein anderes Standardwerk über die Jahre der Landshuter Universität auf den programmatischen Nenner bringen wollte: »Von der Aufklärung zur Romantik«. Aber hat die Geschichte wirklich einen solch geraden Verlauf genommen? Bewegt sie sich nicht oft eher in Manier einer Springprozession: zwei Neuerungen nach vorne, eine Gegenreform zurück? War in Landshut nicht vielmehr alles gleichzeitig im Schwange, strengste Kantische Vernunftslehre und schwärmerische Naturphilosophie, liberalistisch verbrämter Merkantilismus und romantische Weltfremdheit? Aber man wollte ja gerade diesen Widerstreit der Denkungsarten, hat ihn regelrecht provoziert (auch wenn es dann später dem Ministerialen Friedrich von Zentner zu leidenschaftlich wurde). Erstmals wurden an der Universität »Konkurrenzvorlesungen« zugelassen, das heißt, jeder Dozent konnte im Grunde über jedes Thema seine Kollegien abhalten, auch über die Lehrfächer des befehdeten Opponenten zum Beispiel. Eine Unzahl an Schriften und Polemiken wurde auf diese Art und Weise angeregt; es bildeten sich Lager und Gruppierungen, etwa

um den Hauptverfechter der aufklärerischen Richtung, Rektor Nikolaus Thaddäus Gönner, aber auch um den großen Theologen und Seelsorger Johann Michael Sailer. »Aus dem starren Schwarzweißschema von Aufklärung und Obskurantismus, das die Anfänge der Landshuter Universität kennzeichnete, wurde ein buntes Miteinander und Gegeneinander von Anschauungen und Lehrmeinungen«, schreibt Alfons Beckerbauer, der die wohl umfangreichste und detailgenaueste Studie zu den zweieinhalb Jahrzehnten Landshuter Universität vorgelegt hat.
Dies alles könnte uns Heutigen irgendwie bekannt vorkommen. Wenn Karl Bosl im Hinblick auf die »Welle der Schwärmerei« zu Ende des 18. Jahrhunderts diagnostiziert, »die Aufklärung hatte den Bogen überspannt und ganz natürlich gefährliche Affinitäten zum Irrationalismus geweckt«, so läßt sich das, vorsichtig, auch auf manch heutige Bewußtseinslage übertragen: Rein naturwissenschaftliches Denken, ›westliche‹ Optimierungs- und Fortschrittsphilosophie haben für viele abgewirtschaftet; eine ganz und gar profanierte Gesellschaft stürzt sich scharenweise in religiöse Sekten und Esoterikzirkel. Der Mangel an Mystischem, so hört man immer wieder, die Auflösung alter religiöser Ordnungen produziere den Hang zu neuer Irrationaliät. Alles Fragen, die man ähnlich vielleicht schon vor nun bald 200 Jahren in den Landshuter Hörsälen, aber auch in den Dachkammern der Studenten, den Wohnungen der Professoren diskutiert hat.
Gallionsfigur der romantischen Richtung war Friedrich Wilhelm Joseph von Schelling, »Modephilosoph« der Zeit, der Landshut trotz aller Einladungen und Werbungsversuche nie betreten hat. Doch sein Geist, sein Einfluß war stets präsent. Gleich zu Beginn der Landshuter Epoche wurde er durch eine Ehrenpromotion von seinen Parteigängern auf den Schild gehoben. Sein – vereinfachend gesprochen – Gedanke vom Leib-Seele-Gesamtorganismus feiert heute in den vollen Wartezimmern von Schamanen und Geistheilern fröhliche Urständ. Jedenfalls lehrten Johann Nepomuk Ringseis und Andreas Röschlaub, um zwei Vertreter der von Schelling inspirierten ›romantischen Medizin‹ zu nennen, ihren Studenten auch nichts anderes, als »daß das Geistig-Seelische im Menschen Impulse geben kann an das Körperlich-Biologische« (A. Beckenbauer). Ja, im Grunde kann man Schellings Einfluß weiterverfolgen bis zu allerneuesten GAIA-Theorien (vom altgriechischen Namen für ›Erd-Urmutter‹ abgeleitet), die als Erklärungsmodell anbieten, man möge sich die gesamte Erde,

überhaupt den ganzen Kosmos als einen einzigen Organismus vorstellen. Schellings Weltseele läßt grüßen.
All dies, wurde also in zweieinhalb spannenden Jahrzehnten in der heute eher beschaulich-provinziell wirkenden niederbayerischen Hauptstadt leidenschaftlich diskutiert. Für eine kurze Spanne war Landshut Mittelpunkt einer intellektuellen Debatte, die nicht nur bayerische, »sondern gesamtdeutsche, ja Wesensfragen der europäischen Kultur« behandelte, wie es Philipp Funk in seinen »Studien zur Vorgeschichte der Münchner Romantik« ausdrückte.

»Immer immer das elende schändliche Weib!«

Geht es nach Hans Magnus Enzensberger, so wurden die Landshuter in jenen aufregenden Jahren sogar Zeugen eines Vorganges, den der Advocatus Diaboli unserer zeitgenössischen Literaturszene schlicht, aber ergreifend die ›Erfindung der Liebe« nennt – »oder sagen wir lieber das, was man in Europa bis auf den heutigen Tag darunter versteht«. Nämlich zerfleischende Seelenqual und himmelerhebende Verzückung, leidenschaftlichste Emphase, Eifersucht und Haß, Hörigkeit und Hingabe. »Daß Ihr Roman zum Vorbild, ja zum Schema einer unabsehbaren Literatur wurde, und daß Ihr Liebeskampf in tausend Varianten bis heute unsere Theater füllt, ist die geringste dieser Konsequenzen«, schreibt Enzensberger und richtet dabei seine Anrede an jene Auguste Bußmann, die, soll man den zeitgenössischen und später nachgeplapperten Urteilen trauen, ein geradezu unausstehliches Weibsbild gewesen sein muß. Mit knapp 17 Jahren soll sie Clemens Brentano »mit erschrecklicher Gewalt« solange bedrängt haben, bis er schließlich in eine Ehe einwilligte, die sich innerhalb kürzester Zeit in einen erbarmungslosen Grabenkrieg verwandelte. Mit einer der ›Höhepunkte‹ dieses Kampfes bis aufs Messer fand in Landshut vor aller Öffentlichkeit statt.
»Alle Tage giebt es Überschwemmungen von Thränen, sie stoßen ganze Windstöße und Stürme von Verwünschungen aus, so daß sich die Erde erbarmen möchte«, schrieb Bettina Brentano über die junge Ehe ihres Bruders Clemens. Was dieser an seiner Frau auszusetzen hat, klingt reichlich philiströs: Daß sie immer die ganze Nacht hindurch Romane lese, sich mit Opium wachhalte, dann wieder in hypochondrischen Anwandlungen zu den diversesten Ärzten renne, daß sie tausend Torheiten, Grillen und Niederträchtigkeiten aushecke und überhaupt wahrscheinlich vom Teufel

besessen sei. Sicher, Auguste Bußmann wird keine ganz einfache Frau gewesen sein, zu zügellos war ihr Temperament, zu rigoros ihre Leidenschaft. Im Grunde lebte sie aber nur aus, was die Romantiker selbst als Ideal vorgegeben hatten: Zum Beispiel, daß man keinen Unterschied mehr macht zwischen Leben und Kunst. »Ich mögte aber alle Welt läse deine Gedichte mit solcher Liebe wie ich und liebte auch so den Dichter drum«, schreibt Auguste an Clemens. Bei ihr hört die Verzückung, das Versetztsein in einen poetischen Zustand nicht auf, nachdem sie das Buch zugeschlagen hat. Als sie einmal hört, daß Friedrich Schiller in derselben Stadt weilt wie sie, ist sie ganz außer sich. Das mag schmeichelnd sein für einen aus der Ferne angehimmelten Autor, für einen schreibenden Ehemann ist es tödlich. Clemens Brentano kommt einfach nicht mehr zum Dichten, seit er mit dieser enthusiastischen Leserin verheiratet ist.
Er flieht vor ihr nach Landshut, sie folgt ihm. »Ich möchte verzweifeln über mein verfluchtes Weib, das mir einen Jammerkübel über den andern übergießt. Wohin ich flüchten soll, weiß ich nicht«, schreibt Clemens an seinen zukünftigen Schwager Achim von Arnim. Schließlich tritt er die Flucht nach vorne an, schreibt seinem Schwiegervater, daß er die Ehe aufzulösen gedenke, stellt Auguste vor vollendete Tatsachen. Die weiß weder ein noch aus, hat ihre ›hysterischen‹ Auftritte in Landshuter Gasthöfen, ›spielt Vergiftens‹, wie Friedrich von Savigny es ausdrückt; es ging nämlich das Gerücht, sie habe nur mit einem harmlosen Pülverchen simuliert. Clemens Brentano hält das alles nicht mehr aus und flüchtet auf das kleine Schlößchen Stallwang in der Nähe von Landshut, wo er bei einem Ex-Benediktiner und privaten Naturforscher wohnt, für den er eine Insektensammlung sortiert. Das Leiden seiner Frau quittiert er mit Sarkasmus: »Da nun meine Dame bloß für die Langeweile plötzlich Gift eingenommen haben wollte, zu sterben vorgab, keine Gegenmittel einnehmen wollte und in meiner, Savignys, Gundels und der Ärzte Gegenwart mit verstelltem Kotzen, Testamentmachen etc. einen ganzen Tag zubrachte, sich aber sehr wohl befand, reiste ich den andern Tag nach München, mich bei Bettinen zu erholen.«
Man hat sich schließlich doch auseinandergerauft, ließ sich scheiden. Auguste Bußmann, die evangelisch war, konnte ein zweites Mal heiraten, bekam Kinder, »man hört nichts mehr von Extravaganzen«, wie Achim von Arnim an seine Frau Bettina Rapport erstattet. Und dann geschah doch noch, was niemand für möglich gehalten hatte: Auguste Ehrmann,

wie sie nun hieß, ertränkte sich mit zwei Gewichtsteinen um den Hals im Main, nahe Frankfurt, wo sie in vermeintlich bürgerlicher Saturiertheit 15 Jahre mit ihrem zweiten Mann gelebt hatte. Als Clemens Brentano davon hörte, konnte er sie wenigstens »die unglückliche Auguste« nennen und nicht mehr ein teuflisches Weib. Ihr war wohl in diesem Leben nicht zu helfen, das sie mit jener Rigorosität und Unbedingtheit führte, die Brentano und seine Freunde immer propagiert hatten. Hans Magnus Enzensberger, der all diese Briefe und Zeugnisse zu einem »dokumentarischen Roman« zusammengestellt hat, rief ihr nach: »Im Kreise der Arnims und der Savignys, der Grimms und der Brentanos waren Sie – ich wage es zu sagen – die einzig wirkliche Romantikerin. Ich glaube, das hat sie das Leben gekostet.«

Eine Stadt spielt Mittelalter

Die sind ja total übergeschnappt und reif für die Irrenanstalt in Deggendorf! So sollen ›maßgebende Herren‹ der Landshuter Bürgerschaft erst einmal auf den Vorschlag ihrer beiden Mitbürger, Josef Linnbrunner und Georg Tippel, reagiert haben, als die beiden vorschlugen, anläßlich der dritten Niederbayerischen Industrie- und Gewerbeausstellung 1903 einen historischen Festzug auf die Beine zu stellen. Linnbrunner, der angesehene und in vielen Vereinen für seine Heimatstadt tätige Bäckereibesitzer, hatte die Laienspiele in Rothenburg und Dinkelsbühl gesehen und sich gedacht: So etwas braucht Landshut auch! In den beiden fränkischen Städten waren es rührende Errettungsgeschichten aus der Zeit des Dreißigjährigen Krieges gewesen, die man zu szenischem Leben erweckte. Welche Episode aus der Geschichte Landshuts sich für ein solches Treiben anbieten würde, das zeigten Linnbrunner und Tippel die Fresken im Rathaussaal. Die Freunde waren beide Gemeindebevollmächtigte des zweiten beziehungsweise dritten Stadtbezirks und saßen in dieser Funktion wohl des öfteren im Prunksaal des Rathauses. Dort wird ihr Blick auf eine Reihe von Fresken gefallen sein, die die Stadtväter im Gefolge des 700jährigen Stadtjubiläums 1877 in Auftrag gegeben hatten.
Erst hatte man lang diskutiert, was aus der reichen Geschichte Landshuts eines solchen Freskos würdig wäre. Die Gründungsgeschichte der Stadt, die ja auf der gewaltsamen Brückenverlegung Ludwigs des Kelheimers beruhte und eine kriegerische Auseinandersetzung mit dem Regensburger Bischof nach sich zog? Oder die Schlacht bei Gammelsdorf, wo

Ludwig der Bayer 1313 seinen österreichischen Vetter Ferdinand den Schönen in die Flucht geschlagen hatte und daraufhin die deutsche Königskrone erhielt? – Man entschied sich schließlich nicht für eine der vielen Geschichte machenden Schlachten, sondern für ein ganz und gar friedliches, ausgelassenes, festliches Spektakel, von dem noch Generationen reden sollten: die Vermählung Herzog Georgs mit der polnischen Prinzessin Hedwig.

Man war das ganze Mittelalter über nicht gerade kleinlich beim Feste-Feiern. Ludwig der Reiche, der Vater von Georg, hatte 1452 selbst eine Woche lang ausgiebig und spendabel seine Heirat mit der sächsischen Kurfürstentochter Amalie gefeiert – wie es sich für die roßnarrischen Altbaiern gehört, erfährt man, daß 9000 Pferde in Landshut eingestallt waren, wieviel Gäste demnach anreisten, kann man sich ja denken. Für den Sohn aber wollte der Herr Papa noch einmal eins drauflegen, es sollte die prunkvollste und ausgiebigste Hochzeit werden, von der man je gehört hatte. Mit Sorgfalt hatte er die zukünftige Ehefrau ausgesucht, zwei Jahre lang mit den Brauteltern verhandelt und dabei sogar den ungarischen König sowie den deutschen Kaiser als Mitkonkurrenten ausgestochen.

Es war die Tochter des Polenkönigs Kasimir IV. und seiner Gemahlin Elisabeth, einer Habsburgerin. Daß die siebzehnjährige Hedwig, ein »sehre hübsch Mensch«, welches »hat ein sehre züchtigs und fürstlichs Geberd«, kein Wort deutsch sprach, spielte dabei ebensowenig eine Rolle wie der Umstand, daß sie natürlich ihrem Bräutigam erst vorm Traualtar in der Sankt-Martin-Kirche das allererste Mal in die Augen sah (sie soll darüber gleich in Tränen ausgebrochen sein).

Zu mittelalterlichen Zeiten, da man es – vielleicht nicht gerade in Adelskreisen, aber bei ›normalen‹ Hochzeiten – für richtig hielt, daß der Bräutigam vor allen Gästen der frisch Angetrauten eine schallende Ohrfeige gab oder ihr nach dem rituellen Beischlaf den Fuß auf die Brust setzte, alles als Zeichen der unwiderruflichen Inbesitznahme, in solchen Zeiten also war auch eine Königstochter weniger ein Individuum als eine Handelsware. Und auf die mußte man aufpassen. Zwölfhundert berittene Gefolgsleute, Woiwoden, Reußen und Tartaren, sowie hundert Planwagen sollen sie auf ihrer zweimonatigen Reise nach Landshut begleitet haben. Dort empfing sie eine Hochzeitsgesellschaft, deren Auflistung sich wie ein »Who is who« der damaligen Herrscherwelt lesen würde.

Was dann folgte, in jenem November des Jahres 1475, war ein tagelang andauernder Festtaumel, bestehend aus dem eigentlichen Vermählungszeremoniell, aus Turnier- und Reiterspielen, aus Musik- und Tanzeinlagen und nicht zuletzt natürlich aus einem gigantischen Eß- und Trinkgelage, zu dem das ganze Landshuter Volk eingeladen war. Aufgetischt wurden unter anderem 490 Kälber, 323 Ochsen, 285 Schweine, 1133 Schafe sowie 40 000 Gigerl. Um die 30 Gänge herum hatte das eigentliche Hochzeitsmahl, darunter Fisch, Wildbret und Braten in allen Variationen, Pasteten, Sülzen, Kuchen. Welche Mägen und welche Konstitution diese mittelalterlichen Menschen gehabt haben... ich weiß es nicht! Jedenfalls heißt es von dem Vater des Bräutigams, er sei schon vor Beginn dieser Hochzeit von solcher Leibesfülle gewesen, daß »er konnt nit gestehn oder gehn« – man trug ihn zum ersten Treffen mit seiner neuen Schwiegertochter.
Wenn auch nicht in dieser Opulenz, die uns Heutigen schon allein beim Lesen der Speisezettel ein gewisses Völlegefühl erzeugt, aber dennoch möglichst authentisch wollten nun also Linnbrunner und Tippel das nur mehr als »Landshuter Hochzeit« apostrophierte Ereignis 428 Jahre später wieder zum Leben erwecken. Mit einem eigens gegründeten Verein »Der Förderer« gelang es auch: Am 15. August 1903 zog zum ersten Mal der nur aus Landshuter Bürgern und Laienspielern bestehende Festzug durch die Altstadt zur Grieserwiese, wo ein Ringelstechen stattfand. Die neidischen oder einfach auch nur engstirnigen Mäkler unter den Landshutern waren zwar immer noch nicht ganz überzeugt, »am Linnbrunner und Tippel ihrn Dippe-Dappe-Tag« nannten sie die Veranstaltung, aber immerhin hatte es sogar dem angereisten Prinz Ludwig von Bayern gefallen. Und die Festzügler bekamen bald weitere Gönner und Förderer, ein wichtiger war der »Bayerland«-Redakteur Franz Leher. Das »Bayerland« war bis zu seinem Ende 1990 die älteste Kulturzeitschrift Bayerns und seinerzeit ein vielgelesenes Blatt. Nicht nur brachte Leher eine mehrteilige, reich bebilderte Artikelserie über die zum Spiel gewordene Landshuter Hochzeit, was natürlich den Bekanntheitsgrad schon im dritten Aufführungsjahr enorm steigerte, er regte Linnbrunner auch an, den Festzug durch ein Laienschauspiel aufzuwerten.
Man fand auch einen professionellen Autor, den Theaterstückschreiber Georg Schaumberg, der übrigens zusammen mit dem schon mehrfach erwähnten Michael Georg Conrad die progressiv-naturalistische Vereini-

gung »Gesellschaft für modernes Leben« gegründet hatte. Sein »historisches Volksschauspiel« über die machtpolitischen Hintergründe sowie Vorbereitungen zu dieser Hochzeit war zwar alles andere als modern-avantgardistisch, aber durch die Jahrzehnte in diversen Überarbeitungen geglättet, war es lange Zeit Grundlage des zu Beginn der Landshuter Hochzeit gespielten Laienstücks.
Aber wahrscheinlich dürfte es weniger dieses quasi in ›geschlossener Gesellschaft‹ abgehaltene Spiel sein (es findet im Rathaussaal statt und man braucht dafür Karten) als vielmehr der unter freiem Himmel beziehungsweise vor der grandiosen gotischen Stadtkulisse stattfindende Festumzug. Er ist über die Jahre hinweg zu einer perfekt inszenierten Zeitreise ins Mittelalter geworden, und dank so detailversessener Helfer wie dem Grafiker und Kunstmaler Franz Högner ist selbst die kleinste Kleinigkeit noch authentisch. Högner hat über die Jahre hinweg historische Vorlagen gesammelt, die das tatsächliche Erscheinungsbild der damaligen Menschen dokumentieren, und versuchte, Schritt für Schritt, alle Kostüme und Accessoires, jeden einzelnen Schuh und jeden Teil einer Rüstung, historisch exakt nachzubilden. Da läuft selbst der kleinste Statist im Landsknechtstroß nicht mehr in Straßenschuhen mit, da blitzt nirgends eine Armbanduhr auf, da werden die Mädels Monate vor dem Spiel angehalten, sich lange Haare wachsen zu lassen, weil einen Hairstylisten-Schnitt gab 's damals halt noch nicht. Alles muß ins Bild passen – und es paßt auch. Schon vor etlichen Jahren mußte die »Süddeutsche Zeitung« neidlos anerkennen: »Wo sonst gelingt es einer Stadtgemeinschaft, von einem Tag auf den anderen eine ruhmvolle Vergangenheit so restlos zu beschwören, daß sich der Betrachter im Zweireiheranzug unter all den Fürstlichkeiten, Patriziern, Pagen und Landsknechten ausgesprochen deplaciert vorkommt.« Alles an diesem großen, aus der bayerischen Lust am ›Komödi-Spieln‹ geborenen Spektakel ist echt, ist Ernst. Und wenn dann am Sonntag nachmittag auf der Grieserwiese, dem Turnierplatz, der Herzog Christof der Starke gegen den Woiwoden von Lublin oder der Markgraf Friedrich von Ansbach gegen Eberhard von Württemberg im Lanzenstechen anreiten, und sie sich mit viereinhalb Meter langen Rennstangen vor die schweren Eisenrüstungen stoßen, dann ist das gewiß kein Stunt mit faulen Tricks!

Dingolfing / Landau / Plattling

Ex auro Isarae

Die eilends auf der A 92 Vorbeireisenden werden Dingolfing lediglich mit jenen riesigen Werkshallen in Verbindung bringen, die die Bayerischen Motoren Werke hier aus dem fetten niederbayerischen Bauernboden gestampft haben. Die Fabrik hat Dingolfing immerhin den Ruf eingebracht, seine Gewerbeflächen einem der modernsten Autowerke Europas zur Verfügung gestellt zu haben. Sein Einzugsgebiet reicht bis in den Bayerischen und Oberpfälzer Wald hinein, aus Gebieten mit hoher Arbeitslosigkeit pendeln die Arbeiter tagtäglich mit eigens eingerichteten Busverbindungen nach Dingolfing. Die Anfänge der Automobilherstellung an der Isar waren allerdings bescheidener: Wenn man die Hunderte von glänzenden Luxuskarosserien auf dem weiten Areal sieht, die bei BMW am laufenden Band gefertigt werden, denkt man mit Wehmut an das gute alte Goggomobil zurück, das hier einmal von der Hans Glas GmbH hergestellt wurde – wohlgemerkt mit »Schaumgummi-Doppelsattel« und einem »optimalen Spritz- und Schmutzschutz«, so daß das »Fahren in guter Kleidung« mit exorbitanten 13,6 PS zu einem wahren Vergnügen wurde!

Doch ähnlich wie im Falle Garchings, wo das futuristische Atomei dem Ort seinen Stempel aufdrückt, geht auch neben der BMW-Fertigungshalle das alte Dingolfing etwas unter. Immerhin trug sich der bajuwarische Herzogensitz lange vor Landshut oder gar München in die Annalen der Geschichte ein. Garibaldi, der erste uns bekannte Herzog aus dem Adelsgeschlecht der Agilolfinger, herrschte von Regensburg aus über das älteste Baiern, das sich seinerzeit noch von Eger bis Bozen erstreckte. Er soll gegen Ende des 6. Jahrhunderts Dingolfing in der Art eines römischen Muttergutes gegründet haben – aber was die Frühgeschichte Baierns anlangt, bleibt noch manch anderes im Nebel der Vergangenheit undeutlich. So sind etwa die Meinungen über die bajuwarische Abstammung Garibaldis keineswegs einmütig; vielleicht war er ja auch, wie manche glauben, Franke, Langobarde oder Markomanne.

Sicher dagegen weiß man, daß Tassilo III., der letzte der Agilolfinger-Herzöge, in Dingolfing so etwas wie einen der ersten Bayerischen Landtage abhielt – damals trugen diese Zusammenkünfte weltlicher und kirchlicher Potentaten, wie sie auch noch an anderen Orten stattfanden, etwa in Kirchheim, allerdings noch die Bezeichnung »Synode«. Das eigentliche Dingolfing wurde erst 1251 gegründet, durch Otto II., Sohn Ludwigs des Kelheimers. Eine von ihm anscheinend geplante Burg kam nie zustande, Otto starb ja auch schon zwei Jahre später. Die Aufteilung in Unter- und Oberstadt, die jeweils mit einer mittelalterlichen Stadtmauer umgeben waren, geht jedoch auf seine Pläne zurück. Die heute noch zu bewundernde »Herzogsburg« hat allerdings nichts mit Ottos Gründung zu tun, sie entstand erst Anfang des 15. Jahrhunderts und diente wohl, worüber man lange gerätselt hat, als Quartier für die Wittelsbacher, wenn sie in den Isarauen zur Jagd ritten oder sich auf der Durchreise befanden. Der imposante Backsteinbau beherbergt heute Leihgaben des Bayerischen Nationalmuseums und ist, wie der niederbayerische Bezirksheimatpfleger a. D. Hans Bleibrunner, der es ja wissen muß, meint, das schönste mittelalterliche Haus am ganzen Isarlauf.
Relativ oft, zwei- bis dreimal im Jahr, kam auch Herzog Ludwig der Reiche in den Dingolfinger »Kastenhof«, wie das Gebäude in frühen Archivalien auch bezeichnet wird. Vielleicht wollte er hin und wieder nach dem Rechten sehen, was die Goldschürfer am Isarufer betrifft. Immerhin hatte er 1477 einer aus Moosburger und Plattlinger Goldwäschern bestehenden Zunft besondere Vergünstigungen eingeräumt. Mag der ein oder andere schon bei dem Stichwort »Wein von den Isarhängen« gestutzt haben, so wird er sich vielleicht noch einmal wundern, wenn er erfährt, daß die heute etwas angeschmutzte Isar einst ein regelrechter niederbairischer Klondike war. Nachdem sie das größere Geröll im Oberlauf nach und nach zur Seite gelegt hatte, trug sie den feineren Sand, der auch Goldflimmerchen enthielt, den ansonsten in mancher Hinsicht benachteiligten Städten am Unterlauf zu. Zwischen Moosburg und Plattling, eingeteilt in Waschdistrikte, konnte man das rare Isargold mit etwas Geschicklichkeit gewinnen. Wie das vonstatten ging, beschrieb die Zeitschrift »Bayerland« 1897 folgendermaßen:
»Bevor die Wäscher einen Platz angriffen, nahmen sie erst eine Probe vor. Sie bedienten sich dazu einer Art kleiner hölzerner Schaufel statt eines Sickertroges. Diese Schaufel ließen sie zuvor über eine Unschlichtkerze

mit schmierigem Ruße anlaufen und füllten sie mit gemeinem Flußsande. Dann wurde die Schaufel unter dem Wasser immer so gestoßen, daß die leichteren Sandteile fortgeführt wurden, die schwereren aber kleben blieben. Wenn wenigstens drei kleine Goldflimmerchen hängen blieben, lohnte es die Mühe, und das Waschen fing an. Am Ufer wurde ein kleines Holzgerüst aufgeschlagen, auf dem schief und hinten erhoben ein breites Brett lag. Der größte Teil desselben war mit einem wollenen Tuche bedeckt und auf beiden Seiten mit Leisten eingefangen, in welche ein hölzernes Gitter eingeschoben und wieder herausgenommen werden konnte. Da stand ein Mann, welcher eine Schaufel voll Sand nach der andern auf dieses hölzerne Gitter warf und dann Wasser darauf schüttete. Dieses schlemmte den Sand hinweg, lief wieder über das Tuch ab und ließ die schwereren und feinern Sand- und Goldkörner, die am Tuche kleben blieben, zurück.«

Es folgte dann noch eine Trennung der Quarz- und Eisenkörner von den Goldflimmerchen mittels Quecksilber. Eine sicher nicht ganz unschädliche Prozedur, wurden doch die aufgelösten Goldbestandteile mittels Ausdampfen des Quecksilbers in einer Pfanne über Holzkohlenfeuer zurückgewonnen. Allzu ergiebig scheint die Sache nicht gewesen zu sein, gerade einmal 80 Kronen wusch man im Verlaufe eines ganzen Jahres auf diese Art und Weise aus der Isar. Umso rarer daher die Golddukaten, die an der Münchner Münzstätte geprägt wurden. Als Abbildungen trugen sie unter anderem jenen bärtigen Flußgott, der die Isar aus einer Amphore hervorspringen läßt und wie ihn ähnlich auch Peter Candid gemalt hat. Und als Aufschrift konnte man das Gütesiegel »ex auro Isarae« lesen – aus Isargold gemacht!

Mit niederbairischem Furor gegen den Papst

»Bayern ist ein erzkatholisches Land«, schrieb einst Georg Britting, der als Regensburger nicht nur die Donau bedichtet hat, sondern auch die Isar. »Wie Gold funkeln die Altäre der Kirchen, die Türme haben lustige Zwiebelhauben, der Barock ist ein echter Ausdruck dieses Landes.« So sehr hat sich das Klischee vom »heiteren und lebensfreudigen Katholizismus« in bezug auf Bayern schon verselbständigt, daß man diesem Land gar nichts anderes mehr zutraut. Ein genaueres und differenzierenderes Hinsehen scheint 's gar nicht mehr zu brauchen. Dabei ergäben sich, könnte man sich nur einmal zum Ablegen der Scheuklappen aufschwingen, vielleicht etwas nuanciertere Einblicke in bayerische Zustände. Daß zum Beispiel drei der vier bayerischen Könige, die verheiratet waren, sich jeweils eine Evangelisch-Lutherische zur Gemahlin wählten, sei nur so nebenbei bemerkt.

Oder sehen wir uns die Bewohner der unteren Isar einmal genauer an, von denen Georg Lohmeier geschrieben hat, sie seien aufbegehrerisch und fromm zugleich, »das Erdenschwere und Konservative überwiegen nur scheinbar«. In der Tat könnten gerade einige Städte am Unterlauf auf manchen Sohn ihrer Auen hinweisen, der ganz andere, eben nicht erzkatholische Geschichte gemacht hat. ›Könnten‹ wohlgemerkt! Denn irgendwie scheint man es gar nicht recht wahrnehmen zu wollen, daß zum Beispiel einer der bedeutendsten Christentumskritiker ein geborener Landshuter war. Ich habe wohlweislich dieses Thema unter der Ortsmarke Landshut nicht eingehender behandelt, weil da sicher gleich der Einwand käme, daß sei gewissermaßen nur ein Ausrutscher der Geschichte gewesen. 1802 war Paul Johann Anselm Feuerbach als Professor für Zivil- und Kriminalrecht an die Landshuter Universität gekommen, 1806 verließ er die Stadt schon wieder Richtung München, und genau dazwischen, 1804, kam hier sein Sohn Ludwig zur Welt, wahrscheinlich aus reiner Boshaftigkeit, damit sich die Landshuter für den Rest ihrer Stadtgeschichte mit dem Makel herumschlagen müssen, den Namen eines solchen Ketzers in ihren Geburtsmatrikeln stehen zu haben. Man versucht mit der Schmach dadurch fertig zu werden, daß möglichst nichts in Landshut an Ludwig Feuerbach erinnert.

Aber wie gesagt, Feuerbach wäre nicht einmal der einzige, auf dessen niederbayerische Wurzeln man verweisen könnte, wenn man wollte. Da gäbe es zum Beispiel noch Jakob Ziegler, der selbst seinem Namen den Zusatz »ex Landau Bavariae« hinzufügte. Wie so oft wissen wir auch hier leider nur allzu wenig über das Leben dieses Universalgelehrten, der sich als Theologe, Mathematiker, Geograph, Astronom und Naturforscher betätigt hat. Um 1470 wurde er in Landau an der Isar geboren, soviel weiß man, und wahrscheinlich entstammte er einem nicht unvermögenden Landauer Geschlecht. Daß man Jakob Ziegler eher unter die Vergessenen einreihen muß, hängt aber neben der dürftigen Quellenlage vielleicht auch noch damit zusammen, daß er sich vom Paulus zum Saulus wandelte und ein erbitterter Gegner des Papsttums und der Amtskirche wurde – und solches ist natürlich nicht unbedingt geeignet, das Bild vom erzkatholischen Baiernvolk weiterhin ungetrübt aufleuchten zu lassen. Sigmund Riezler, der große bayerische Historiograph des 19. Jahrhunderts, war da noch relativ unvoreingenommen und stellte geradezu eine Genealogie des niederbairischen Ketzertums auf: »In dem literarischen Kampfe, den diese Zeit [gemeint ist die Reformation, Anm. B.S.] gegen das Papsttum eröffnete, ist neben Aventin und Naogeorgus Jakob Ziegler, ein dritter Niederbaier, der leidenschaftlichste Vertreter des bairischen Stammes.«

Der in Fragen bairischer Wesensart gern zitierte Johann Turmair alias Aventinus war 1528 ins »halbprotestantische Regensburg« (Hubensteiner) ausgewichen, um Anschuldigungen und sogar einer kurzzeitigen Verhaftung als vermeintlicher Lutheraner zu entgehen. Der Straubinger Thomas Kirchmair alias Naogeorgus floh ebenfalls in ein protestantisches Exil und wirkte von dortaus mit seinem antipäpstlichen Drama »Pammachius«. Bei Ziegler ist die Sache etwas komplizierter. Nach der Schulzeit bei den Zisterziensern in Aldersbach, dem Studium in Ingolstadt und einem Zwischenaufenthalt in Wien, wohin Ziegler seinem großen Vorbild und Lehrer Conrad Celtis gefolgt war, zog er mit einem Freund und Gönner nach Kunstadt/Mähren. Dort lernte er die Sekte der Böhmischen Brüder kennen, einer vor allem vom Bauernstand und dem ärmlichen Volk getragenen Reformerbewegung. Ihnen begegnete er mit einer flammenden Kampfschrift, in der er den Standpunkt vertrat, es gehe nicht an, daß sich jeder die Heilige Schrift nach eigenem Gutdünken auslege. Vor allem auch die Kritik am Papsttum wies der spätere Papstgegner hier noch entschieden zurück. Ziegler forderte den niederen und höheren Klerus auf, mit jeder Form von Häresie und Ketzertum aufzuräumen.

Daß sich die wahre Häresie, die ketzerische Verleugnung aller Gebote der Heiligen Schrift womöglich im Inneren des Klerus selbst etabliert haben könnte, dies erfuhr Jakob Ziegler erst nach und nach während seines mehrjährigen Aufenthaltes in Rom. Was er hier erlebt und beobachtet hat, ließ ihn zu einem erbitterten Kämpfer gegen die Amtskirche werden. Die heuchlerische Doppelmoral, das ›öffentlich predigten sie Wasser, heimlich tranken sie Wein‹ empörte ihn zutiefst. Ziegler berichtete von skandalösen Zuständen während der Konklave zur Wahl Klemens' VII. Da wurde gezecht und Karten gespielt, bestochen und gemauschelt. »Aber so sind nun einmal die Sitten der Kardinäle«, schrieb Ziegler, »sie überschlagen sich fast, wenn sie vor einander aufstehen, sie begegnen sich mit zärtlichen Begrüßungen und fassen sich in mehr als weibischer Art an der Hand, sagen sich gegenseitig Schmeicheleien und sind doch innerlich die ärgsten Todfeinde. Keiner aber übte diese Künste schamloser aus als Klemens.«

Mit niederbairischem Furor stürzte sich Jakob Ziegler vor allen Dingen auf den 1523 zum Kirchenoberhaupt gewählten Klemens VII. Ihm widmete er eine sogenannte »Lebensgeschichte«, die allerdings nichts anderes war als eine fulminante Schimpfrede auf den Oberhirten der katholischen Kirche. Selbstredend konnte diese Schrift genauso wenig in Druck gehen wie andere von Ziegler. Sie existieren lediglich als Hand- und Abschriften, und wenn doch einmal etwas erschien, wurde es sofort auf den Index gesetzt. Ganz sicher wird Ziegler in seinen diversen Polemiken über das römische Sodom und Gomorrha, wie er es sah, einiges an Klatsch und Tratsch jener Tage aufgenommen haben; dennoch sind seine Berichte »wertvolle Quellen«, wie der einzige Ziegler-Biograph Karl Schottenloher urteilt. »Vorsichtig benützt« sind seine Streitschriften »mit ihrer frischen und packenden Darstellung ein anschauliches Bild von dem Eindrucke [...], den das Rom Leos X. und Klemens VII. auf einen Deutschen gemacht hat, dem wir ein warmes, vom hohen sittlichen Ernste getragenes Verständnis für die Not seiner Zeit nicht absprechen dürfen«.

Riezler und Schottenloher betonen immer auch das Patriotische an Zieglers Haltung, wohl weil sie hinter seinen antirömischen und antipäpstlichen Ausfällen noch ein anderes Motiv vermuten. »Mein Plan war nicht, dem Leser eine nackte Geschichtserzählung zu bieten«, gesteht Ziegler selbst, »sondern ich will vor allem an der Hand der Ereignisse die Absichten der Feinde Deutschlands enthüllen und die Unsrigen zur Tat aufrufen. Deutschland soll aus meinem Werk erfahren, wie es von allen Seiten verraten wird.« Der ganze Streit zwischen Reformation und Gegenreformation hat natürlich auch – oder genauer: vor allem – politische Hintergründe, die zum Beispiel erklären, warum das kleine Baiern, bei aller gegenreformatorischen Repression gegenüber den eigenen Untertanen, sich in der ›großen Politik‹ mitunter auf die protestantische Seite schlug. Zum Beispiel, wenn es sich von den erzkatholischen Habsburgern allzu sehr bedrängt und schon fast okkupiert sah. Diese alles in allem halt doch etwas verworreneren und facettenreicheren bairischen Zustände erklären es auch, warum der Landauer Jakob Ziegler schließlich, nach einem abenteuerlichen Vagabundenleben durch halb Europa, doch noch in seine niederbairische Heimat zurückkehren konnte, um dort sein fast 80jähriges Leben zu beschließen. Ausgerechnet der Bischof von Passau, Wolfgang von Salm, gewährte dem Papstkritiker, dessen Werke auf dem Index standen, Asyl. Am Beispiel Jakob Zieglers, aber auch an dem des Papstkritikers Wolfgang Hunger, der in Freising wirkte, weist uns Sigmund Riezler vor gut hundert Jahren darauf hin, daß man mit der innerkirchlichen Meinungsfreiheit und Kritikfähigkeit anscheinend schon einmal weiter war, als in unseren ach so aufgeklärten Zeiten: »Neben Ziegler in Passau ist der bischöflich freisingische Kanzler [gemeint ist Hunger, Anm. B.S.] ein Beweis dafür, wie man noch gegen Mitte des 16. Jahrhunderts sogar an den Höfen von Kirchenfürsten über die Päpste urteilen durfte.«

»Wenn Dorf und Flur im Wasser gnadenlos versanken«

Um 1200 herum, so nimmt man an, entstand das Nibelungenlied, der Deutsche Nationalepos. Wer immer es auch geschrieben haben mag, vielleicht ein Kleriker aus der Bischofsstadt Passau, auf alle Fälle hat er Plattling schon gekannt. Es taucht nämlich in dem großen Gedicht an jener Stelle der 21. Aventüre auf, wo der Passauer Bischof Pilgrim seiner Nichte Kriemhilde entgegenreist und sie just an jenem Isarübergang empfängt.

Da ze Pledelingen schuof man in gemach,
daz volc man allenthalben zuo zin riten sach.
Man gap in willecliche, des si bedorften da;
sie namenz wol mit eren, als' tet man sieder anderswa.

Als besonders gastfreundlich also beschrieb der Nibelungenmeister Pledelingen, jene Siedlung des bajuwarischen Sippenführers Bladilo. Der soll hier nämlich im 6. oder 7. Jahrhundert mit seinen Leuten seßhaft geworden sein, woraufhin man den Ort Bladling, Bledeling und schließlich Plattling nannte. Selbiges sagt man ja zum Beispiel auch von der Sippe des Sentilo und dem daraus entstandenen Sendling, aber einen Aktenvermerk gibt es für all diese Ortsgründungen der Bajuwarenzeit natürlich nicht. Urkundlich faßbar wird Plattling erstmals im Jahre 868, es handelt sich um ein Schenkungsdekret von Ludwig dem Deutschen, der trotz seines

Beinamens damals König von Baiern war. Zur »Mehrung unseres Himmelslohnes und zum Seelenheil unserer Vorfahren« übereignete er dem Kloster Metten etliche Ländereien, darunter auch Plattling, das gegen Mitte des 9. Jahrhunderts demnach schon eine schenkungswürdige Größe und Bedeutung hatte. Der Ort hatte dann noch einmal 350 Jahre Zeit, sich zu solcher Auffälligkeit zu mausern, daß der Autor des Nibelungenliedes gar nicht umhin konnte, sein Treffen zwischen Bischof Pilgrim und Krimhilde dort stattfinden zu lassen – ob 's denn auch wirklich so war, läßt sich bei dieser Mischung aus Dichtung und Wahrheit schwerlich sagen. Das wird den Plattlingern letztlich auch gar nicht so wichtig sein, die frühmittelalterliche Publicity-Werbung von der gastfreundlichen Herbergsstadt greift man jedenfalls auch heute noch gerne auf, und »ganz individuell lobend erwähnte« Nibelungenstadt zu sein, wie es in einer Stadtchronik heißt, ist doch auch ein Prädikat.
Wo genau sich übrigens diese Nibelungenepisode zugetragen haben könnte, ist schwer zu sagen; denn eines steht fest: Das heutige Plattling ist nicht das frühere. Im Jahr 1379 fand ein ziemlich einmaliger Vorgang in der Siedlungsgeschichte Baierns statt: Ein ganzer Ort packte seine sieben Zwetschgen zusammen und zog geschlossen um. Schuld an diesem Kuriosum ist wieder einmal die Isar. Die war vor Jahrhunderten, unreguliert und ungebändigt, ein Furcht und Schrecken verbreitendes Wildwasser, das verheerende Hochwasserkatastrophen anrichtete. Man muß sich das ganze Gebiet südöstlich dem heutigen Plattling als ein großes Mündungsdelta vorstellen, in dem sich die Isar in zahlreiche Flußarme aufspaltete, die zudem ständig ihren Lauf veränderten. Auch scheint der Fluß zu Beginn unserer Zeitrechnung bis weit ins Mittelalter hinein viel weiter östlich sich seinen Weg gebahnt zu haben, die heute mehr oder minder auf dem Trockenen sitzenden Ortschaften Isarau und Isarhofen zeigen es schon vom Namen her an. Im Laufe der Jahrhunderte aber suchte sich die Isar den kürzesten Weg zur Donau und näherte sich folglich immer mehr dem Verlauf an, den sie heute hat. Dabei ist sie dem Alt-Plattling, das höchstwahrscheinlich um die heute noch erhaltene St.-Jakobs-Kirche herum bestand, immer näher gerückt. Da nahm man reißaus vor dem Fluß und siedelte sich, »gelegt auf daz veld«, auf freiem und trockenem Felde neu an.
Doch die Isar verfolgte Plattling regelrecht, verlegte ihren Lauf immer wieder ein Stück weiter nordwestlich, suchte sich ein »neues, verderben-

bringendes Bett«, wie es aus dem Jahre 1580 heißt. Auch auf dem neuen Terrain, wo man im rechteckigen Grundriß, der noch heute in der Straßenführung und im breiten, langgestreckten Stadtplatz zu erkennen ist, Neu-Plattling errichtete, war man bald schon wieder von Hochwassern heimgesucht. 50 solche Katastrophen hat man allein für den Zeitraum von 1421 bis 1783 gezählt, aber selbst noch in unserem Jahrhundert, nämlich 1940, hieß es in Plattling ›Land unter‹. Erst der Sylvensteinspeicher und der Isarkanal mit seiner regulierenden Wirkung machten mit diesem Spuk ein Ende. Auch wenn das Korsett, in das man die Isar zwängte, irreparable Schäden am Erscheinungsbild der einstigen Flußlandschaft verursachte – und sie sind ja schon deutlich genug zur Sprache gekommen –, so muß man auch sagen, daß die Kehrseite einer völlig unregulierten Isar jene Überflutungen wären, von denen selbst heute noch ältere Isarbewohner erzählen können.

Am Ende angelangt, bei Flußkilometer Null

Die Dame, die die Führungen auf der Burg Trausnitz leitet, ist es anscheinend schon gewohnt, daß man die Isar nicht mehr wiedererkennt: Als wir im dritten Stock des italienischen Anbaues angelangt sind und den herrlichsten Aus- und Überblick haben, verweist sie auf dieses schnürlgerade dahinfließende Gewässer da unten und sagt: »Auch wenn es wie ein Kanal aussieht, glauben Sie mir, es ist keiner, es ist wirklich die Isar.« Benno Hubensteiner muß sich da wohl an historische Darstellungen gehalten haben, als er in seinem Aufsatz »Romantik in Landshut« geradezu dichterisch wurde. Sprachgewaltig wie er war, setzte er mit wenigen Sätzen ein Landschaftsbild hin, wie es sich dem Betrachter Anfang des 19. Jahrhunderts von der Spitze des St.-Martin-Turms aus geboten haben mag: »Dazu die Isar, grünsilbern, seidenweich, und ringsum der niederbayrische Traidboden, vollsaftig, ernteschwer, nichts als Kornfelder und Weizenbreiten.« Seidenweich ist die Isar längst nicht mehr, stahlharte Uferkanten hat sie verpaßt bekommen, unverkennbar mit dem Lineal der Wasserwirtschaftsplaner gezogen. Und aus den vollsaftigen Weizenbreiten ist so manch giftiger Pilz hervorgeschossen, wie etwa die Kernkraftwerksblökke Isar 1 und 2 in Ohu, die man vom Söller der Burg Trausnitz aus, wo früher die Wittelsbacher rauschende Tanznächte feierten, beim besten Willen nicht einfach übersehen kann. Wenn niederbayrisches Herzogswetter ist, der Himmel strahlend blau mit nur wenigen Schäfchenwolken, dann sieht es fast so aus, als sei es der Kühlturm des Kernkraftwerkes mit seiner riesigen Wasserdampffahne, der die kleinen Wölkchen auspafft. Ja, so hätten wir 's gerne, daß wir die Meister über Himmel und Erde, Isar und Brennelementefeuer sind. Aber ganz erbärmliche Lehrlinge sind wir, deren ›special effects‹ sich schon langsam als ziemlich fauler Zauber herausstellen.

An all das muß ich denken, als ich mich Isarmünd nähere, der kleinen Ortschaft, die der Mündung am nähesten liegt. Eben noch auf der Plattlinger Isarbrücke das Bild der neu erbauten Stützkraftstufe Pielweichs vor Augen – eine erbarmungslos in die Landschaft geschlagene Wunde –, kann zumindest der Anblick vom Ende der Isar etwas versöhnen. Die letzten paar Kilometer läßt man sie dann doch in Ruhe, sie darf sich zurückziehen in eine wild wuchernde Sumpf- und Auenlandschaft. Zu der Stelle, wo die Isar in die Donau mündet, führen nur verborgene Fußwege, die man leicht verfehlen kann, tragen sie doch keinerlei Markierung.

Hier also ist er zu Ende, der Flußlauf der Isar, der mir mehr und mehr zu einem Lebenslauf geworden ist. Mir kommen noch einmal die Isarallegorien ganz vom Anfang ins Gedächtnis, die jugendwarme und freiheitsliebende Sennerin, der Alte mit dem Rauschebart. Auch wenn wir es nicht mehr ganz so dichterisch-romantisch sehen und ausdrücken, eine gewisse animistische Weltbetrachtung schleppen wir anscheinend immer noch mit uns herum. Die Vorstellung, daß alles beseelt sei, auch der Baum und der Kiesel, der Fluß und das Treibholz, traut sich natürlich kein aufgeklärter Mensch mehr offen aussprechen. Dennoch bleibt die Frage, die Reinhard Falter in seiner »Geschichte unseres Jahrhunderts im Spiegel der Isar« zu Recht stellt, »was das denn ist, was uns so traurig stimmt angesichts eines halbleeren Flußbetts, was da eigentlich verloren ist gegenüber einem in voller Kraft dahinströmenden Wildstrom?« In der Tat: Es könnte uns doch auch gleichgültig lassen. Aber anscheinend erkennen wir im Schicksal des Flusses auch unser eigenes.

Über rein nostalgische Reminiszenzen hinaus scheint so ein Fluß anscheinend doch eine wichtigere Rolle in den Gefühlen und Gedanken eines Menschen zu spielen. Mir jedenfalls erzählte einmal ein guter Freund, der auf der Landshuter Isarinsel aufgewachsen ist, daß er im fernen Baskenland vor der Entscheidung stand, seinen Job an einer dortigen Universität für Jahre zu verlängern oder wieder heimzukehren. Da kam ihm wieder

der Geruch der Isar… ja, nicht ins Gedächtnis, sondern wohl in die Nase und er wußte, wie sich entscheiden. (Übrigens schreibt auch Heinrich Noë in seinem »Deutschen Alpenbuch«: »Über der Isar liegt ein Duft, welcher nicht blos der Einbildungskraft und der Verklärung jugendlicher Erin-nerung sein Dasein verdankt.«)

Scheuen wir uns also nicht, vom Lebenslauf der Isar zu reden, der hier unweit Isarmünd zu Ende geht. Aber ist dies überhaupt das Ende, das Sterben der Isar? Sinnigerweise steht hier, an der Einmündung in die Donau, die erste Streckenmarkierung mit Flußkilometer Null! Es beginnt wieder alles von vorne. Wegmarke für Wegmarke, alle 200 Meter eine, zählt… erzählt sich der Fluß wieder hinauf bis an die Quelle. In der Nähe von Scharnitz ist man angekommen bei Seite respektive Kilometer 263 im großen Buch der Isar.

Ist demnach ein solcher Flußlauf immer auch ein Kreislauf? Zumindest ein Stück davon. Ein Segment aus dem Lebensrad. Es geht ja weiter mit den Wassern der Isar. Sie sind ja noch da, nur aufgegangen in den Wellen der Donau. Und sie sind auch noch im Schwarzen Meer da, die Isartropfen, die sich am Halleranger zu einem ersten Rinnsal gesammelt haben. »Der Fluß ist ein alter Toa-Meister, der das Ufer entlang seine Unterweisung über das große Lebensrad und die Zwischenräume in seinen Speichen erteilt«, schreibt Claudio Magris in seiner großen Biographie der Donau. Sie sei all denjenigen zur Weiterlektüre und Weiterreise wärmstens empfohlen, die spüren, daß weder in Isarmünd noch sonst irgendwo wirklich ein Endpunkt erreicht ist.

Ausgewählte Bibliographie

Allgemeine bayerische Geschichtsdarstellungen;
Bücher und Aufsätze über die Isar in ihrer Gesamtheit:

Amery, Carl: Leb wohl geliebtes Volk der Bayern. Ein Requiem für die Wittelsbacher, ihre Beamten, Untertanen und Erben, München 1980.

Arnpeck, Veit: Sämtliche Chroniken. Hrsg. v. Georg Leidinger, München 1915.

Aventinus, Johannes: Baierische Chronik, München 1988.

Bayerland. Die illustrierte bayerische Monatsschrift. Sonderheft »Die Isar«, November/Dezember 1962, Heft 11/12.

Bosl, Karl: Bosls Bayerische Biographie. 8000 Persönlichkeiten aus 15 Jahrhunderten, Regensburg 1988.

Ders.: Bayerische Geschichte, 7. durchgesehene Auflage, München 1990.

Doeberl, Michael: Entwicklungsgeschichte Bayerns. 3 Bände, München 1906 ff.

Dreecken, Inge/Schneider, Walter: Was die Isar erzählt, München 1979.

Falter, Reinhard: Der Leidensweg eines Flusses. Die Geschichte unseres Jahrhunderts im Spiegel der Isar, München 1989 [Schriftenreihe des Instituts für zukunftsweisende Geschichte].

Alois Fink (Hrsg.): Unbekanntes Bayern. 10 Bände, München 1975 f.

Füetrer, Ulrich: Bayerische Chronik. Hrsg. von Reinhold Spiller, München 1909.

Groth-Schmachtenberger, Erika/Schwarz, Erica: Die Isar. Vom Karwendel bis zur Donau, Freilassing 1970.

Hubensteiner, Benno: Bayerische Geschichte. Staat und Volk, Kunst und Kultur, 9. durchgesehene Auflage, München 1981.

Kalckreuth, Jo von: Die Isar. Begleittext von Johann Lachner, München 1961.

Karl, Johann/Mangelsdorf, Joachim/Scheurmann, Karl: Die Isar – ein Gebirgsfluß im Spannungsfeld zwischen Natur und Zivilisation. In: Jahrbuch des Vereins zum Schutz der Bergwelt e.V., 1977, 42. Band, S. 175–216.

Knoll, Günther/Sieber, Hannes: Die Isar, Freising 1990.

Plessen, Marie-Louise (Hrsg.): Die Isar. Ein Lebenslauf, München 1983. [Katalog zur Ausstellung im Münchner Stadtmuseum].

Rall, Hans: Zeittafeln zur Geschichte Bayerns, überarbeitete und aktualisierte Neuausgabe, München 1992.

Reich, Michael: Verwehrte Wildnis. In: Garten + Landschaft, 1993, Heft 6, S. 49–51.

Riezler, Sigmund: Geschichte Baierns. 8 Bände, Gotha 1878 ff.

Rohrbacher, Carmen: Isar – Impressionen einer Flußlandschaft, Heidelberg 1988.

Schmeller, Johann Andreas: Bayerisches Wörterbuch. Reprint der Ausgabe von 1872–77. 4 Bände, München 1985.

Spindler, Max (Hrsg.): Handbuch der bayerischen Geschichte. 4 Bände, München 1967 ff.

Wagner-Jüde, Adelheid (Hrsg.): Das Land ist gut, lieblich anzusehen. Eine Reise durch die Vielfalt Bayerns, München 1992.

Wieninger, Karl: Bayerische Gestalten. 74 Lebensbilder von Herzog Tassilo III. bis Werner Heisenberg, München 1981.

Literatur zu den einzelnen Ortsmarken und Flußabschnitten; Biographien:

Alckens, August: Landkreis Freising. Aus Vergangenheit und Gegenwart des heutigen Kreisgebietes, Landshut 1962.

Ders.: Moosburg an der Isar. Eine kurze Stadtgeschichte, Moosburg 1973.

Andreas-Salomé, Lou: Lebensrückblick. Grundriß einiger Lebenserinnerungen, Zürich/Wiesbaden 1951.

Baader, J.: Chronik des Marktes Mittenwald, seiner Kirchen, Stiftungen und Umgegend, Mittenwald 1936.

Badura, Peter: Kochel 739 bis 1989. Hrsg. im Auftrag der Gemeinde Kochel, Kochel 1989.

Bauer, Gerhard: Oskar Maria Graf. Gefangenschaft und Lebenslust. Eine Werk-Biographie, München 1987.

Bauer, Richard (Hrsg.): Geschichte der Stadt München, München 1992.

Beckenbauer, Alfons: Die Ludwig-Maximilians-Universität in ihrer Landshuter Epoche 1800-1826, München 1992.

Beer, Quirin: Chronik der Stadt Wolfratshausen. Geschichte der Burg Wolfratshausen und des gleichnamigen Marktes bis zur Stadterhebung, Dachau 1986

Beiträge zur Heimatkunde von Niederbayern. Hrsg. v. d. Regierung von Niederbayern, bearbeitet v. Hans Bleibrunner. 3 Bände, Landshut 1967 ff.

Ben-Chorin, Schalom: Jugend an der Isar, München 1988.

Bleibrunner, Hans (Hrsg.): Große Niederbayern. Zwölf Lebensbilder, Passau 1972.

Ders.: Niederbayern. Kulturgeschichte des bayerischen Unterlandes in zwei Bänden, Landshut 1980.

Ders.: Landshut, die altbayerische Residenzstadt. Ein Führer zu ihren Sehenswürdigkeiten, Landshut 1988.

»Bozener Märkte« in Mittenwald 1487–1679. Ein Bild der Zeit vor 500 Jahren. Hrsg. v. der Marktgemeinde Mittenwald, Mittenwald 1987.

Corinth, Lovis: Selbstbiographie, Leipzig 1926.

Ders.: Die Bilder vom Walchensee. Bearbeitet von Werner Timm zur Ausstellung der Ostdeutschen Galerie Regensburg, Regensburg 1986.

Decker, Bernhard: Das Ende des mittelalterlichen Kultbildes und die Plastik Hans Leinbergers, Bamberg 1985.

Enzensberger, Hans Magnus (Hrsg.): Requiem für eine romantische Frau. Die Geschichte von Auguste Bußmann und Clemens Brentano. Nach gedruckten und ungedruckten Quellen, Berlin 1988.

Färber, Sigfried: Eine Stadt spielt Mittelalter. Geschichte der »Landshuter Hochzeit 1475« und ihrer Aufführungen von 1903 bis 1975, Landshut o.J.

Feike, Herbert: Chronik von Hallbergmoos. Hrsg. v. der Gemeinde Hallbergmoos, Hallbergmoos 1980.

Festschrift hundert Jahre Stadterhebung Plattling. Hrsg. v. der Stadt Plattling, Plattling 1988.

Francé, Raoul: München. Die Lebensgesetze einer Stadt, München 1920.

Frecot, Janos/Geist, Johann/Kerbs, Diethart: Fidus 1868-1948. Zur ästhetischen Praxis bürgerlicher Fluchtbewegungen, München 1972.

Funk, Philipp: Von der Aufklärung zur Romantik. Studien zur Vorgeschichte der Münchner Romantik, München 1925.

Gistel, Johannes: Leben des preußischen General's Freiherrn von Hallberg-Broich, genannt Eremit von Gauting, Berlin 1863.
Glaser, Hubert/Brunhölzl, Franz/Benker, Sigmund: Vita Corbiniani. Bischof Arbeo von Freising und die Lebensgeschichte des hl. Korbinian, München/Zürich 1983.
Goepfert, Günter: Franz von Pocci. Zeremonienmeister, Künstler, Kasperlgraf, Weilheim 1988.
Gruber, Christian: Die Bedeutung der Isar als Verkehrsstraße, München 1890.
Hackelsberger, Christoph: München und seine Isarbrücken, München 1981.
Hallberg-Broich, Karl Theodor Freiherr von: Reise-Epistel durch den Isar-Kreis, Augsburg 1822.
Ders.: Die Armen-Kolonie. Eine Epistel vom Freiherrn von Hallberg an seinen Freund Johann Baptist Greger, München 1829.
Heisenberg, Werner: Festrede anläßlich der 800-Jahr-Feier der Stadt München, München 1958.
Ders.: Der Teil und das Ganze. Gespräche im Umkreis der Atomphysik, München 1969.
Hoegner, Wilhelm: Aufbau in Bayern, München 1947.
Ders.: Lehrbuch des Bayerischen Verfassungsrechts, München 1949.
Ders.: Der schwierige Außenseiter. Erinnerungen eines Abgeordneten, Emigranten und Ministerpräsidenten, München 1959.
Hofmann, Sigfrid: Erinnerungen an Alt-Fall im oberen Isartal. In: Lech-Isar-Land. Organ des Heimatverbandes Lech-Isar-Land e.V., 1966, S. 93 f.
Hubensteiner, Benno (Hrsg.): Ingolstadt-Landshut-München. Der Weg einer Universität, Regensburg 1973.
Keller, Roland: Die Traumfabrik. Bavaria-Filmstadt Geiselgasteig. Ein Blick hinter die Kulissen, München 1988.
König, Hannes: Der Münchner Cholera-Apostel Max von Pettenkofer, Pfaffenhofen 1986.
Koepcke, Cordula: Lou Andreas-Salomé. Ein eigenwilliger Lebensweg. Ihre Begegnung mit Nietzsche, Rilke und Freud, Freiburg i. Br. 1982.
Kraus, Otto: Die Pupplinger Au bei Wolfratshausen. Leidensweg eines berühmten Naturschutzgebietes. Sonderdruck aus: Jubiläums-Jahrbuch des Isartalvereins, 1961, 25. Bd.
Krauss, Josef: Der Hochwasserspeicher am Sylvenstein. Sonderdruck aus: Die Bautechnik, Juni 1958, Heft 6.
Kritzer, Peter: Bayern ist fortan ein Freistaat. Stationen bayerischer Verfassungsgeschichte von 1803 bis 1946, München 1992.
Künßberg-Thurnau (Hrsg.): Kriegsgeschichten, Reisen und Dichtungen. Aus den hinterlassenen Papieren des Herrn Freiherrn von Hallberg-Broich. Mit biographischer Skizze über den Verfasser, Landshut 1862.
Lauterbach, Helga: Von Floßmeistern und Flößerbräuchen. Geschichte und religiöses Brauchtum der Isar- und Loisachflößer, München 1992.
Lentner, Joseph Friedrich: Bavaria. Land und Leute im 19. Jahrhundert. Hrsg. v. Paul Ernst Rattelmüller. 2 Bände, München 1988.
Lill, Georg: Hans Leinberger. Der Bildschnitzer von Landshut, München 1942.
Lutz, Fritz: Natur und Technik der mittleren Isar. Wanderfahrten in die Isarlandschaft nördlich Münchens, München 1961 [Münchner Stadtkunde, Band 3].
Maier, Lorenz: Stadt und Herrschaft. Ein Beitrag zur Gründungs- und frühen Entwicklungsgeschichte Münchens, München 1989 [Miscellanea Bavarica Monacensia, Band 147].

125 Jahre Maximilianeum, München o.J.
Müller, Hermann: Der Dichter und sein Guru. Hermann Hesse – Gusto Gräser, eine Freundschaft, Wetzlar 1978.
Nar, Johannes: Die Jachenau. Ihre Natur und ihre Menschen, Geschichte, Wirtschaft und Kultur, Augsburg 1933.
Nöhbauer, Hans F.: München. Eine Geschichte der Stadt und ihrer Bürger. 2 Bände, München 1989 ff.
Pettendorfer, Georg: Links und rechts der Isar. Bilder aus dem groß- und kleinbürgerlichen München 1895–1935. Hrsg. v. Richard Bauer und Eva Graf, München 1991.
Pettenkofer, Max von: Die Verunreinigung der Isar durch das Schwemmsystem von München, München 1890.
Friedrich Prinz (Hrsg.): München – Musenstadt mit Hinterhöfen: die Prinzregentenzeit 1886–1912, München 1988.
Ders.: Bayerische Miniaturen. Ludwig der Bayer, Max III. Joseph, Ludwig II., Franz von Lenbach und andere, München 1988.
Probst, Christian: Lieber bayrisch sterben. Der bayrische Volksaufstand der Jahre 1705 und 1706, München 1978.
Puschner, Uwe: Die Isar – ein Symbol für Bayern. In: Literatur in Bayern, 1991, Heft 26, S. 22–26.
Rambaldi, Karl Graf von: Wanderungen im Gebiet der Isartalbahn, München 1892.
Richardi, Hans-Günter: Hitler und seine Hintermänner. Neue Fakten zur Frühgeschichte der NSDAP, München 1991.
Roth, Adolf: Lieber bayrisch sterben. Der oberländische Bauernaufstand von 1705. Zeitgenössische Berichte, München 1955.
Rudorf, Günter: Eine Floßfahrt, die ist lustig… München 1982.
Schindler, Herbert: Reisen in Niederbayern, 2. verbesserte Auflage, München 1976.
Schmid, Toni/Sieber, Hannes: Streifzüge durch Freising, Freising 1988.
Schmidt, Willibald: Sagen aus dem Isarwinkel, Bad Tölz 1936.
Schottenloher, Karl: Jakob Ziegler aus Landau an der Isar. Ein Gelehrtenleben aus der Zeit des Humanismus und der Reformation, Münster 1910.
Schulze, Hans-Jürgen: Die Isartalbahn. Langsam aber g'wiß – von der Lokalbahn zur S-Bahn, München 1978.
Sepp, Johann Nepomuk: Beiträge zur Geschichte des bayerischen Oberlandes, Augsburg 1853 f.
Ders.: Denkwürdigkeiten aus dem Bayeroberland oder 176 Geschichten vom Isarwinkel, München 1892.
Ders.: Festschrift zur zweiten Jahrhundertwende der Schlacht bei Sendling, München 1905.
Ders.: Dr. Johann Nepomuk Sepp (1816–1909). Ein Bild seines Lebens nach seinen eigenen Aufzeichnungen, Regensburg 1916.
Seidl, Gabriel: Für das Isarthal. In: Münchner Neueste Nachrichten, 16. Februar 1905.
Sprenger, Philipp: Geschichte der Gemeinde Scharnitz, Scharnitz 1976.
Stahleder, Erich/Markmüller, Fritz: 700 Jahre Stadtrecht Dingolfing, Dingolfing 1974.
Salber, Linde: Lou Andreas-Salomé, Reinbek 1990.
Stemplinger, Eduard: Jugend in Altbayern. Erinnerungen, München 1932.
Ders.: Sonderlinge. Zwölf Charakterbilder, München 1937.
Das Walchensee-Kraftwerk. Hrsg. v. Staatsministerium des Innern, Oberste Baubehörde, München 1921.

Waldhauser, Hans: Gründwald Chronik, Band II. Vom Bauerndorf bis heut'. Mitarbeit und Beratung Carl Schmöller. Hrsg. v. Vereinigung der Freunde Grünwalds, Grünwald 1991.

Wenzel, Horst: Alls in ain summ zu pringen. Füetrers »Bayerische Chronik« und sein »Buch der Abenteuer« am Hof Albrechts IV. In: Peter Wapnewski (Hrsg.): Mittelalter-Rezeption. Ein Symposium, Stuttgart 1986, S. 10–31.

Westenrieder, Lorenz: Beschreibung der Haupt- und Residenzstadt München im gegenwärtigen Zustande. Reprint der Ausgabe von 1782, München 1984.

Wolf, Georg Jacob: Die Entdeckung der Münchner Landschaft. Bilder und Dokumente aus zwei Jahrhunderten, München 1921.

Zacher, Franz X.: Geschichte der Stadt Plattling, München 1948.

Zinner, Carola: Des war doch ois ganz normal. Dem unvergessenen Kraudn Sepp zu Ehren. In: Charivari, April 1992, Heft 4, S. 62–65.

An der Isar entstandene und/oder die Isar behandelnde belletristische Werke, die für dieses Buch verwendet wurden:

Amery, Carl: Das Geheimnis der Krypta. Roman, München 1990.

Arnim, Bettina von: Goethes Briefwechsel mit einem Kinde, Stuttgart 1947.

Becker, August: Vervehmt. Roman aus der Gegenwart, Berlin 1868.

Ders.: Lesebuch. Ausgewählt und kommentiert von Rolf Paulus, Landau/Pfalz 1986.

Conrad, Michael Georg: Was die Isar rauscht. 3 Bände eines Romanzyklus [Teil II mit dem Titel »Die klugen Jungfrauen«, Teil III »Die Beichte des Narren«], Leipzig 1888 ff.

Friedrich, Hans: Der Flößerherrgott. Roman, Braunschweig 1936.

Ders.: Das Falberwirtshaus. Erzählung aus dem Isarwinkel, München 1951.

Füetrer, Ulrich: Der Trojanerkrieg. Mit einer Einleitung kritisch herausgegeben von Edward G. Fichtner, München 1968.

Graf, Oskar Maria: Das Leben meiner Mutter, München 1978.

Ders.: Wir sind Gefangene. Ein Bekenntnis, München 1978.

Ders.: Der große Bauernspiegel, München 1982.

Kreis, Julius: Wir Münchner. Geschichten, München 1992.

Die Krokodile. Ein Münchner Dichterkreis. Texte und Dokumente. Hrsg. v. Johannes Mahr, Stuttgart 1987.

Metz, Jakob: Isar auf – Isar ab. Erinnerungen und Geschichten, Feldafing o.J.

Pocci, Franz Graf von: Sämtliche Kasperl-Komödien. 3 Bände, München 1910.

Rilke, Rainer Maria: Sämtliche Werke. Hrsg. vom Rilke-Archiv, Frankfurt a.M. 1955.

Roider, Jackl: Das Roider Jackl Buch, Rosenheim 1980.

Ruederer, Josef: Werkausgabe in fünf Bänden. Hrsg. v. Hans-Reinhard Müller, München 1987.

Thoma, Ludwig: Sämtliche Beiträge aus dem »Miesbacher Anzeiger« 1920/21. Kritisch ediert und kommentiert von Wilhelm Volkert, München 1989.

Ders.: Ausgewählte Werke. 5 Bände, München 1992.

Valentin, Karl: Sämtliche Werke. [Bisher erschienen Band I: Monologe und Soloszenen; Band VI: Briefe], München 1991 ff.

Wintersteiner, Marianne: Lou von Salomé. Roman, München 1988.

Bildnachweis

Artothek/ Joachim Blauel: S. 81, 86
Bayerische Staatsgemäldesammlungen, Neue Pinakothek, München: S. 82, 158
Deutsches Museum, München: S. 155, 157
Diözesanmuseum Freising: S. 159
Fürst Thurn und Taxis Kunstsammlung, Regensburg/ Wagmüller: S. 153
Max Pfaller: S. 88
Sammlung Georg Schäfer, Schweinfurt: S. 156
Staatliche Graphische Sammlung, München: S. 84, 85
Stadt- und Kreismuseum, Landshut/ Raimund Hackl: S. 160
Städtische Galerie im Lenbachhaus, München:
Abbildung auf dem Schutzumschlag, S. 83, 87, 154
VG Bild-Kunst, Bonn für: Wassily Kandinsky, Lovis Corinth